中国宋代においては官僚制度をめぐって様々な議論・試みが見られた。
それらは官制の具体的な運用から国家観に至るまで，多岐にわたる問題を孕む。
宋人はいかなる理念にもとづいて官僚制度を構築し，また運用しようとしたのか。
本書は宋代という時代を考える一つの手がかりとして，宋代官僚制度の特質を論じる。

A Study of Bureaucracy in Song Dynasty

北海道大学大学院文学研究科
研究叢書

宋代官僚制度の研究

宮崎聖明

北海道大学出版会

研究叢書刊行にあたって

北海道大学大学院文学研究科は、その組織の中でおこなわれている、極めて多岐にわたる研究の成果を、より広範囲に公表することを義務と判断し、ここに研究叢書を刊行することとした。

平成十四年三月

序

本書は宋朝(西暦九六〇〜一二七九。北宋九六〇〜一一二七・南宋一一二七〜一二七九)の官僚制度をめぐる諸問題について論じたものである。考察の対象は、官僚人事、中央官制の運用実態とその改革をめぐる議論、官僚の行動を規制する法令等に及ぶ。そのうち、宋朝の官制は中国歴代王朝において最も理解が困難なものの一つとされるので、まずはじめに宋朝官制の沿革を北宋を中心に述べるとともに、本書中において使用するいくつかの用語について説明を施しておきたい。

北宋前期官制の特徴として従来から指摘されている点として「官・職・差遣」の併存が挙げられる。宋に先行する唐朝初期の官制は、中書省・門下省・尚書省からなる三省六部を中心とした構造を持っていた。これは唐以前の諸王朝の制度を『周礼』に依拠して構築し直したものであり、原則として中書省が詔勅起草や皇帝の秘書官庁的役割を、門下省が詔勅の審査や異議申し立てを、尚書省が詔勅の施行を担当することとされ、尚書省は吏・戸・礼・兵・刑・工部の六部に分かれ、そのほかに九寺・五監と総称される部局も置かれた。ただ三省の職掌はあくまで原則であって、三省の長官は宰相として合議を行い、政策の大要が決定されていた。三省六部等の官名や行政規則は令に記載され、また開元年間には官制とその沿革が『唐六典』にまとめられた。この唐朝初期の官制を律令官制と言い、本書において官制に関して「唐制」という語を用いる場合はこの律令官制を指す。また三省・六部・九寺・五監における各々の官名を本書では「唐職事官」と呼ぶ。

律令官制は唐の後半期には現実の変化に対応しきれなくなり、新たに「使職」が登場した。「使」とは令に記載されていない臨時的な官職を指す。代表的なものが藩鎮と称される節度使・観察使等であり、また財政を担当する租庸使・塩鉄使・度支使等は、後の宋代における財政官庁である三司の淵源となる。三省六部はそのほとんどが形骸化し、官僚は本官として律令に記載される官名を帯びると同時にこれらの使職に就いた。

この状況は北宋建国後の官制にも継続し、唐の使職や五代の制度に淵源を持つ官名、あるいは宋初に新設された官名が実際の職務を示す肩書きとして用いられ、これらは「差遣」と呼ばれた。その多くは「判某々」「知某々」「某々使」といった名称を持ち、これが臨時的官職に由来することを示している。一方形骸化した唐職事官はそのまま消滅したのではなく、位階と俸禄の指標として用いられ続けた。史料では「官」「本官」と表記されるこれらを「寄禄官」と呼ぶ。ただし元豊官制改革の施行過程について論じた第五章においては、改革によって制定された新寄禄官との混乱を避けるため、改革以前の旧寄禄官に対しては唐職事官という呼称を使用している。

宋代においては如上の寄禄官・差遣に加えて、科挙の上位及第者はエリートの証しである「館職」を帯びた。これは宮中の図書館付きの官職名であり、実務を伴わないものも多い。史料上の「職」という語は多くがこの館職を指す。

このように官僚が複数の肩書きを帯びること自体は他の王朝においても普遍的に見られるのであるが、問題は寄禄官がかつては実際の職務を指す語として用いられていたことにあった。例えば礼部侍郎という寄禄官と三司使という差遣を同時に帯びる官僚がいても、寄禄官と差遣の意味を理解してしまえば、我々はこれに何ら違和感を感じない。しかし当時の人々の目には、「礼部侍郎」という寄禄官は唐代には礼部の次官という実職を示していたため、財政を担当する「三司使」という差遣との間に名実の不一致が生じているように映るのである。差遣はあくまで仮の官職であるという建前は厳然として残っており、寄禄官を「本官」と称するのはかかる認識に由来する。

この名実の不一致という問題の解決は、第六代皇帝神宗による「元豊官制改革」により、再び三省六部制を基本とした官制が復活するのを待たねばならなかった。この改革によって従来の寄禄官は主に唐代の散官名を用いた新寄禄官に読み替えられ、唐職事官は再び実職を示す肩書きとして用いられることとなった。以降、南宋滅亡に至るまで三省六部制という中央政府の基本構造はそのまま継承された。

北宋前期官制の第二の特徴として、不統一なその構造を挙げるべきであろう。五代を経て統一を回復した北宋においては、三省六部が形骸化した状況がそのまま引き継がれ、中央官制はさながら個別分散的に設置された官庁の寄せ集めの様相を呈した。宰相府は「中書門下」と称され、同中書門下平章事（同平章事）と呼ばれる宰相が、ごく初期と例外的状況を除いて複数置かれた。ほかに副宰相格である参知政事がいたが、同平章事と参知政事の差異は、国初の一時期を除いて基本的に序列上の違いでしかない。よって「宰相権力」という語を用いる場合は「宰相」「参知政事」の双方を包含した権力を指すこととする。また、中書門下という呼称は、唐代に宰相の議事の場である政事堂に「中書門下」の額が掲げられたことに由来し、律令官制における中書省・門下省とは直接の関係はない。元豊官制改革以前の史料で「中書」とあるのはほぼ全てがこの中書門下を指すので、本書でも「中書」という略称を用いる。この中書は原則的に文官人事を中心とする「民政」と称される分野にその職務を限定され、第二代太宗朝まではこの原則が厳格に適用された。一方で国政の重要課題である「軍政」（遼・西夏とそれぞれ対峙する北辺・西辺を中心とした軍事・武官人事等）は「枢密院」の職掌とされた。中書と枢密院は「二府」「両府」と併称され、先に挙げた宰相・参知政事と枢密院の大臣は「執政」あるいは「宰執」「輔臣」と総称された。本書で述べるように、民政・軍政が別個の機関によって行われることの是非はしばしば問題となったが、元豊官制改革以降も枢密院は存続した。

二府のほかに、財政をつかさどる機関として「三司」があった。これは唐中期から五代にかけて個別の財政問題を担当していた塩鉄使・度支使・戸部使の職掌を一つにまとめて設けられた機関で、五代後唐の明宗の時代に始まる。その職掌は純粋な財政業務にとどまらず、文書の監査・土木工事や治水の計画・胥吏の人事や俸給の決定等、律令官制における尚書省戸部だけではなく刑部・工部等に属する職務も担当していたため、後世において唐の尚書省に比定されるような存在であった。そのほかに、御史台や、諫官によって構成される諫院、翰林学士のいる学士院、知制誥が属する舎人院等があるが、詳しい説明は省略する。

これら中央政府を構成する官庁・官員は、御史台は措くとして、本来は形骸化した三省六部に代わって、あるいは時代に適合する存在として唐後期から五代・宋初にかけてそれぞれ個別に設けられたものであった。従って北宋前期の官制は律令官制のように整然とした構造を持たず、官庁間の統属関係も不明確であった。

さて、北宋前期官制のこうした特徴を踏まえた上で、現在に至る宋代政治史の研究状況を振り返ってみると、次のような課題が浮かび上がってくる。まず、「君主独裁制」説の影響からの脱却を図るべき点である。「君主独裁制」とは日本の中国史研究において長く支持され続けた「唐宋変革論」の一環として、宋代以降の政治体制を定義付ける概念として提唱された。ここで言う「独裁」は、君主が恣意的に行動することが許される、一般的な意味での独裁(専制)とは異なり、あらゆる最終決定権が皇帝に集中する状態を指すとされる。これ以降、「君主独裁制」「独裁」「独裁君主」と「」を用いる場合は全てこうした意味である。この従来の説においては、統属関係の曖昧さと二府の複数任命制が皇帝権の伸長・維持の要因とされた。つまり、官庁間の統属関係が曖昧である北宋前期官制は、各官庁が皇帝に直属する構造を持ち、官僚の権限を分割する意図がそこに内包されていたと解され、官僚の中から突出した権力を持つ者が生じることを防ぐ「君主独裁制」維持の要因とされたのである。

確かに宋代以降は皇帝の地位はそれまでに比べて安定し、清朝には真の「独裁君主」と称すべき皇帝が現れた。しかし、北宋末・南宋における専権宰相の存在等、宋代においては分権化が必ずしも官僚の権力を削ぐ有効な手段とはなっていなかったことからも分かるように、「君主独裁制」説における官僚機構の分権化という前提には、制度の運用実態を明らかにした上での再検討が必要である。

第二の課題として、官制というものが持つ象徴性と、官制をめぐる議論に現れる当時の理念に対する視点を持つ必要性を挙げたい。従来の宋代政治史研究においては、官制を専らその機能面から分析する研究が中心であったが、翻って前近代中国における官制が持つ意味を考える時、そこには様々な象徴性が込められていることに気付く。例えば先に触れたように律令官制は儒教イデオロギーの根幹である『周礼』の理念に基づくものであるし、寄禄官を「本官」と称する宋人の認識には、唐制を完全には否定しきれない彼らの精神構造が現れている。また、前代の官制に仮託することで王朝の正統性を顕示するようなことも行われていた。官制をめぐる当事者達の議論には、当然彼らの理念が投影されているはずである。こうした点に注目すれば、官制をめぐる議論から当時の人々の国家観や時代認識が見えてくるであろう。

第三の課題として、元豊官制改革に至るまでの宋朝官制は不統一な構造を有していたわけであるが、それは中央政府全体を見通すような統一的なビジョンに基づかず個別の行政分野に対し既存の機構を援用したり新たな官庁を個別分散的に設置するといった、いわば対症療法的手法のもたらした結果であったと言えよう。こうした場当たり的とも言える姿勢は、官制のみならず法制面においても当てはまり、法令、あるいはそれらをまとめた法典の繁雑さが宋朝の特徴と言われている。ただ、そうした特徴は財産や婚姻といった民事的案件に対する法令に関しては従来から言われてきたものの、官僚の行動を監督・規制する法令については検討の余地が残されているように思われる。また、官僚に対する法令は裏を返せば官僚の日常的営為の現れと捉えることも可能であり、法令の検討を通じてシステムの担い手である彼らの行動の一端を明らかにすることは宋代政治史・制度史理解の一助となると考えている。

以上の課題を踏まえて、本書各章においては次のような内容を扱う。第一章では宋代官僚制度研究を回顧し、これまでの成果から得られる知見と、宋代の官僚制度を研究する上で必要とされる視点を整理する。第二章においては、元豊官制改革以前の三司の長官である三司使及び改革以降の尚書省戸部の長官である戸部尚書の人事を分析し、その傾向を明らかにすることを通じて人事制度の運用の変化について考察を行う。第三章においては、北宋前期官制の基調とされてきた分権化原則と一致せず見解の相違が見られる中書と三司の関係について、これを時間の経過に伴う運用実態の変化の現れとして捉え直すことを試みる。第四章では、官制改革を求める議論の言説の変化に注目し、その変化が生じるに至った背景に、当時の政治情勢や士大夫の時代観の変化、理想とされた国家像の影響があることを明らかにする。第五章では、名実の不一致の解消、中央政府構造の改編をもたらした元豊官制改革について、推進者神宗と官僚の認識の相違を施行過程の中に探る。唐制の復活を標榜した元豊官制改革に対する輿論の動向を探ることは、第四章で論じる時代観の変化の現れを明らかにすることにもつながる。第六章では、北宋末期・徽宗朝における官制改革の動きについて論じる。この時期は神宗朝の政治路線の継承が標榜された時期であり、神宗の手になる元豊官制の遵守が目指されたのであるが、しかし仔細に見ると元豊官制継承に対する官僚間の見解の相違が見られることを明らかにする。第七章では、官僚の賓客との面会及び外出・訪問を禁止・制限する「禁謁」と呼ばれる法令について、その沿革と適用実態を明らかにし、宋代における官僚の日常的営為や法令の特質について考察する。

本書は、筆者がこれまで発表してきた論文に加筆・修正した部分と、新たに書き下ろした部分から成る。旧稿と本書各章の関係は次の通りである。

第一章：書き下ろし

第二章：「北宋の三司使・戸部尚書の人事と経歴」（『北大史学』三八、一九九八）

第三章：「北宋の中書と三司の統摂関係について」（『史朋』三四、二〇〇二）（第四節は書き下ろし）

第四章：「北宋前期における官制改革論と集議官論争――元豊官制改革前史――」（『東洋学報』八六－三、二〇〇四）（第四節は書き下ろし）

第五章：「元豊官制改革の施行過程について」（『史朋』三七、二〇〇四）

第六章：「北宋徽宗朝の官制改革について」（『史朋』四一、二〇〇八）

第七章：「宋代における禁謁制度の展開」（宋代史研究会編『宋代中国』の相対化』汲古書院、二〇〇九）

目　次

序

凡例

本書で使用した主な漢籍の略称と版本は次の通りである。

『長編』　宋・李燾『続資治通鑑長編』（二〇〇四、中華書局標点本）
『長編紀事本末』　宋・楊仲良『資治通鑑長編紀事本末』（一八九三、広雅諸局影印本）
『宋会要』　清・徐松輯『宋会要輯稿』（一九三六、北平図書館影印本）
『事類』　『慶元条法事類』（一九六八、古典研究会影印本）

文集は特記がない限り『四部叢刊』所収のものは『四部叢刊』所収本に、その他は『叢書集成』及び文淵閣『四庫全書』所収本に拠った。筆記は中華書局標点本『唐宋史料筆記叢刊』所収のもの以外は『叢書集成』本や『四庫全書』本等に拠った。
元・脱脱等『宋史』は中華書局標点本に、
宋・王応麟『玉海』は清・光緒九年（一八八三）浙江書局刊本に、
元・馬端臨『文献通考』は一九三五・商務印書館排印本に、
宋・趙汝愚『宋朝諸臣奏議』は一九九九・上海古籍出版社標点本に、
宋・章如愚『群書考索』と宋・林駉『古今源流至論』は『四庫全書』本に拠った。

引用史料は主に我が国の常用漢字を用いて表記したが、一部の人名については史料の表記に従っている。
参考文献のうち単行本等に再録されているものについては、各章の註においては繁を避けるため原載年と再録書名のみを記し、原載雑誌等の名称は巻末の「参考文献一覧」に記載した。

第一章　宋代官僚制度研究の現状と課題

はじめに

本章は、日本における宋代官僚制度研究の現状と課題を整理し、併せて本書における筆者の問題意識について述べることを目的とする。

まず、日本の宋代史研究の展開について述べておきたい。内藤湖南氏によって提唱された「唐宋変革論」は長きにわたって宋代史研究のみならず、広く中国史研究全般に影響を与え続けてきた。内藤氏の唐宋変革論は、唐代と宋代の間に中国社会の各方面において変革が起こったことを指摘し、これを中国における近世の開始と規定するものであった(1)。本書の考察対象である政治制度について内藤氏は、宋以後を「君主独裁制」の時代と規定する。

内藤氏の説は後に宮崎市定氏をはじめとしたいわゆる「京都学派」によって継承されるが、その継承の仕方は「時代区分論争」の影響を色濃く受ける形となった。戦後の日本における中国史研究において中心課題となったのは、アジア停滞論を克服し、発展段階論的歴史観に基づく「世界史の基本法則」を中国史に適用することが可能かということであった。こうした問題意識のもと、前田直典氏が内藤氏の説を批判し[2]、これ以降いわゆる「歴研派」は唐までを古代、宋を中世の開始と規定し、宋代近世説と対立した。これに対し京都学派も、宮崎市定氏をはじめとして宋代以降を近世とする説を堅持し、両者の論争はその担い手を代えつつ七〇年代まで継続した。

この唐宋変革・時代区分をめぐる論争は、地主—佃戸関係といった社会経済的分野を中心に展開された[3]。その結果、政治史・制度史については論争の対象とならず、宋代以降を「君主独裁制」の時代とする見方は通説としての地位を占め、概説書の類にも内藤・宮崎市定氏の所説がそのまま適用され続けた[4]。そのため、政治制度史、とりわけ「君主独裁制」説の論拠の一つである宋代官制に関しては、「独裁」を可能ならしめた制度を明らかにする研究は蓄積されたが、「君主独裁制」概念そのものの是非は問題とならないまま、七〇年代後半、時代区分論争終息の時期を迎えたのであった。

中国史を「基本法則」に当てはめて理解する試みは挫折したものの、しかし唐宋変革を見つめるまなざしまでもが失われたわけではない。ただ、そのまなざしは唐宋変革を所与の前提として捉えるのではなく、各研究者が自己の関心に基づいて変革の意義を捉え直す、あるいは宋代以前からの連続性を指摘する等、多様化の傾向を見せている。例えば「専制国家論」を展開する中国史研究会の所説をめぐる議論は、国家的物流・共同体に対する視点から唐宋の変革を捉え直す契機となっているし[5]、北宋・南宋間の変質を指摘する欧米の宋代史研究の潮流を受けて、両宋交替期に着目した研究も見られる[6]。政治史的分野においては、松本保宣氏の唐代政治史に関する研究は唐後半期から宋にかけての連続性を指摘するものであり[7]、逆に後に触れる寺地遵氏による「政治過程論」導入の提言は、唐宋変革の影響から脱却した宋代固有の政治史叙述の必要性を提唱するものとすることができよう。

ところが、こうした動きの中にあって「君主独裁制」説そのものを直接に捉え直そうとする動きは八〇年代以降も活発化せず、九〇年代になってようやくその概念規定と実態との乖離を指摘し、「君主独裁制」に代わる新たな概念規定を提唱する研究が現れてきた。しかし、その試みはなお方法論的に多くの問題を抱えており、成熟した議論とはなっていない。

一方、法制史研究においては宋代固有の特質として、現代で言うところの民事事件に相当する「戸婚田土の案」を裁くための法令が他の時代に比べて多く、内容も細かいものであるという点が滋賀秀三氏によって指摘されている。(8)こうした宋代法の特質を考えることは宋代独自の歴史像構築のために有効であるが、本書の対象とする官僚制度に関連する法令、具体的には官僚の職務規定については、これまであまり意識されてこなかったように思われる。

そこで以下、まず「君主独裁制」の概念規定を整理し、次に最近の宋代政治史・制度史研究の成果について、「政治過程論」の影響を受けた研究と、「君主独裁制」説の見直しを直接的に提唱する研究を紹介し、さらに法制史研究の成果から官僚制度に関連するものを取り上げ、それらを受けて筆者が考える官僚制度研究に求められる視点を述べていきたい。

第一節　「君主独裁制」概念規定の整理

前述のように、「君主独裁制」説は唐宋変革をめぐる論争の主要な対象とならなかったため、その基本概念は宮崎市定氏が規定した時点からほとんど変化していない。氏によると、「君主独裁制」説において使用される「独裁」や「独裁政治」という語は次のような意味を持つ。「君主独裁とは君主の恣意が凡ての政治の根源となるの謂ではない。これを官制よりいえば、成るべく多くの機関を直接君主指揮の下に置き、あらゆる国家機能が君主一人の手によってのみ統轄せらるる組織をいうのである」[9]。つまり、「独裁」維持の要因として皇帝による最終決定権の独占を挙げるとともに、官制の構造を貫く基本方針は、突出した権力を持つ者の出現を防止するための分権策であると言う[10]。また氏は次のように言う。

〔宋の〕太祖はかくして地方の権力を殺ぎ、中央集権を計った上で、更に中央においても天子の権力拡張に力めた。禁軍の勢力を抑えたのは前述の通り。政府の官制においても一、二の大臣が百官を統率する組織をやめ、幾多の官衙を併立せしめて皆これを天子に直属せしめた。軍事以外百般の政務を決定する機関は中書であり、長官が同中書門下平章事、略して同平章事であるが必ずしも一人と限らず、二人、時には三人いる。しかもその下に副宰相として参知政事が置かれる。政務はこれら数人の執政の合議制で、天子が議長となって最後の決裁を与える。中書に対して軍事専門の枢密院がある。枢密使、枢密副使など、ここにも数名の委員がいる。次には三司があって財政を司る。職務の性質上三司使は一名であるが各司に判官がある。

凡てこういう機構で、天子があらゆる政務に対して最後の決裁を与えるという制度ができ上がったので、これから天子の位置は尊厳無比なものとなった。これまで中国の歴史を血腥い色で彩った簒奪という事件も宋以後は起らない。天子の独裁権が確立し、天子の地位の世襲ということは動かす可からざる原則となった。……[11]（〔　〕内は筆者。以下同じ）

ここで示されている官制の構造も含めて、氏の言う「君主独裁制」成立・維持の要因を挙げると次のようになろう。まず前提条件として、唐代までの貴族層が没落し、その結果皇帝に対する対抗勢力が消滅したという状況があった。次に宋朝が五代の分裂を統一するにあたって採った政策として藩鎮勢力の抑圧、それに伴う財政権の中央への回収と禁軍の強化が挙げられ、さらに宰執等の枢要な地位に複数の官僚を置くとともに各官庁を皇帝に直属させるという官制上の分権策、科挙の本格的運用による世襲的特権階級出現の防止等が「君主独裁制」維持の要因となったとする。

以上の論から、「君主独裁制」説の特徴として次の二点を指摘しうる。第一に、唐と宋を対象とした比較論的手法を採っているということである。この点は「変革」を論ずる以上当然のことではあるが、宮崎氏にとって、宋代近世説の指標である「君主独裁制」は近世の終焉である清朝まで継続されるべきものであり、はじめから「独裁君主」の最終形態として清朝初期の康熙・雍正・乾隆帝といった存在をイメージしていたと思われる。従って「君主独裁制」の出発点である宋初については先に引用したように詳述されているものの、以後の展開についての言及が体系的になされていない。唐・宋の相違を強調する比較論的手法が、後に触れる新たな政治史研究手法の提言、あるいは「君主独裁制」説見直しの動きの中で問題視されることとなる。

第二に、宮崎氏の言う「独裁」を皇帝への権限集中という意味で集権化と言い換えることが許されるならば、そこには皇帝―官僚間と中央―地方間という、異なる二つの階層における集権化が含意されている点に注意しなければならない。換言すれば、前者は中央政府内部における集権化であり、後者は中央政府と地方の関係における集権化ということになる。官制の諸方面に施された分権策は前者を維持するための要素であり、後者の集権化実現の要因としては藩鎮抑圧・禁軍強化や中央集権的財政の確立が挙げられよう。つまり、本来「君主独裁制」説は、官僚機構の分権化と皇帝による各官庁の直接統轄という官制の構造のみを証拠としているのではなく、諸々の要因が組み合わさった重層的概念として設定されているのである。(12)氏にとって官制の構造は「君主独裁制」の必要条件ではあれ、十分条件ではない。(13)

以上の二点を踏まえた上で、続く二節において宋代政治史研究の新たな動きとして、ミクロ政治学的視点導入の提唱と、「君主独裁制」説再検討の二つの潮流について見ていきたい。

第二節　政治史研究の新たな動き（一）——ミクロ政治学的視点導入の提唱

本節では、宋代政治史の新潮流と言える研究を紹介していきたい。なお、これらの研究の動向は既に平田茂樹氏によって整理されており、[14]ここでは本書に関連する部分に言及するにとどめる。

先に述べたように、唐宋変革を捉え直す試みは各分野の研究者によって様々な視点から行われている。政治史的分野については、寺地遵氏が宋代政治史の研究状況に見える唐宋変革論の影響を指摘し、「政治過程論」の導入を提唱する。氏の提唱する「政治過程論」は、宋朝の生成―発展―衰退―崩壊を連続した過程として分析し、宋代を一貫した政治権力の運動過程として叙述することを目的とするものであり、その根底には、従来の宋代政治史研究においては制度機構面における唐・宋の比較に重点が置かれ、その結果政治過程に関する研究及び南宋史研究の乏しさを招いたとの問題意識が存在する。「唐―貴族制に対する、宋―君主独裁制、官僚制、胥吏制などと制度機構面での比較論に終始」[15]する現状からの脱却が必要であるというのが寺地氏の提言の内容である。

寺地氏の提言は主に政治史の叙述方法に関するものであるが、政治制度史研究の現状に対する指摘としても重要である。氏の提言を政治制度史研究の側から読めば、ともすれば唐宋変革証明のため、換言すれば「君主独裁制」証明のための研究に終始してきた感のある政治制度史研究に対し、宋代という枠における制度の変容に目を向ける必要性を指摘するものと言えよう。

一方、寺地氏の提言を受けるとともに自身の研究を総括する形で、平田茂樹氏は、「ミクロ政治学的視点」から、士大夫層の人的結合の有り様と政策決定過程分析の重要性を指摘する。まず、平田氏の使用する「マクロ政治学的視点」と「ミクロ政治学的視点」という用語を整理すると次のようになろう。「マクロ政治学的視点」とは、国家体制・国際関係等、国家を機軸とした仕組みを分析する視点であり、対する「ミクロ政治学的視点」は個別の政治現象を分析する視点である。前者の代表として「君主独裁制」説や「専制国家論」があり、従来はこうした国家体制を明らかにする研究が多く見られ、その結果後者、個別の政治現象を通じた国家意思形成過程の分析が軽視されてきたと言う(16)。その研究上の空白を埋める試みとして、平田氏は政治事件とその背後にある人的結合・官僚機構・政策決定システムとの関係を分析することが有効であるとしている。

平田氏は宋代における人的結合の構造を次のように述べる。「朋党」とは前近代中国において頻繁に登場する派閥を指す語であり、内藤湖南氏は宋代の朋党を、唐代以前の貴族的朋党と異なり政治・学問上の朋党と定義する(17)。これに対し平田氏は、宋代の朋党を、地縁・血縁・婚姻や宗族関係、学問や詩文のやりとりによる文化的関係、科挙における同年関係といった日常的ネットワークを基礎として、薦挙制(改官の際に推薦人を必要とする制度)や同僚関係といった政治システムによる結合を通じて形成された重層的構造を持つ集合体であるとする(18)。こうした朋党の例として、従来旧法党と一括されてきたグループにおける下位層として哲宗朝における劉摯集団の活動を取り上げ、言官の制度的側面と朋党形成の関係を解明し(19)、また真宗朝の寇準党についてもその構成を明らかにした(20)。

また、氏は宋代政治史の特徴として、皇帝と官僚が直接接触する機会である「対」の重要性を指摘し、これを有効活用することで言官の活発化が図られるとし(21)、さらにこうした皇帝を中心とした政治空間・政治時間を分析する必要性を指摘している(22)。このように氏は、「個別現象を解明するだけではなく、政策決定システムや政治空間、政治時間をも考慮に入れることによって、マクロ的政治構造の解明をも視野に入れた方法論(23)」によって政治史を構築する必要を述べているのであり、平田氏の言う「政治過程論」は、寺地氏が「政治権力の運動過程」と表現した部分を、より詳細に定義付けたものとすることができよう。

こうした提言から政治制度史研究の手法として踏まえておかなければならない点は、個別現象の解明を通じてマクロ的政治構造の構築を目指すべきとする点である。つまり、宋代の制度を原則の面だけではなく、それが実際の政治においていかに機能したか、あるいは変容を被ったかという運営の実態面に注目して分析すべきということである。ただ、個別の政治事件と官僚機構・政策決定システムとの相互関連を指摘する研究は、既に熊本崇氏がその台諫・中書検正官等に関する研究において試みてきたところである(24)。制度研究と政治事件に関する研究は相互補完の関係にあり、「君主独裁制」説の影響により、ともすれば「独裁」を証明すること自体が自己目的化したマクロ政治学的視点に根ざした研究が蓄積される従来の状況を見直す必要がある。

以上のように、寺地・平田両氏の指摘はいずれも唐宋変革論の強い影響下にあった政治史研究に対し、より詳細な事象の分析を通じて再構築を試みようとするものであり、加えて平田氏の研究は人的結合と政治システム・時間や空間の関係の解明を提唱するものであるとまとめることができよう。

第三節　政治史研究の新たな動き(二)――「君主独裁制」説再検討

本節では、ミクロ政治学的視点とは異なり、「君主独裁制」という概念規定を直接取り上げてその見直しを提唱している王瑞来・冨田孔明両氏の所論について、その成果と筆者が考える問題点を述べていきたい。

一　王瑞来氏の所論

王瑞来氏は、まず宋代を「君強臣弱」（君主権の強化と宰相権の弱体化）の時代とする銭穆氏の論[25]に対する反論を目的として、宋代の宰相権・皇帝権に関する論考を中国において発表した[26]。その後、日本においても同様の問題について多くの研究を発表し、その成果は二〇〇一年に単著の形でまとめられた[27]。

王氏の著書は北宋・真宗朝を主な研究対象とし、内藤湖南氏以来の「君主独裁制」説を見直すとともに、宋代のみならず中国史上における政治形態を皇帝専制政治とする見解に対して再検討を試みることを目的としている[28]。そして王氏は「君主独裁制」に代わって新たに「宰輔専政」という概念によって宋代政治史を定義することを提唱している。氏の構想は著書の序章、「総説」の名を冠された第一・二章、及び終章に集約されており、以下にその内容を整理していくこととする。なお、王氏著書については既に寺地遵・平田茂樹両氏による書評[29]があり、ここでの整理もこれらに負うところが大きいが、本章ではやや視点を変えて、王氏の研究の整理を通じて看取しうる政治制度史研究の手法に関する問題を述べてみたい。

王氏の「宰輔専政」概念は次のようなものである。まず、皇帝―宰輔関係を対立関係ではなく相互補完・制約関係と捉えることから氏の「宰輔専政」論は始まる。皇帝は自己の地位の維持のために官僚の支持を必要とする一方、宰輔の側も皇帝の権威なしには政権獲得とその維持が不可能であり、こうした関係を相互補完関係と規定する。また、皇帝の恣意的な行動を防止するために、皇太子時代における帝王教育や公論による諫言という手段で官僚側は常に皇帝に対し抑止力を行使する。これに対し、群臣は宰輔の専権を防ぐために皇帝の権威を利用し、時には宰輔の更迭を要求したりするのであって、これを相互制約関係と呼ぶ。こうした理解に基づき、氏は皇帝を国家権力システムの一部と位置付け、各王朝及び中国史全体の趨勢として、皇帝の政治運営上の実権が低下する一方で権威は上昇するという「皇権の象徴化」が見られると指摘する。

氏の研究の特色としては、まず制度の実態を重視すべきことを指摘している点が挙げられる。この点については平田氏も、寺地遵氏の「政治過程論」同様に動態的に政治史を捉える姿勢として評価している(30)。第二に、真宗朝を皇帝権力の有り様に関するターニングポイントと位置付けている点である。真宗朝は官僚人事、中央官制の構造・実態等様々な変化が見られる時代でもあることからも(31)、こうした真宗朝政治史の詳細な分析の意義は大きい。王氏の研究は、宋初の体制を重視する制度史研究に異なる視点を導入する契機となりうる(32)。

一方で問題がないわけでもない。第一に、王氏の「君主独裁制」概念に対する理解である。氏は、従来の研究における「君主独裁」という語を、「皇帝がすべてのことに対して絶対的な生殺与奪の権力を持つことを指す」とし、この用法は「個人的独断の裁決という誤解を招きやすい」と述べているが(33)、「君主独裁制」説における「独裁」はもともと氏の言うような意味で使われてはいない。

こうした理解から出発しているため、第二の問題点として、考察のほとんどが君臣関係に集中しており、また「君主独裁制」説批判を前提とした、やや性急な単純化が見られることが挙げられる。君臣関係における宰相の優位を証明することが即「君主独裁制」否定につながるわけではない(34)。第一節にも述べたが、「君主独裁制」は皇帝―官僚間のみならず中央―地方間も含んだ重層的概念であり、皇帝―官僚間におけるイニシアチブをどちらが握っているかという点のみでは「君主独裁制」に対する全面的な反論にはならない。にもかかわらず「君主独裁制」に対する反論に目的を限定してしまっているため、史料から得られる事象を安易に単純化してしまっている感がある。例えば、政策決定が官僚による制定→皇帝による決裁という手続きを経ることを以て、政策決定は宰輔の意志の反映であり、皇帝は主体的な役割を果たしていないと述べるが(35)、一方で「君主独裁制」説の方も、

「天子があらゆる政務に対して最後の決裁を与える」システムが作られたことを根拠の一つとしている。王氏はこの点について、一般的な皇帝は帝王教育を施され臣下の言に耳を傾ける自律的存在であるという、やや単純に過ぎる定義でしか答えていない。真宗朝における君臣関係を前近代中国の典型として普遍化しようとする点[36]も含め、王氏のような論理では結局水掛け論に終始し、議論は生産的な方向に向かわないのではなかろうか[37]。

第三の問題点として、皇帝―官僚関係の重視が、宰輔と各官庁の関係を示す政策決定過程の軽視という問題を生んでいるように思われる。この点について寺地氏は、真宗朝に存在した「政治課題」、すなわち具体的な政策決定に関する言及が極端に少なく、あたかも宰輔間の権力闘争・「宰輔専政」の確立が自己目的化しているかのように叙述されていることに疑問を呈している[38]。制度の運用実態の解明を重視することが目的と言うならば、やはり官僚機構内部における宰輔の位置付けにより注意を払うべきであろう。

以上、王氏の所論をその著書によって見てきた。制度の実態を重視するべきとする点、真宗朝を君臣関係の転換期と定義する点に氏の研究の意義が見出せる反面、「君主独裁制」説への反論を目的としながら君臣関係のみを自説の中心に据えている点において、結局「君主独裁制」説の影響から脱却できていないことを再度指摘しておきたい[39]。

二　冨田孔明氏の所論

次に、王氏同様「君主独裁制」説の見直しを提唱する冨田孔明氏の所論を紹介する。王氏の論が君臣関係を中心に展開されるのに対し、冨田氏の論の特色は、相権(宰相権力)分割策の否定、台諫・太学生等による「下からの調整」の二点を指摘していることにある。

冨田氏は、宋の二府とその沿革に関する論考の中で、宋の二府が唐の中書・枢密院から継承されたものではなく、五代期・李晋の中門使→後唐の枢密院の流れを受けたものであるとする。そして、後者が持つ「枢相」(民政・軍政双方を掌握する宰相)的性格を排除し二府の分権化を図ったのが宋の太祖・太宗朝の方針であったが、辺事に対応する上での不都合から真宗朝以降、宰執の分権策は放棄され、二府の権限は再び統合化の方向に向かったのであり、従って「君主独裁制」説が論拠とする権力分散策は現実には宋一代を通じて継続したものではないと指摘する。[40]

次に「下からの調整」という概念について、冨田氏はその代表としてまず台諫を挙げる。氏は台諫を、皇帝と、分権策が放棄された後に多極を掌握するようになった宰執との間の権力バランスが崩れた際に、言論という手段を通じてその調節を行う存在と位置付ける。また、台諫が宰相の「鷹犬」と化した際には代わって太学生が政治運動を展開し、専権宰相に対する調整力としての役割を果たすと言う。[41]

氏の論は、「君主独裁制」を主に宰執の分権策、及び上からの統制の二点を基礎とした体制と位置付け、これに対する否定を通じて「君主独裁制」説の見直しを試みるものである。王氏同様に真宗朝を制度の転換点と規定しており、また冨田氏の場合は五代・宋初からの制度及びその実態の変化を追うことによって真宗朝の重要性を指摘している点にその特色が認められる。

一方で、相権分割策の放棄を論じる指標については若干の疑問がある。例えば『長編』巻八〇・真宗大中祥符六年(一〇一三)正月庚子の、

詔、「自今凡更定刑名・辺防軍旅・茶塩酒税等事、並令中書・枢密院参詳施行」。以上封者言二府命令互出、或有差異故也。

(詔した、「これより刑名の変更・辺境の防備・茶塩酒税等の事は、全て中書・枢密院に参詳・施行させる」と。上

封する者が、二府の命令が互いに出て、差異が生じる場合があると言ったためである。）

という詔を挙げ、これを相権分割策放棄へ向かう転換点としているが、詔の文言にある通り、これは「更定刑名・辺防軍旅・茶塩酒税等の事」に対象を限定して取られた措置であり、これを以て相権分割策の完全な放棄と見なしてよいものか疑問が残る。さらに氏は仁宗朝における、辺事に関する二府の合議体制を挙げるが、あくまでこれは辺境有事という特殊な時期における措置であり、例えば西夏との関係が安定に向かった後には、二府の合議体制が有効に機能していなかったことからも、氏の挙例は限定的に解釈するべきである。

また、従来説かれてきた相権分割の根拠として『長編』巻三一・淳化元年（九九〇）十二月辛酉の、

時群臣升殿奏事者、既可其奏、皆得専達於有司、頗容巧妄。左正言・直史館謝泌請、「自今凡政事送中書、機事送枢密院、財貨送三司、覆奏而後行」。辛酉、詔従泌請、遂著為定制、中外所上書疏亦如之。

（当時、群臣が上殿して上奏し、皇帝の裁可を得ると全て有司に専達（上司に報告せず独断で下達・施行すること）することができ、不正が行われやすい状況であった。左正言・直史館謝泌が次のように要請した、「今後、政事は中書に送り、機事は枢密院に送り、財貨は三司に送り、覆奏してその後に行うようにしていただきたい」と。辛酉、詔して謝泌の要請通りにし、著して定制とし、中外の上奏もまたこの通りにさせた。）

という覆奏（官僚の上奏を関係官庁に審査・再上奏させること）に関する史料を挙げ、これ以外に相権分割策を証明する史料はないと言うが、実際には例えば『宋会要』儀制六‐六「群臣奏事」大中祥符七年（一〇一四）三月七日には、

詔、「応臣上殿箚子奏事進呈後、不得批依奏、並批送中書・枢密院・三司等処、別取進止」。

（詔した、「およそ臣僚が上殿して箚子によって上奏した後は、直ちに「依奏（奏に依れ）」と批（書き付け）してはならず、全て批した上で中書・枢密院・三司等の諸所に送り、改めて裁決を仰ぐようにせよ」と。）

とあり、少なくとも覆奏規定に関しては真宗朝においても中書・枢密院・三司の分割原則は存続している。三司についてはその後、覆奏規定における位置付けは変化するものの、二府については中書が民政、枢密院が軍政に関する覆奏を行うという規定はその後も継続するのである。[42]

以上のように、冨田氏の言う相権分割策の放棄は、何を指標として「分権」「統合」を定義しているのかが不明確であり、また太祖・太宗朝から真宗朝への変化を指摘しているもののその論拠に不十分な点が残る。「下からの調整」に注目し、君臣関係のみから政治史を捉える「君主独裁制」説的視点よりも多角的な見方を示しているとはいえ、やはり「君主独裁制」説批判から論を始めているため、王氏同様、反論材料となりうる史料を性急に一般化してしまった嫌いがあるように思われる。

第四節　政治制度と官僚の理念

前節まで見てきたように、最近の宋代政治史・制度史研究では、従来の「君主独裁制」概念の克服を目指す二つの潮流が見られる。一つは政治事件・システムの運用に対する詳細な分析を積み重ねることを重視する方向に向かい、もう一つは「君主独裁制」そのものを疑問視し、宋代政治史を特徴付ける新たな概念を模索する方向であったわけであるが、本節では、これら政治史研究における傾向に加えて、思想史研究における成果を参考に、政治制度史研究に求められる視点について述べていきたい。

ここまで、日本の中国史学界における唐宋変革重視の傾向について述べてきたが、こうした理解はそもそも宋人自身の時代認識に基づくものである。具体例は本書第四章で見るが、官制について言えば、安史の乱以降を藩鎮勢力の拡大と中央政府の統制の緩み、使職の濫発による三省六部制の形骸化という文脈で捉える見方が一般的であるが、こうした理解は宋人の「近代」認識に影響を受けている。

こうした当事者意識という点について、思想史の立場から小島毅氏は、宋初には唐朝を強く意識してその体制・文化事業を模範とする傾向があったが、真宗・仁宗朝になると一転して唐の太宗を批判する意見が現れる等、唐朝に対する認識に変化が見られたとする。(43) 確かに断代史的見方は、王朝という枠組みを超えて時代区分を行う近代歴史学から見れば古い方法かも知れないが、一方で当事者達が王朝の交替を一つの時代の終焉と新たな時代の始まりと捉えていたこともまた事実である。氏の見解は、こうした当事者意識の分析から思想史上における唐宋変革の意義を探ることを目的としたものであると言えよう。

この小島氏の見解を参考に北宋の官制をめぐる議論を見てみると、五代から継承あるいは宋朝が創始した制度と、唐朝の制度との関係等について、当事者である宋人は様々な議論を展開している。具体的には第四章で見るように、宋初には唐制への回帰が求められ、その象徴として尚書省復活がしばしば提言される。ところが仁宗朝の官制改革論では、唐朝の制度へ回帰すること自体が目的とされてはいない。例えば序で述べた官と差遣の不一致という問題を解決することを目的とした「正名」を標榜する改革論や、宰執と各行政機関の関係を論じた改革論が見られるが、それらの改革論は必ずしも唐朝の制度を理想としているわけではなく、『周礼』や漢制にその理念を求める論が多くなる。もちろん唐の尚書省も『周礼』六卿に擬して構築された制度ではあるが、一方で宋人にとって唐制は『周礼』理念の具現化であると同時に「近代」の制度でもある。前朝を模倣する方向に向かうか、宋朝独自の事業として「正名」を実現したり官制の運用に改変を加えたりすることを志向するかという違いは、王朝の性格を決定付ける一つの指標となりうる。(44)

また、北宋官制は、神宗の手になる元豊官制改革によって表面上は唐の三省六部制を基本とした形に改編される。この改革をめぐっては、主に三省の長官である宰執の職権分割をめぐって、唐制の厳格な適用を目指す神宗と、従来の制度との相違を問題とする官僚の意見の対立が見られ、(45)また元豊官制改革に対して南宋人は、「正名」を果たした点ではこれを評価するものの、その運用面では「祖宗の法」を損ない混乱を招いたとして、むしろ否定的評価を下している。(46)

こうした官制に対する当事者の認識を探ることは、彼らの時代観を知る一つの手がかりになるであろうし、逆に彼らの認識が官制に影響を与えることも考えられる。これまでの政治制度史研究においては、官制・制度の機能面の解明に重点が置かれてきた。もちろんこうした面が重要であることは間違いなく、本書においてもこうした面に関する分析を行っている。しかし一方で、前近代中国において官制が持つ秩序の具現化・王朝の正統性顕示手段としての性格をいま一度考えてみる必要があるのではないだろうか。

そうした秩序理念と官制の関係について、ここではもう一つ、寺地遵・小林義廣両氏の言う「皇帝機関説」について述べておきたい。「皇帝機関説」とは、寺地氏が、南宋初期における対金和議に異を唱える士大夫の見解を形容するために用いた語であるが、(47)後年、小林義廣氏はこれを、欧陽脩を中心とした慶暦期の士大夫が共有する君主観・秩序原理に対する形容に用いている。小林氏は欧陽脩の『五代史記』における歴史叙述の中に上下秩序を重んじる理念が存在することを指摘し、かかる理念は政治的発言にも反映されており、そこに見られる、官僚体制における階梯的秩序を前提としてその上に「至公」の倫理的天子を抱くという国家像を「皇帝機関説」と称している。(48)また、こうした国家観が「濮議」(第五代英宗朝に、養子から帝位に就いた英宗が実父に対して用いる称謂と祭祀をめぐって、欧陽脩等宰執と司馬光等台諫の間で交わされた論争)において、国家・皇帝を絶対の存在とする(氏はこうした認識を「国家主義説」と呼ぶ)司馬光等と「皇帝機関説」を採る欧陽脩等の対立を生み、やがて前者の方に輿論が傾き、皇帝と直接結びついた特権官僚が現れ、徽宗朝の蔡京へつながっていくと言う。(49)

小林氏の論は、士大夫の持つ君主観・国家観に関するものであるが、これが時代とともに変質していく過程を描いた点に、「政治過程論」同様の特色がある。これに加えて、国初からの政治制度の変化に着目する本書の立場からすれば、「皇帝機関説」的理念が現れてくるに至る経緯に筆者は関心を抱いている。欧陽脩もその担い手となった慶暦新政は、微視的に見れば、対外関係・財政状況の悪化を契機として、長期にわたって政権を担当しながらもこれらの問題に有効な対処を行いえなかった呂夷簡等の「因循苟且」の姿勢に対する批判に立脚した政治運動であった。しかし一方で、巨視的に見れば、慶暦期を中心とした官制をめぐる議論は、皇帝・一部の大臣に権限が集中するとともに彼らが煩雑な業務に拘束されかねない北宋初期的構造に対する問題意識の現れと捉えることも可能である。つまり、「皇帝機関説」的国家像は、皇帝のもとに権限が集約される国初以来の路線に修正を迫る契機となったと考えられる(50)。氏の論は官僚の理念と政治制度の関係について大きな示唆を与えるものと言えよう。

第五節　法制史的側面から見た宋代官僚制度

話を再び宋代官制の構造・特質に戻したい。序でも述べたように北宋初期の官制は唐後期以降の使職に淵源を持つ官庁の寄せ集めのような構造を有していた。その後、元豊官制改革によって三省六部制を基本とした形に再編され、以後南宋末まで大幅な改編を被らなかったものの、統一的なビジョンを持たず五代以来の諸官庁をそのまま継承したり各々の政務に対応する官庁を個別分散的に新設したりするという宋初のやり方には、現実問題に対症療法的に制度・法令を新設・改編していくという宋朝の特質といったものが如実に現れているように思われる。こうした特質は本章冒頭でも述べたように、法制史研究において夙に指摘されてきたところであった。[51]ただこの指摘は家産相続や不動産の所有権をめぐる民間の紛争解決のための法令に限定したものであり、宋代の法令全般に当てはまるかどうかは別途考察を要するであろう。

一方、本書の考察対象である官僚制度に関する法制史的見地からの研究としては、梅原郁氏のものが挙げられる。氏は裁判機能を有する諸官庁の構造、宋代における法典編纂等について詳細な考察を加え、宋代司法制度の実態を明らかにした。[52]その中で、官僚に対する処罰と懲戒に関する一連の研究は、膨大かつ複雑になった官僚の犯罪に対して宋朝がいかなる姿勢で臨んだか、換言すれば宋朝の官僚監督方針といったものを窺わせる点において、宋代官僚制度を考える上で非常に重要なものである。

ただ、これに屋上屋を架すの愚を承知で付け加えるならば、犯罪行為に対しいかなる罰則が与えられたかという問題[53]に加えて、いかなる行為が犯罪と規定され、それに対しいかなる法令が設けられたかという点も重要であろう。官僚の行動に対して、宋朝がどのような規制を設けたかを明らかにし、その上で社会の変質に伴う法令の複雑化という民事的法律の傾向と比較検討することで、宋代法の特質がより明らかになるのではないだろうか。かかる点に対する考察は、宋朝という国家の持つ性質を論じることにもつながるであろう。

おわりに

最後に、ここまで整理してきた諸研究の傾向を踏まえて、筆者が官僚制度研究において必要と考えている視点と、そうした視点に基づいて個別の問題について論じた各章の内容を説明したい。

まず、従来の唐宋変革論の影響からの脱却のためには、唐以前から宋以降へという長期的な視点に加え、より短い時間軸を設定し、従来の研究において重要視されすぎた感のある国初の諸制度の特質を相対化する必要がある。北宋においては、従来から研究の蓄積がある神宗朝（とりわけ王安石新法期）に加えて、国初の諸制度が整備されるとともに変質していった真宗・仁宗両朝の分析が有効となろう。こうした視点から、三司使・戸部尚書の人事の変遷を考察したのが第二章、三司と宰相府である中書の関係や、官制の現状に対する官僚の認識の変遷を跡付けたのが第三章・第四章である。

第二に、制度の静態的側面から動態的側面の分析に重点を移す必要がある。第三節で見たように、「君主独裁制」というモデル概念があまりにも長きにわたって絶対の前提とされていたため、それを批判する試みも視点・手法等の様々な面において「君主独裁制」説の影響を受け、性急なモデルの構築に向かった結果、現在に至るまで有効な概念規定を行えないでいる。むしろ性急な概念規定に向かうよりも、まずは個別事象の研究に重点を置き、先ほど述べた短い時間軸のもとに制度の運用・変遷の分析を試みるべきであろう。またその際に、皇帝―官僚関係のみならず、官僚機構内部における関係を探ることによって、従来言われていた分権策と、その裏返しとしての皇帝への一極集中的構造がどう変容していったかを明らかにする必要がある。以上のような考えから、第三章では宰相府である中書と財政官庁である三司の関係について、個別の政策決定を通じてその実態の解明を試み、第四章第四節においては仁宗朝・慶暦期を中心として官僚が抱いていた官僚機構における上下秩序に対する理念について考察を試みた。

第三に、官制あるいはそれを改革することに対する当事者、すなわち宋人の認識に注目すべきである。制度の実態に加え、どのような制度が望ましいと考えられていたかを探っていくことは、制度の運用・変遷の分析同様に重要な作業である。加えて、前近代中国における官制の持つ象徴的側面に留意するならば、官制をめぐる議論の推移は、彼らの時代観の変化を示す一つの指標とすることができるだろう。このような視点から、官制に関する議論の推移を追ったのが第四章・第五章であり、こうした時代観に政治的意図が加わり、前代の政策の継承による正統性顕示のために官制改革が用いられた徽宗朝の動向を論じたのが第六章である。第四に、官制に加えて法制の面における宋朝の特質について、民事的法律以外の事例を見ることで検討を加えることが必要である。その手がかりとして、「禁謁」と呼ばれる官僚に対する職務規定の沿革と適用実態を明らかにし、併せて官僚の日常的営為の一端について考察したのが第七章である。

以上のような視点から、次章以降では個別の問題について述べていくこととしたい。

(1) 内藤湖南『支那近世史』(原載一九四七、のち『内藤湖南全集』一〇、一九六九所収)。

(2) 前田直典「東アジアに於ける古代の終末」(原載一九四八、のち『元朝史の研究』東京大学出版会、一九七三所収)。

(3) 戦後日本の中国史学界全体の動向については谷川道雄「総論」(谷川道雄編『戦後日本の中国史論争』河合文化教育研究所、一九九三)、地主―佃戸関係に関する論争を中心に宋代史研究を扱ったものとして宮澤知之「宋代農村社会史研究の展開」(前掲『戦後日本の中国史論争』)。

(4) この点については後に見る冨田孔明「宋代史における君主独裁制説に対する再検討(続)――張邦煒氏の論を参考にして――」(『東洋史苑』四八・四九、一九九七)や王瑞来『宋代の皇帝権力と士大夫政治』(汲古書院、二〇〇一)においても指摘されている。例えば冨田氏は、「宋代史において先学(君主独裁制説)のこうした穴を埋める機会と場が与えられなかった……理由は二つ考えられる。一つは、言うまでもなく、過去、宋代史は経済史の面に重点がおかれ、大きな論争もこの面の中で起きてきた。これによって政権構造等の問題に関しては、相対して批判し合う論争が起きず、結局は先学の論に依拠する形となってしまった点が挙げられる」(八五頁。( )内は筆者。以下同じ)と述べている。

(5) 例えば足立啓二氏・宮澤知之氏等は、秦漢以降、清代まで続く前近代中国を、一貫して皇帝・国家に権力が集中する「専制国家」体制を維持し続けてきたとし、国家と基層社会(小農民)を媒介する「中間項」(村落共同体・宗族・地縁等)の脆弱さを指摘するとともに、宋代に始まる全国的市場経済の発展を、募兵制導入等による経費増大を契機として国家の主導により形成された「国家的物流体制」であるとする所説を展開した(足立啓二「中国前近代史研究と封建制」(中国史研究会編『中国史像の再構成――国家と農民』文理閣、一九八三）、宮澤知之『宋代中国の国家と経済』（創文社、一九九八）等）。これを受け展開された議論については丸橋充拓「「唐宋変革」史の近況から」（『中国史学』一一、二〇〇一）参照。

（6）その代表として祠廟に対する国家政策の変容から唐宋変革再考の可能性を指摘した須江隆「唐宋期における社会構造の変質過程――祠廟制の推移を中心として――」（『東北大学東洋史論集』九、二〇〇三）を挙げておく。

（7）松本保宣「唐代後半期における延英殿の機能について」（原載一九九〇、のち『唐王朝の宮城と御前会議――唐代聴政制度の展開――』晃洋書房、二〇〇六所収）。

（8）滋賀秀三『清代中国の法と裁判』（創文社、一九八四）二九五頁。

（9）宮崎市定『東洋的近世』（原載一九五〇、のち一九九二所収）の「三　中国近世の政治」。

（10）宮崎市定「宋代官制序説――宋史職官志を如何に読むべきか」（原載一九六三、のち『宮崎市定全集』一〇、岩波書店、一九九二所収）。

（11）宮崎市定「北宋史概説」（原載一九三五、のち『宮崎市定全集』一〇所収）の「一　宋と遼・西夏との関係」。

（12）国家の祠廟政策を通じて北宋・南宋間の社会構造の変質過程を捉えた註（6）前掲須江隆「唐宋期における社会構造の変質過程――祠廟制の推移を中心として――」は、中央―地方、換言すれば国家権力と地方社会の関係における「君主独裁制」に再検討を迫るものと言えよう。また、国家統合の地理的様態という観点から唐宋政治史に関する研究をまとめた山根直生「唐宋政治史研究に関する試論――政治過程論、国家統合の地理的様態から」（『中国史学』一四、二〇〇四）もある。

（13）付言すると、最近の研究では中央―地方間の問題として監察権に注目したものが見られる。宋代に様々な地方官の勤務評定方法が採られていた一方でそれらが十分に機能していなかったことは鄧小南「多面的な政治業績調査と宋代の情報処理システム」（平田茂樹・遠藤隆俊・岡元司編『宋代社会の空間とコミュニケーション』汲古書院、二〇〇六）に明らかである。また、青木敦「監司と台諫――宋の地方官監察制度に見られる二つの型――」（『東方学』一一四、二〇〇七）によると、元代以降に行政区画として州の上位に位置する省は、人事・財政・監察といった広範な権限を有していたが、その淵源となる宋代の路に置かれた監司は、地方官の監察において中央の台諫との分担が曖昧であるなど権限が確立していなかったという。宋代における中央の地方官に対する監督方針・実態は、「君主独裁制」説の言う中央―地方関係における集権化の方針と実態を考える上で重要である。

（14）平田茂樹「政治の舞台裏を読む――宋代政治史研究序説――」（伊原弘・小島毅編『知識人の諸相――中国宋代を基点とし

て』勉誠出版、二〇〇一)。
(15) 寺地遵「宋代政治史研究方法試論——治乱興亡史論克服のために——」(宋元時代史の基本問題編集委員会編『宋元時代史の基本問題』汲古書院、一九九六)の「二、宋代政治史研究の現状」。
(16) 註(14)前掲平田茂樹「政治の舞台裏を読む——宋代政治史研究序説——」。
(17) 註(1)前掲内藤湖南『支那近世史』の「朋党の性質の変化」。
(18) 平田茂樹「宋代の朋党形成の契機について」(宋代史研究会編『宋代社会のネットワーク』汲古書院、一九九八)。
(19) 平田茂樹「宋代の言路官について」(『史学雑誌』一〇一-六、一九九二)、註(18)前掲同「宋代の朋党形成の契機について」。
(20) 註(18)前掲平田茂樹「宋代の朋党形成の契機について」。
(21) 平田茂樹「宋代政治構造試論——対と議を手掛かりにして——」(『東洋史研究』五二-四、一九九四)。
(22) 註(14)前掲平田茂樹「政治の舞台裏を読む——宋代政治史研究序説——」。
(23) 平田茂樹「宋代政治史料解析法——「時政記」と「日記」を手掛かりとして——」(『東洋史研究』五九-四、二〇〇一)。
(24) 熊本崇「中書検正官——王安石政権のにないてたち——」(『東洋史研究』四七-一、一九八八)、同「元豊の御史——宋神宗親政考——」(『集刊東洋学』六三、一九九〇)、同「宋天禧元年二月詔」(『石巻専修大学研究紀要』二、一九九一)。
(25) 銭穆「論宋代相権」(『中国文化研究匯刊』二、一九四二)。
(26) 王瑞来「論宋代相権」(『歴史研究』一九八五-一、一九八五)、同「論宋代皇権」(『歴史研究』一九八九-一、一九八九)。なお、中国における宋代政治史研究の動向については方震華「一九八〇年以来宋代政治史中文論著回顧」(『中国史学』九、一九九九)、包偉民主編『宋代制度史研究百年(1900-2000)』(商務印書館、二〇〇四)参照。
(27) 註(4)前掲王瑞来『宋代の皇帝権力と士大夫政治』。
(28) これについて、王氏は「序章」において従来の学説で用いられている「君主独裁制」という語の概念規定を行っているが、一方で同じく「序章」において、「なぜ中国史上における政治形態が君主独裁制と見なされるのか」という疑問が自己の研究の根底にあることを述べている(註(4)前掲王瑞来『宋代の皇帝権力と士大夫政治』三頁)。少なくともここでの君主独裁制という語は、おそらく日本の研究者が宋代以降の体制を指して使うそれとは異なる意味を持っていると思われるので、誤解を避けるために敢えて「皇帝専制政治」と表現を変えた。

(29)　寺地遵「書評　王瑞来著『宋代の皇帝権力と士大夫政治』を読む」(『広島東洋史学報』六、二〇〇一)、平田茂樹「書評　王瑞来著『宋代の皇帝権力と士大夫政治』」(『史学雑誌』一一二-六、二〇〇三)。
(30)　註(29)前掲平田茂樹「書評　王瑞来著『宋代の皇帝権力と士大夫政治』」九六～九七頁。
(31)　本書第二章・第三章・第四章。
(32)　既にこうした視点から制度史を論じたものとして、国初(太祖・太宗朝)と真宗朝における三司と皇帝の関係を明らかにした見城光威「宋初の三司について――宋初政権の一側面――」(『集刊東洋学』八六、二〇〇一)がある。
(33)　註(4)前掲王瑞来『宋代の皇帝権力と士大夫政治』八～九頁。
(34)　平田氏は書評において、「要するに、「君主独裁」、「宰輔専政」という現象の背後に存在する政治構造に目を向けていった場合、根幹部分の政治システムの現れとして時には「君主独裁」とも時には「宰輔専政」とも映るのであり、両者は実は表裏一体の関係にある」(註(29)前掲平田茂樹「書評　王瑞来著『宋代の皇帝権力と士大夫政治』」九五頁)と述べている。
(35)　註(4)前掲王瑞来『宋代の皇帝権力と士大夫政治』六五頁。
(36)　註(4)前掲王瑞来『宋代の皇帝権力と士大夫政治』の「終章第四節　皇権が象徴化に向かった歴史的な要因」。
(37)　こうした性急な単純化の傾向は、台諫に対する王氏の理解にも見える。皇帝・宰輔に対する言論機能を担う官として宋代政治史においては台諫が重要な役割を果たすが、王氏はこの台諫について、本質的には士大夫側に立つ存在であり、皇帝・宰輔に対する第三勢力たりえないと結論付けているが、こうした見方も皇帝との関係において官僚を対立項として一括するものであり、やや性急な単純化と言わざるをえない。
(38)　註(29)前掲寺地遵「書評　王瑞来著『宋代の皇帝権力と士大夫政治』を読む」。
(39)　なお、同書の特色として、宰輔の個人的資質に基づく標題の立て方や、やや主観的ともとれる人物評価が見られる点が挙げられる(註(29)前掲平田茂樹「書評　王瑞来著『宋代の皇帝権力と士大夫政治』」)。確かに政治において個人の資質が影響を与える部分もあり、真宗についても帝王教育を受けた自律性を持つ存在であるかも知れないが、かかる存在が中国における皇帝の典型であるかのように述べている点については片手落ちの感を免れないし、筆者がこうした性急な類型化に必ずしも肯定的でないことは本文中に述べた通りである。
(40)　冨田孔明「宋二府の沿革に関する考察――その起点と転換点を明確にして――」(『東洋史苑』三七、一九九一)、同「宋二府の沿革に関する考察(続)――五代宋における二種の相質について――」(『東洋史苑』四〇・四一、一九九三)、同「宋代史における君主独裁制説に対する再検討」(『小田義久博士還暦記念東洋史論集』龍谷大学東洋史学研究会、一九九五)、註(4)前掲同「宋代史における君主独裁制説に対する再検討(続)――張邦煒氏の論を参考にして――」。
(41) 註(40)前掲冨田孔明「宋代史における君主独裁制説に対する再検討」。
(42) 本書第三章第三節。
(43) 小島毅『宋学の形成と展開』(創文社、一九九九)の「Ⅲ 道」。
(44) 官制改革の方針と王朝の統治理念の関係については、隋・煬帝の官制改革の性格について論じた内田昌功「隋煬帝期官制改革の目的と性格」(『東洋学報』八五-四、二〇〇四)がある。
(45) 本書第五章第三節。
(46) 例えば『古今源流至論』続集巻五「六部」には、「蓋周之六卿、統於大臣、故若分而実合。唐之六部、紊於寺監、故雖繁而実曠。元豊以前、名雖未正、而事権帰一、実有得於周。元豊以後、制雖尽復、而冗員未併、未免類於唐。……今六部星分、誠有周人六典之美。然事権不一、脈絡不通」とある。
(47) 寺地遵「南宋政権確立過程研究覚書――宋金和議・兵権回収・経界法の政治史的考察――」(『広島大学文学部紀要』四二、一九八二)。
(48) 小林義廣「『五代史記』の士人観」(原載一九七九)、同「欧陽脩における歴史叙述と慶暦の改革」(原載一九八三)。この二編は同『欧陽脩 その生涯と宗族』(創文社、二〇〇〇)において一章にまとめられ、「第四章 欧陽脩における諫諍と輿論」と題されている。
(49) 註(48)前掲小林義廣「『五代史記』の士人観」。
(50) 詳細は本書第四章第四節。
(51) 註(8)前掲滋賀秀三『清代中国の法と裁判』二九五頁。
(52) 一連の成果は梅原郁『宋代司法制度研究』(創文社、二〇〇六)にまとめられている。
(53) ちなみに、罰則執行の問題については、宋代には、徒・流といった『唐律』に記載された刑罰を折杖法という読み替え規定に従い執行するという方法が採られていた。唐代の建前を残しつつ宋代独自の規定を運用するという点において、北宋初期官制の構造や、「戸婚田土の案」に対する法令と通じるものがあるように思われる。宋代の折杖法については川村康「宋代折杖法初考」(『早稲田法学』六五-四、一九九〇)参照。

第二章　北宋の三司使・戸部尚書の人事と経歴

はじめに

北宋前期に国家財政を担当した三司は、宰相府である中書、軍政担当の枢密院に次ぐ地位を占めたとされている。しかし、王安石の新法施行期に、一部の職務が三司の手から離れ、さらに元豊官制改革で尚書省が復活すると三司は廃止され、財政は戸部が担当することとなった(1)。

三司の長官である三司使は計相と呼ばれ、ここから参知政事・枢密使に昇進する者も多く、翰林学士等とならんで「執政四入頭」と称された(2)。これは三司使というポストを経ることが昇進上重要なものであったことを示している。しかし、このことが即三司の権限・地位の高さを表すと見なしてよいのだろうか。昇進過程上の重要性と、その職務を経験することの重要性は一致するのか。また、官制改革以降の戸部尚書の地位は三司使と比べてどのように変化したのだろうか。

周藤吉之氏は、三司使経験者全ての三司使在任前後のポストを調査しているが(3)、それによると、仁宗朝には三司使から直接執政(本章では元豊官制改革以前の参知政事、以後の門下侍郎・中書侍郎・尚書左右丞、及び枢密院長弐を指す語として用いる）に昇進した者が多く、神宗朝に至るとその数は減少している。これは新法施行に伴って三司の重要性が低下してきたことと関係があるという。この点に関連して、北宋前期の宰相の経歴について論じた衣川強氏は、宰相の中に国初以来「時代が降るにつれて、三司関係の職務を経験した者が多くなってくる」ことを指摘し、「これは、社会の発展に伴う経済の成長に起因しており、経済的知識の体得が宰相になる為の必須条件となって来たものと思われる」と述べている(4)。両者の見解は、三司の地位向上や経済知識の重要性の増加によって、三司関係のポストを経験した宰相・執政が多く見られるようになった、というものである。

しかし後に梅原郁氏が、資序に基づく任用法が仁宗朝以降確立し、三司や転運司関係の差遣が官僚の一般的な昇進コースに組み込まれたことを指摘し(5)、それを受けて板橋眞一氏は、資序と財政官僚の人事をめぐる問題を論じた(6)。板橋氏の論を要約すると、仁宗朝以降、資序による任用法が転運司・三司関係を含み体系化された結果、三司使等の財政差遣は単なる昇進の通過点となり、「官僚個々の適性を無視した任用法」により「一般の官僚が財政差遣を独占」したことが「財政の深刻な停滞の引き金となった」という。板橋氏の見解によると、三司使を経験した宰相・執政が多く見られるという事実は財政業務の停滞といった否定的な結果しか生まなかった、ということになる。

筆者は、資序による任用法の確立時期やそれが引き起こした問題については梅原・板橋両氏の見解に賛成であるが、なおいくつかの点で考察の余地が残されており、そのためには三司使及び戸部尚書経験者の経歴を網羅的に追うことが有効であると考える。そこで本章では、三司使経験者の経歴を墓誌銘や『宋史』・『長編』・『宋会要』等の史料によって調査（四七頁〜六八頁の【表一】〜【表七】）し、北宋を三つの時期に区切り、以下の点に考察を加えることを目的とする。まず、真宗朝までを第一期として、資序による任用法が確立していなかった時期の三司使にはどのような人物が任用されたのかを考察する。併せてこの時期に行われる三司の機構の改編の意図についても考えたい。次に、仁宗朝を第二期とし、資序による任用法が確立されてからの三司使の経歴を真宗朝と比較する。併せて、周藤氏とはやや異なった方法で三司使の執政・宰相への昇進状況を分析し、三司使というポストの重要性を考察する。最後に英宗朝以降を第三期とし、板橋氏が課題として残している元豊官制改革以降の任用の実態について、三司使に代わるポストである戸部尚書の経歴を追うことで考察を加える。(7)

第一節　太祖朝〜真宗朝の三司使

まず、太祖朝の三司使についてであるが、【表一】(四七〜四八頁)からも明らかなように、太宗朝以降に比べて武官が任命されるケースが九人中五人と目立つ。このことは周藤氏も既に指摘しているところである。(8)その任命の背景に関する史料をいくつか挙げていくと、まず『宋史』巻二六四・沈倫伝に、

親征太原、領大内都部署・判留司三司事。

(太祖が太原に親征した際に、大内都部署・判留司三司事を領した。)

とある。『長編』によるとこれは開宝二年(九六九)二月のことで、(9)北漢遠征に伴った人事であり、沈倫は枢密副使と兼任して三司の事を行った。その後、開宝九年(九七六)の北漢親征の際にも、枢密副使王仁贍を「兼判留司三司・兼知開封府」とする人事が行われている。(10)このように軍事行動に伴って三司の人事がなされたケースが見られる。

また、参知政事・宰相が三司の長官を兼任、あるいは三司の業務に関与したこともあった。開宝五年(九七二)十一月に、参知政事薛居正が兼提点三司淮南・湖南・嶺南諸州水陸転運使事に、同じく参知政事呂餘慶が兼提点

三司荊南・剣南諸州水陸転運使事になっている(『長編』巻一三・開宝五年十一月庚辰)。両名が兼任を始めた時期には別に楚昭輔が判三司として三司の長官の任にあり、彼は開宝六年(九七三)九月己巳までその任にあり続けた。このことから、薛・呂両名が参知政事として帯びた「提点三司」を正規の三司長官と見なすべきかについては検討を要する。

両名のその後の履歴を見ると、同六年九月丁卯には呂餘慶が病を理由に参知政事を退任し、同己巳には薛居正・沈倫が宰相に就任している(『長編』巻一四・開宝六年九月丁卯・己巳)。この時の薛居正・沈倫の肩書きについて、『宋大詔令集』巻五一・宰相一・進拝一「薛居正拝相制」には「兼提挙淮南・湖南・嶺南諸州水陸三司発運等使」(傍点筆者)とあるが、「沈義倫(沈倫)拝相制」には「兼提挙剣南・荊南諸州水陸転運使事」とあり、「三司」の文字が見えない。さらに、同時に楚昭輔が判三司から枢密副使に転任し、後任の三司長官の存在は開宝七年(九七四)六月の張澹就任まで確認できないばかりか、彼は「旬を踰えずして遽に卒」している(『長編』巻一五・開宝七年六月戊子)。その後、開宝九年(九七六)三月に王仁贍が判留守司・三司兼知開封府事に就任しそのまま判三司を務めるようになるまで再び三司長官を誰が務めたか不明の時期が続く。この間、薛居正は宰相の任にあり続け、「兼提挙云々」を解かれた証拠も見出せない。提挙三司を解かれていないとするならば、正規の三司長官の存在が不明なこの時期(開宝六年九月己巳〜同九年三月)にあってその任を務めたのは薛居正以外に考えられない。

従って、薛・呂両名が参知政事として帯びた「兼提点三司」も、正任の三司長官ではないものの、南方征服地諸州の転運の事に加えて三司の業務に関与することを可能ならしめるものであったと考えるべきであろう。(11)

このように、太祖朝の三司の長官は、軍事行動を起こす時に枢密院に関係する武官が後方支援のために兼任したり、征服地経営のために参知政事・宰相が兼ねることがあった。太宗朝以降には先に三司使を経験してから執政に進むのが普通であり、先に執政になった例はわずかに五例のみである。さらに執政が三司の長官を兼任することは全くなくなる。このような兼任が見られるということは、三司の主な任務が軍事行動に連動した後方支援であったこと、後のような二府に次ぐ地位を三司がまだ占めていなかったことを示している。

次の太宗朝には、敵対勢力の平定が進むと同時に五代節度使体制の弊を改めるべく、官僚の人事は武官優先から科挙官僚＝文官優先の人事に移っていく。そして真宗朝に至るとほぼ文官中心の人事が確立する。三司についてもこの傾向は当てはまる。【表二】（四八～五一頁）・【表三】（五二～五四頁）を見ると、太宗朝には二十一人中武官は六人、真宗朝には二人がいずれも初期に見られるだけである。太祖朝に多く見られた軍事行動に伴う三司使任命は、北漢平定時の王仁贍（【表一】-9。太祖朝から継続）以降見られなくなる。敵対勢力平定のための軍事行動が収束に向かうに従って、三司使の人事も一時的なものではなくなってくることが窺える。

さらに、三司使の経歴に太祖朝との大きな違いが見られる。司馬光『温国文正司馬公文集』巻二三・章奏八「論財利疏」で、司馬光は太宗・真宗朝の人事について次のように述べている。

先朝以数路用人。文辞之士寘之館閣、暁銭穀者為三司判官、暁刑獄者為開封府推・判官、三者職業不同、趣舎各異、莫相渉也。然後人主以時引対、訪問以察之、使令以試之、積久以観之、覈其真偽、弁其臧否、考其功効、然後進之退之。

（真宗朝にはいくつかの昇進経路を設けて人材を登用していた。文辞の士は館職に充て、銭穀に通じている者は三司判官とし、刑獄に明らかな者は開封府の推官・判官とし、三者は職掌・昇進の仕方が異なっており、互いに移ることがなかった。その後に人主が定期的に引対し、諮問して彼らの能力を推察し、任用して彼らの能力を試し、久任させて彼らの能力を観察し、その真偽を調べ、臧否を明らかにし、功績を調べ、その後に進退を決めていた。）

つまり太宗・真宗朝には、職務の内容に応じて昇進経路が分かれており、官僚個々の能力に応じて任用が行われていたと言うのである。そこで太祖朝と比較してみると、三司使に至るまでの経歴に変化が見られる。太祖朝において三司の推官・判官や転運司関係等の財政差遣を経験して三司使に至った者は張美（【表一】-1）・沈倫（【表一】-4）・薛居正（【表一】-6）の三人のみである。しかし、太宗朝、真宗朝には財政差遣を経験して三司使に昇進した者が増加し、太宗朝・淳化年間（九九〇～九九四）以降はほとんどが三司推官・判官や転運使といった差遣を経験した者である。特に真宗朝中期以降には三司関係の差遣や転運使の経験が他の差遣に比べ多くなり、これらを歴任するケースが増える。例えば景徳年間（一〇〇四～〇七）に権三司使となった劉師道（【表三】-11）は、京東転運使→知潤州→淮南転運副使兼淮南江浙荊湖発運使→淮南転運使→度支副使と財政関係の監司を歴任し三司副使となった後に権三司使となっている。また、林特（【表三】-13）は戸部判官→戸部副使→塩鉄副使と三司の差遣を歴任した後三司使に昇進した。これらの事例から、司馬光の言うところの「以数路用人」（いくつかの昇進経路を設けて人材を登用する）という任用方法が行われていたことが窺える。このように太宗・真宗朝期には財政差遣を歴任し三司使に至るという昇進コースが確立していった。

次に、三司の機構の改編についてであるが、太宗朝には、太平興国七年（九八二）に同判三司二名を置いたのを皮切りに、三部（塩鉄・度支・戸部）への分割、再統合、左右計使への分割、総計使の設置、三部への再分割と、三司の機構はめまぐるしく変化する。(12) この改編の要因の一端には、三司使の不正防止という意図があったようである。『長編』巻二三・太平興国七年二月辛未に、

宣徽北院使・判三司王仁贍掌邦計幾十年、恣下吏為姦、怙恩固寵、莫敢発者。又起范旻等獄、坐貶黜者十余人、皆上南府時勲旧戚里用事吏、故中外益畏其口。会左拾遺南昌陳恕与兵部郎中宋琪同判勾院、……及造朝、恕独出班具奏。上詰之、恕詞弁蜂起、仁贍屈服。上怒甚。辛未、仁贍罷為右衛大将軍。……以給事中侯陟・右正諫大夫王明同判三司。同判三司自陟・明始。

（宣徽北院使・判三司王仁贍は財政をつかさどること十年近く、属僚を操って不正を働き、恩寵を笠に着ているため、不正を暴こうとする者もいなかった。さらにまた茫旻等の獄が起こり、連坐して貶黜された者十余人は、みな太宗が知開封府であった時の勲旧・戚里・用事の吏であったので、中外の者はみな恐れて何も言わなかった。折しも左拾遺であった南昌の陳恕と兵部郎中の宋琪が判三司勾院であったが、……視朝の際に陳恕は一人出班して上奏した。太宗がこれを問い質したところ、陳恕の言葉は激しさを増し、王仁贍は罪を認めた。太宗の怒りは凄まじかった。辛未に、王仁贍は罷免され右衛大将軍となった。……給事中侯陟・右正諫大夫王明を同判三司とした。同判三司は侯陟・王明の二名より始まった。）

とあり、胥吏と結託して姦を為したことを理由に、太祖朝より三司をつかさどってきた王仁贍が罷免され、三司を二人に判させるようになった。これは王仁贍のような不正行為を防止するためではないだろうか。三司が三部に分けられた後にも、一般に戸部使→度支使→塩鉄使と移っていく者が多く、一つの部署に長く留めておくことはしなかったようである。後に左右計使、総計使が置かれるのも、権限を分散し不正を防止しようという意図が働いたのではなかろうか。こうした機構の改変の動機の一端に不正防止という事情があったことは確かであろう。後の三司使の任期が短いことも、その意図を反映していると思われる。

ただ後述のように仁宗朝においては久任する者がほとんどいなかったのに対して、それ以前には久任して業績を挙げた者が見られる。その一人が太宗朝から真宗朝初期まで三司使の地位にあった陳恕である。彼に対して司馬光は先に挙げた上疏の中で、

先朝陳恕領三司十余年、至今称能治財賦者、以恕為首。豈恕之材智独異於人哉。蓋得久従事於其職故也。至於副使・判官、堪其事者、亦未数易也。是以先帝屢行大礼、東封西祀、広修宮観、而財用有余者、用人専而任之久故也。

（真宗朝には陳恕が三司を領すること十余年であって、いまに至るまで財務に長けているとして称揚される者の中では陳恕が第一である。それは陳恕の才能だけが突出していたからではなく、長く三司に勤めていたからである。三司副使や判官に至っては、職務に堪えうる者は、屢々代えられるなどということはなかった。だから、真宗が何度も大礼を行い、泰山や汾陰で祭祀を行い、広く宮観を修築しながらも財政に余剰があったのは、人材を用いて専任させ、しかも久任させたからである。）

と述べており、彼が業績を挙げることができたのは久しくその任にあったからだとしている。この時期には、三司使の不正防止という問題を抱えながらも、官僚の能力に応じて久任を認めるという柔軟な人事が行われていたことが窺える。

以上見てきたように、太宗朝から真宗朝においては、財政関係の差遣を歴任した者が三司使に任用され、財政業務の円滑化が図られた。一方で、官僚の不正を防止する必要もあり、そのために三司使の任期を短くしたり、機構に変更を加えるという方法が取られた。

第二節　仁宗朝の三司使

「はじめに」でも触れた通り、梅原氏の研究によると、仁宗朝になると資序に基づく任用法が確立し、三司や転運司関係の差遣が、他の差遣と一体化して官僚の一般的な昇進コースに組み込まれた。これを受け、板橋氏は、三司使をはじめとする財政差遣が高級官僚の昇進の通路となったことが一般の官僚による財政差遣の独占を生み、財政の深刻な停滞の引き金となったと推測する。そこで本節ではじめに、仁宗朝の三司使の経歴を真宗朝と比較しながら検討したい。

まず、当時の官僚が人事の問題についてどのような意見を持っていたかを見てみよう。先ほど第一節で引用した司馬光の上疏には仁宗朝の任用状況についてこのようにある。

近歳三司使・副使・判官、大率多用文辞之士為之、以為進用之資塗、不復問其習与不習於銭穀也。彼文辞之士、習銭穀者固有之矣、然不能専也。於是乎有以簿書為煩而不省、以銭穀為鄙而不問者矣。又居官者出入遷徙、有如郵舎、或未能尽識吏人之面、知職業之所主、已捨去矣。臣頃者判度支勾院甫二年耳、上自三司使下至検法官、改易皆遍、甚者或更歴数人。雖有恪勤之人、夙夜尽心、以治其職、人情稍通、綱紀粗立、則捨之而去。後来者意見各殊、則鄙之所為、一皆廃壊。況怠惰之人、因循苟且、惟思便身、不顧公家者乎。如此而望太倉有紅腐之粟、水衡有貫朽之銭、臣未知其期也。

（近年は三司使・副使・判官にはおおむね文辞の士を用いて昇進の経路とし、彼らが財政に習熟しているかを問うことはない。文辞の士には財政に習熟している者がいないわけではないが、それに専念することはできない。よって、帳簿処理を煩雑であると考えて顧みず、財政業務を賤しいものと考えて問わないのである。さらに三司のポストを勤める者の人事異動は郵舎の如く、胥吏の顔や業務の責任者が誰かを知る前に異動となってしまう者すらいる。私は先頃判度支勾院となって二年経ったところだが、三司使から検法官まで全てのポストで人が入れ替わり、甚だしいものは数人が入れ替わった。もし勤勉な者がいて、彼が日夜心を尽くして職務を遂行して、部下と人情がやや通じ綱紀がほぼできあがっても、（異動となれば）これを捨てて去らなければならない。後任者は見解が異なり、先に作ったものは全て廃されてしまうことになる。ましてや怠惰な者は因循苟且（慣習に泥みその場しのぎの態度を取る）し、ただ身の保全を考え国家のことを顧みない。このようであれば国庫に余剰を生む方法など私には思いつかない。）

司馬光は、財政不振は三司の官僚の任期の短さが原因であると言う。そこで【表四】（五五～五九頁）によって、仁宗朝の三司使の任期を見てみると、一年に満たない者が多く、長くて三年ほどである。もっとも『長編』巻一一四・景祐元年(一〇三四)五月丙寅には、

詔、「自今三司使在職未久、毋得非次更易」。於是(程)琳在三司閲四年、遂得政。

(詔した、「今後、三司使の在職期間が短ければ臨時の人事異動を認めない」と。これによって程琳は三司使に四年在職し、成果を挙げた。)

とあり、今後は一定の任期を勤めさせ非次に昇進しないとする詔が降され、程琳(【表四】-3)は大いに業績を挙げたとある。しかし実際は程琳以降久任した三司使はほとんど見られない。先ほど真宗朝においても任期が短いことに触れたが、『長編』の記述が曖昧なため正確な数字は出せないものの、太宗・真宗朝には陳恕や丁謂のように十年前後も任にあった者がいたのに対し、仁宗朝には長くて程琳の三年、田況(【表四】-20)の三年四ヶ月で、後は数ヶ月から二年前後となっている。

次に、司馬光が指摘する「習銭穀者固有之矣、然不能専也」(財政に習熟している者がいないわけではないが、それに専念することはできない)という状況について、三司使の経歴を真宗朝と比較しながら見てみよう。先の真宗朝と同様、転運使や三司推官・判官・副使を経験した者も確かにいる。例えば范雍(【表四】-2)は、判三司開拆司→京東転運副使→河北転運使→陝西転運使→戸部副使→度支副使→陝西都転運使→提挙諸司庫務となり、勾当三班院、陝西安撫使を経た後、権三司使となっている。また、王博文(【表四】-10)は、戸部判官→河北転運使→陝西転運使→戸部副使→判吏部流内銓→権発遣三司使事という経歴を持っており、二人とも一貫して財政に携わってきたことが分かる。しかし、このような傾向は、梅原氏や板橋氏の見解に従うと、仁宗朝になって財政差遣が他の差遣の昇進コースと一体化して資序による任用法が確立したことの現れと見るべきである。梅原氏によると監司→三司系→監司→三司系というコースが当時の資格による昇進のモデルコースで、先に挙げた王博文の

例もこれに当てはまる。しかしこの通りに昇進しない者も多くいる。例えば程琳は、そのキャリアの初期に監左蔵庫、権戸部判官といった財政関係の差遣を経験した後提挙在京諸司庫務になったが、その後は知制誥・判吏部流内銓となり、時の三司使范雍が遼への使者となったのに伴い臨時に権発遣三司使となった後、権御史中丞↓権知開封府と転運使を経ることなく三司使になり、参知政事に昇進している。このように三司系のみを経て昇進していく者もいれば、全く財政差遣を経験することなく三司使になっている張方平（【表四】-17）のような例もあり、むしろモデルコース通りに昇進する者は少なかったようである。

このことは、真宗朝と比較してみるといっそうはっきりする。三司使の経歴を三つのタイプに分け、范雍や王博文など、経歴のほとんどが財政差遣で占められている者をA、程琳のように一応財政差遣を経験しているが、その他の差遣が多い者をB、張方平のように全く財政差遣を経験していない者をCとして、タイプ別に分けてみると【別表一】のような結果が得られた。これを見ると仁宗朝にはB・Cに当てはまる例が非常に多いことが見て取れる。一方真宗朝の方はAに当てはまる者が過半を占める。このことからも仁宗朝には財政差遣を用いた資序による任用法が確立した結果、他の昇進コースと一体化してしまい、能力重視の任用は行えなくなったことが分かる。

【別表一】 仁宗朝三司使の分類

A	B	C
范雍	李諮	晏殊
薛奎	程琳	張方平
寇瑊	蔡齊	
胡則	范諷	
王博文	夏竦	
姚仲孫	鄭戩	
明鎬	葉清臣	
包拯	王堯臣	
	王拱辰	
	張堯佐	
	田況	
	楊察	
	韓琦	
	宋祁	
	蔡襄	

以上のことから見ると、専門職を歴任させるという真宗朝までの任用法は形骸化し、転運司・三司関係の差遣を歴任している者も高級官僚の昇進過程に乗っているに過ぎないことが裏付けられる。

次に、「はじめに」で指摘した執政への昇進問題について考察する。周藤氏は三司使から執政に直接昇進する者が仁宗朝に多く見られ、一方神宗朝には減少することから、この昇進状況は三司の権限の高下を反映したものではないかと推測する。しかし、周藤氏の採った方法は三司使からどのポストに移っていったかという転官を調べるものであり、その後執政あるいは宰相に昇進できたかは問題にしていない。そこでここでは、三司使が最終的に執政・宰相に昇進できたかどうかを調べた。その結果が【別表二】である。これを見ると、太宗・真宗両朝に三司使から執政まで昇進した者はそれぞれ全体の二八％、二〇％にとどまるのに対して、仁宗朝には六〇％に上がっている。この数字をどう解釈すべきか。衣川氏の見解に従ってこの数字を読むと、財政業務に携わることが執政や宰相になる者に求められていたことの現れであるという解釈も成り立つかも知れない。しかし、この数字が示すのは、三司使を経験すれば執政になることができる、つまり三司使が執政になる「十分条件」であることの可能性を示すにとどまる。一方には、三司使を経験しなければ執政になることができなかったのか、三司使が執政になる「必要条件」であったのかという問題が存在するであろう。そこで先ほどとは逆に、執政の中に三司使経験者がどれほどいるかを見てみると、仁宗朝に執政になった者（真宗朝から執政の任にあった者は除く）は全部で六十人いるが、そのうち三司使を経た者は十四人にとどまる。さらに宰相に至っては十九人中三司使を経験した者はわずかに晏殊と韓琦二人である。この数字を見る限り、三司使が宰相や執政の「必要条件」であったとは言いがたい。三司使が執政・宰相の「必要十分条

【別表二】三司使・戸部尚書経験者の昇進の状況

	三司使	執政(%)	参知政事(%)	枢密院系(%)	宰相(%)
太祖	9	6(67)	2(22)	4(44)	1(11)
太宗	21	6(28)	4(19)	2(10)	1(5)
真宗	15	3(20)	1(7)	3(20)	2(13)
仁宗	25	15(60)	7(28)	11(44)	2(8)
英宗・神宗	15	9(60)	5(33)	7(47)	4(27)
	戸部尚書	執政(%)	左右丞・侍郎(%)	枢密院系(%)	宰相(%)
神宗・哲宗	13	8(62)	6(46)	4(31)	3(23)
徽宗・欽宗	10	3(30)	3(30)	1(10)	2(20)

註：人数は全て最初に就任した時を以て数えている。執政のうち、参知政事及び左右丞・侍郎と枢密院系の両方を経験した者は重複して数えている。

件」でない以上、この数字は、経済的知識を宰相や執政に求めたことの現れではなく、やはり三司使が単なる昇進の通過点となっていたことを示すと見た方が妥当であろう。

それではこのような可能性が残っていないだろうか。つまり監司→三司使副→執政→宰相というコースが主流ではないにせよ存在し、三司使となることが単に資格を得るためだけではなく、そこで業績を挙げることが宰執への昇進に必須ではないにせよ有利に働く要素であったという可能性である。なるほど最初に挙げた三司使経験者の昇進状況を示す数字を見ると、仁宗朝に執政になった者は増加している。しかし同時に三司使は執政になる「必要条件」ではないことも先に見た通りである。宰執になる必要条件となるのは知制誥・翰林学士等の詔勅起草を行うものと、枢密承旨・枢密直学士等の枢密院系の差遣・職で、どちらか一方、または両方にまたがる形で昇進していくことが宰相への昇進の条件であった(13)。そこで再び仁宗朝の三司使から執政に昇進した者の経歴を見てみると、ほとんどが知制誥・翰林学士・枢密直学士といった差遣・職を経験していることが分かる。反対に生涯執政となることができなかった者はこれらの差遣・職を経験することが少なかった。一方、真宗朝までの三司使の経歴を見てみると、知制誥・翰林学士・枢密直学士等を経験した者はそれを経験しなかった者に比べて少ないことが見て取れる。もちろん人事は当時の情勢の影響を受けることがあるので絶対とは言えないものの、全体の傾向として、真宗朝までの三司使は財政差遣のみを昇っていく専門家であって宰相・執政となる者とは一線を画していたのに対して、仁宗朝以降は財政の専門家と言えるような経歴を持つ者はいなくなり、財政差遣とそれ以外の差遣の昇進コースが渾然一体をなしていたことが分かる。従って三司使から執政・宰相に至った者は、三司使を経験し業績を挙げたから昇進できたのではなく、翰林学士のようなエリートポストを経験したことが有利に働いて昇進できたのである。高級官僚にとって三司使に就くことは、単に資格を得るための通過点であって、彼らの頭には、後に宰執となった際のために財政業務を経験しておくなどといった実務上の必要性は意識されていなかったのであろう。

以上述べたように、仁宗朝には昇進過程が体系化されたことが却って財政不振を招く一因となった。結果として三司使から執政に昇進する者は増加することになるが、これは財政に通じた者を宰執に充てようという積極的な理由よりも、むしろ専門知識を必要とする財政差遣の人事が経験や適性を無視した形で行われたことに起因する現象であることが数字によって裏付けられた。

第三節　英宗朝以降の三司使・戸部尚書

本節では、英宗・神宗両朝の三司使の経歴を通じて窺える新法期の人事の特徴と、元豊官制改革以降の戸部尚書の経歴から、資序による任用法の変遷について見ていくこととする。

まず英宗・神宗両朝の三司使についてであるが、【表五】(六〇〜六三頁)を見ると権三司使や権発遣三司使といった肩書きを持つ者が増えてくる。「権」や「権発遣」は、周知の通り官僚自身の資序が差遣のランクよりも低い際につけられる肩書きである。このことを周藤氏は、新法実施に伴う三司の権限の低下を示すものとしているが、それよりむしろ王安石による新進官僚の積極的な任用の現れであると言うべきである。例えば均輸法実行に功績のあった薛向(【表五】-8)などは、熊本崇氏の研究(14)にも明らかなように、人格面で不信を買いながらも実務面での能力を王安石に高く評価された人物である。こうした能力重視の任用の結果、神宗朝の三司使にはそのキャリアの初期に新法関係の差遣に就いた者が多い。表を見ると、章惇(【表五】-11)は熙寧初期に編修三司条例官となり、新法実施のための特別機関である制置三司条例司の実務に携わった(15)。沈括(【表五】-12)は刪定三司条例、察訪農田水利となり、李承之（【表五】-13）は条例司検詳文字や察訪常平農田水利差役事を歴任しており、最後の三司使安燾（【表五】-15）も提点刑獄兼常平農田水利差役事となった。ほかにも中書検正官になった者も見える。これらの官僚はいずれも「不次任用」によって三司使にまで昇り詰めた者で、この時期には資序にこだわらない任用法が採られていたことが窺える。

さて、元豊五年（一〇八二）に新官制が施行されると、三司は廃止され、財政業務は尚書省戸部に移行する。では元豊以降の戸部尚書の人事にはどのような特質が見られるのだろうか。【表六】（六三～六六頁）・【表七】（六六～六八頁）が戸部尚書の経歴をまとめたものであるが、『長編』は徽宗朝以降を欠いているので、『宋会要』食貨の中から『宋会要輯稿食貨索引　職官篇』（東洋文庫、一九九五）によって戸部尚書の肩書きを持つ者を挙げた。従って全ての戸部尚書経験者を網羅できていないと思われることをはじめに断っておく。

まず、この表によって元豊以降の資序による任用法の変遷について見ていきたい。洪邁『容斎随筆』四筆巻二「文潞公（文彦博）奏除改官制」には、資序に関する記述がある。これによると、

自熙寧以来、士大夫資歴之法、日趨於壊、歳甚一歳、久而不可復清。近年愈甚、綜核之制、未嘗能守。

（熙寧以降、士大夫の資序による昇進法は日々崩壊へ向かっており、年々状況は悪化し、長い時間が経って元に戻すことができなくなった。近年はもっと悪くなり、総合的に考えられた（資序による昇進）制度は保持することができていない。）

とあり、哲宗元祐中の文彦博の上奏を載せた後、

潞公所奏乃是治平以前常行、今一切蕩然矣。……至於監司、既無軽重遠近之間、不復以序升擢云。

（潞公の上奏した内容は治平までは常に行われていたが、いまは一切跡形もない。……監司に至っては、軽重遠近にかかわらず、資序による人事は行われていない。）

とある。資序に基づく昇進過程は治平までは常に行われていたが、熙寧以降崩壊して、南宋には跡形もなくなってしまったという。梅原氏は、南宋の墓誌銘を手がかりにして、北宋中期の監司→三司系→監司→三司系という中央官と監司がリンクした昇進コースが影を潜めてしまい、監司間の直接の昇進コースが増えることを指摘している。そこで、【表六】・【表七】で元豊以降の戸部尚書の経歴を見ると、英宗・神宗両朝に官僚としてのキャリアをスタートさせた哲宗朝の戸部尚書には、それまでのモデルケースとされた三司判官→転運使→三司使副というコースを経ている者はいない。呉居厚(【表六】-13)は元豊年間に提挙常平官から京東転運判官→転運副使→都転運使となり、一旦左遷された後、江淮発運使となり、戸部侍郎から戸部尚書に至っており、一貫して監司を渡り歩いている。また中央の差遣ばかりを経験して戸部尚書に昇進している者も見られるようになる。例えば神宗元豊七年(一〇八四)四月に戸部尚書になった王存(【表六】-3)は一貫して中央の差遣を経て戸部尚書に進んでいる。また元祐五年(一〇九〇)十二月に戸部尚書になった劉奉世(【表六】-9)も蔡州糧料院に左遷された以外は一貫して中央で過ごしている。このように熙寧・元豊年間には転運使と中央を行き来する昇進コースは断絶し、一貫して地方の監司のみ、あるいは中央の差遣のみを歴任する者が増えてくることが分かる。

しかし、徽宗朝の戸部尚書を見ると哲宗以前とは少し違う傾向が見られるようである。哲宗朝初期に官僚となった彼らの経歴を見ると、従来の資序による昇進に近いケースが見える。曾孝廣(【表七】-2)は、都水丞→京西転運判官→水部員外郎→提点永興路刑獄→陝西転運副使→京西転運副使→左司郎中→戸部侍郎→戸部尚書という経路を通っており、仁宗期の三司判官→転運使→三司副使→三司使のコースになぞらえることができよう。しかし徐處仁(【表七】-3)や王黼(【表七】-9)等のように中央の差遣ばかりを歴任するケースも見られ、神宗朝に新法党によって形骸化した資序による任用が元の形に戻されようとしていたものの、うまく行かなかったことを示していると考えられる。このように、元豊以降は体系化された昇進過程は全体として崩壊へ向かっていたと言えるであろう。

それでは、資序による任用が行われなくなるとともに、真宗朝までのような能力重視・適材適所の任用が再び行われるようになったのだろうか。『長編』巻三七二・元祐元年（一〇八六）三月壬申に文彦博の上奏があり、その中に戸部の人事について述べたくだりがある。それによると、

今之戸部、実主邦計、尚書・侍郎・郎中・員外、未聞精択久任、惟見屢遷数易。欲使何人専任其責。国之大計、安所望哉。此乃朝廷所宜先而不可忽也。

（今の戸部は国家財政をつかさどっているが、尚書・侍郎・郎中・員外郎は精選久任されているという話を聞かず、ただ屢々交替させられているのを見るばかりである。誰にその責任を負わせようというのか。このままでは国家財政の計画など望むべくもない。これは朝廷にとっての最優先課題である。）

とあり、戸部の官僚は精選し久任させることがなく、すぐに転任していくので、大きな計画を成しがたいと言っている。そこで当時の戸部尚書の任期を見てみると、一年四ヶ月（安燾（【表六】-1））、十ヶ月（李承之（【表六】-2））、一年二ヶ月（王存（【表六】-3））、十ヶ月（曾布（【表六】-4））といずれも二年に満たないうちに転任してしまっている。李常（【表六】-5）は元祐元年（一〇八六）三月から同三年（一〇八八）九月まで二年七ヶ月任にあり、前に比べて任期は長かったが、その後はまた短い任期で転任していくケースが目立つ。二年以上の者は紹聖四年（一〇九七）五月から元符二年（一〇九九）十一月の二年六ヶ月の呉居厚（【表六】-13）だけである。この任期の短さは仁宗朝以降の状況と何ら変わるところがない。やはり能力を重視し、業務に精通させるための任期の長期化は行われていなかったようである。

もう一つ指摘できるのは、新旧法党の対立の影響がこの上奏にも見えることである。文彦博のこの上奏は、宣仁太皇太后の手詔に応える形で提出されているが、提出の前、元祐元年（一〇八六）閏二月庚戌に新法党の曾布が

戸部尚書から知太原府となり中央から離れ、その後三月辛未(十四日)に旧法党の李常が戸部尚書に任命されている。文彦博の上奏は翌日(十五日)に提出されていることから、この上奏は新法党排斥を意識したものであると言えよう。このような派閥党争に明け暮れている状況下では、以前のような能力重視・適材適所の任用は望むべくもなかった。

さて、最後に第二節でも考察した宰執への昇進状況についてここでも述べておきたい。先ほどの三司使・戸部尚書経験者の昇進の状況について再び【別表二】を見ると、神宗・哲宗朝の戸部尚書のうち、執政に昇進した者は十三人中八人、そのうち副宰相である尚書左右丞・中書侍郎・門下侍郎に昇進した者は六人、枢密院系に昇進した者は四人を数える。執政にまで昇進する確率は仁宗朝以降あまり変わっていないが、三省に入る者が増加している。元豊官制改革によって副宰相の定員は最大四人(門下侍郎・中書侍郎・尚書左右丞)と増えたため、その分副宰相に昇進する者の数が増えたという単純な理由もあるだろうが、もう一つ、六部尚書を経験することが執政になる昇進上の条件であったことにもよる。元豊以前の寄禄官では、左右丞は正三品、吏部尚書を除く尚書は従二品、吏部尚書は正二品と、左右丞の方が下であったが、元豊以降の職事官のランクではこれが逆転し、副宰相である左右丞の方が昇進の順序では上になる。六部尚書と尚書左右丞のつながりに着目してみると、左右丞経験者は、徽宗朝の終わりまでで四十四人いるが、そのうち六部尚書から直接尚書左右丞に昇進した者は半数近くの二十一人いる。直接でなくとも六部尚書を経験した後昇進した者を含めると三十一人に達する。この数字を見ると、六部尚書と尚書左右丞のつながりが昇進上かなり強く意識されていたことが分かる。そうすると、先に挙げた文彦博の上奏の中の、「戸部尚書が精選されることがなく屢々入れ替わり、財政がうまく行かない」という指摘は、副宰相への昇進の足がかりとして戸部尚書が捉えられていたため生じた問題であったとも考えられる。この昇進状況も、能力重視・適材適所の人事が行われていなかったことの傍証となりうるであろう。

以上、元豊官制改革以降財政をつかさどった戸部尚書の人事を通じて垣間見ることのできるいくつかの問題について論じた。まず昇進の通過点として財政差遣が軽んじられるという弊害を持っていた資序による任用法は、熙寧・元豊以降崩れていき、一時修復しようという試みがなされたようであるが、結局瓦解することとなった。また、彼らの任期については以前と変わらず短く、業績を挙げることは困難だったようで、能力重視の任用も行われていなかった。これには新旧法党の党争の影響もあると思われる。最後に戸部尚書の昇進について述べたが、多くが副宰相の地位に達しており、これは官制上戸部尚書が尚書左右丞の下に位置していたためで、戸部尚書というポストが昇進の通過点と考えられていたことの現れであろう。こうした現象は財政業務にマイナスにこそなれ、プラスにはならなかったであろう。

おわりに

北宋は、その初期には国家の基礎を定めるための軍事行動・征服地経営優先の方針を採っていたため、三司使には武官を任命し、軍事活動・征服地経営に伴う人事が行われていた。当時の三司は後のような二府に次ぐ地位を確立しておらず、その目的も軍事活動の後方支援が主だったようである。やがて反対勢力の掃討が終了し、遼・西夏に対する国防の問題は残ったものの、国内は一応平和が確保された。次の問題はいかにして財政を潤し、戦乱によって疲弊した国力を増すかであった。これが太宗から真宗にかかる時期であり、この頃には転運使を含めた財政差遣は銭穀に通じた専門家によって占められ、司馬光をして「真宗の代に封禅や宮殿の建築などを行いながらも余財があったのは人に専任させ久任を行ったからだ」と言わしめた。

しかし財政官僚に長期にわたって業務を占有させることは彼らに不正をなす機会を与えることにもなり、今度は業務に習熟することよりも不正を防止するということが三司使の人事で優先されることになる。その結果、三司使をはじめとした財政差遣が他の差遣とともに資序による昇進コースを形成することになり、必ずしも財政に通じた者が三司使に就くとは限らなくなってしまった。それに伴って三司使経験者が宰執に昇進することが多くなるが、その現象を以て三司の地位の向上の現れと考えるのは早計であって、従来からあった宰執への昇進過程に三司使が入り込んだ結果に過ぎず、三司使となることが昇進に有利に働いたということはないと筆者は考える。このように三司が資序による昇進過程に組み込まれたことは、この時期に激しさを増す対西夏戦争による軍事費の問題と相俟って深刻な財政不振を招く一因となった。この財政不振を克服すべく王安石の新法が実施されるが、この時期に新法に関わった官僚は資序にとらわれず任用された新進官僚であった。

三司は元豊官制改革で解体され、財政業務は尚書省戸部に移行するが、長官である戸部尚書の人事も三司使の時と変わらず、昇進の通過点であるとか、任期が短く功績を挙げにくいといった問題を抱えていたようである。また、その経歴を見てみると、仁宗朝に行われていた資序による昇進も徐々に行われなくなっていたようである。

以上、本章では北宋の三司使と戸部尚書の人事と経歴を通じて、従来の研究に依拠しつつ、そこに触れられていなかったいくつかの問題について論じたが、三司使の人事においては真宗朝から仁宗朝にかけての時期が一つの大きな画期になっていたように思われる。この時期は、財政政策の決定などの政治運営の面においても三司の果たす役割に変化が見られる時期でもあり、その変化は主に中書との関係において生じている。章を改めて、中書と三司の関係について見ていきたい。

（1）　三司及び元豊以降の戸部の機構と変遷については、周藤吉之「北宋における三司の興廃」（原載一九六六、のち『宋代史研究』東洋文庫、一九六九所収）、同「北宋の三司の性格――節度使体制と関聯させて――」（原載一九六六、のち『宋代史研究』

所収)、見城光威「北宋の戸部について——神宗・哲宗朝を中心に——」(『集刊東洋学』八二、一九九九)、同「宋初の三司について——宋初政権の一側面——」(『集刊東洋学』八六、二〇〇一)。

(２)　洪邁『容斎随筆』続筆巻三「執政四入頭」に、「国朝除用執政、多従三司使・翰林学士・知開封府・御史中丞進拝、俗呼為四入頭」とある。

(３)　註(１)前掲周藤吉之「北宋の三司の性格——節度使体制と関聯させて——」参照。

(４)　衣川強「宋代宰相考——北宋前期の場合——」(原載一九六六、のち『宋代官僚社会史研究』汲古書院、二〇〇六所収)。

(５)　梅原郁『宋代官僚制度研究』(同朋舎、一九八五)の「第三章　差遣——職事官の問題」参照。ここで扱われている「資序」とは「資格序列」を縮めた語で、差遣の昇進上の序列を示すカテゴリー分けのことで、一般に下の資序から上の資序に進んでいく。また R. Hartwell 氏は "Financial Expertise, Examinations, and the Formulation of Economic Policy in Northern Sung China", *The Journal of Asian Studies*, Vol. 30, No. 2, 1971 において財務官僚の昇進過程の分析を行い、財務官僚が歴任する差遣に一定の序列があったことを指摘している。

(６)　板橋眞一「北宋前期の資格論と財政官僚」(『東洋史研究』五〇-二、一九九一)。

(７)　**【表一】**〜**【表七】**は主に『宋史』をもとにして『長編』『宋会要』等により補って作成した。なお、表に挙げた三司使経験者は『皇宋十朝綱要』の三司使の一覧と註(１)前掲周藤吉之「北宋の三司の性格——節度使体制と関聯させて——」をつきあわせてリストアップしたが、仁宗朝の欧陽脩、神宗朝の李師中の二人は新任の三司使が地方から赴任してくるのに間があり、その空白を埋めるべく臨時の措置として就任しているため省いた。欧陽脩については、『欧陽文忠公集』の年譜の嘉祐元年(一〇五六)八月に「壬戌、知益州張方平除三司使。甲子、詔公権発遣三司公事、以俟其至」とある。また李師中については『長編』巻二一五・熙寧三年(一〇七〇)九月戊申に「上批、「三司使未到闕、副使三人、一人差出、一人未到、止有傅堯兪一人。計省事遽、可速選差官権」。遂詔天章閣待制李師中兼権発遣三司使」とある。

(８)　註(１)前掲周藤吉之「北宋の三司の性格——節度使体制と関聯させて——」。

(９)　『長編』巻一〇・開宝二年(九六九)二月己未に「枢密副使沈義倫為大内部署」とあり、この時に三司の事を領した。またこのことを『宋史』巻二・太祖本紀は開宝二年二月己酉としているが、『長編』が己未に繫けているのが正しい。

(10)　『長編』巻一七・開宝九年(九七六)三月癸酉「以宰相沈義倫為東京留守・兼大内都部署、左衛大将軍王仁贍兼判留司三司・兼知開封府」。

(11) 薛・呂両名に関するこの部分は、旧稿「北宋の三司使・戸部尚書の人事と経歴」に対する見城光威氏の批判(註(1)前掲「宋初の三司について――宋初政権の一側面――」二四頁)を受けて書き改めてある。
(12) 註(1)前掲周藤吉之「北宋における三司の興廃」。
(13) 註(4)前掲衣川強「宋代宰相考――北宋前期の場合――」。
(14) 熊本崇「薛向略伝――北宋財務官僚の軌跡――」(『集刊東洋学』五一、一九八四)。
(15) 制置三司条例司については東一夫『王安石新法の研究』(風間書房、一九七〇)参照。

【凡例】［　］…朝代・年月など　例：［後周世宗］＝後周・世宗朝　［後周顕徳］＝後周・顕徳年間
［宋初］＝宋建国当初　［建隆1・1］＝建隆元年正月　［建隆1］＝建隆元年　［2］＝前出元号の二年
（　）…註記・補足　例：（加）＝加官　（左遷）＝伝に左遷と明記されているもの

【表一】太祖朝の三司使の経歴

	名前	経歴	備考
1	張美	左蔵少吏→左蔵専知→澶州糧料使→濮州馬歩軍都虞候→［後周世宗］枢密承旨→権判三司→三司使→宣徽北院使・判三司→［宋初］三司使→定国軍節度使→［乾徳5］滄州節度使→［太平興国8］致仕→［雍熙2］死亡	『宋史』二五九／『長編』一
2	李崇矩	［後漢］節度親吏→［後周顕徳初］→供奉官→供備庫副使→作坊使→判四方館事→［宋初］沢・潞南面行営前軍都監→［建隆1・8］三司使→宣徽北院使・判三司→［乾徳2・1］枢密使→［5・9］鎮国軍節度使→左衛大将軍→［太平興国2］六州都巡検使→四州都巡検使→右千牛衛上将軍→［雍熙3］判右金吾街仗兼六軍司事→［端拱1］死亡	『宋史』二五七／『玉海』一八六／『長編』五
3	趙玭	濮州司戸参軍→秦・成・階等観察判官→［後周顕徳初］郢州刺史→汝州刺史→密州刺史→沢州刺史→［建隆中］宗正卿→［乾徳初］泰州刺史→［2・4］権点検三司→［5・2］罷免→汝州牙校→［太平興国3］死亡	『宋史』二七四／『長編』五・八
4	沈倫	［後周顕徳中］節度従事→宋州観察推官→［建隆4］陝西転運使→随軍水陸転運使→［乾徳5・2］枢密副使→［開宝2・2］大内都部署・判留司三司事→［6・9］中書侍郎・平章事・集賢殿大学士兼提点荊南剣南水陸発運事→［太平興国7・4］罷免→死亡	『宋史』二六四／『長編』一〇
5	楚昭輔	［宋初］軍器庫使→［建隆4］権知揚州→［開宝4・5］権判三司→［6・9］枢密副使→［9・8］権宣徽南院事→［9・10］枢密使→死亡	『宋史』二五七／『長編』一二・一四

6	薛居正	〔後晋天福中〕節度従事→塩鉄巡官→〔開運初〕度支推官→塩鉄推官→開封府判官→〔後周広順初〕三司推官→知制誥→〔顕徳3〕判弘文館事→〔6〕判吏部銓→〔建隆1〕判留司三司→知許州→〔3〕→枢密直学士→知朗州→〔乾徳2・4〕参知政事→〔開宝5・11〕参知政事兼提点三司淮南湖南嶺南諸州水陸転運使事→〔6・9〕兼判門下侍郎事・監修国史・平章事（兼三司事）→〔太平興国6・6〕死亡	『宋史』二六四／『長編』一三
7	呂餘慶	〔後晋〕開封府参軍→戸曹掾→節度推官→〔後周〕濮州録事参軍→定国軍節度掌書記→宋・亳観察判官→端明殿学士→知開封府→〔乾徳1〕知潭州→知襄州→知江陵府→〔2・4〕参知政事（3～6 知成都府）→〔開宝5・11〕参知政事兼提点三司荊南剣南諸州水陸転運使事→〔6・9〕罷免→〔9〕死亡	『宋史』二六三／『長編』一三
8	張澹	〔五代〕直昭文館→塩鉄推官→史館修撰→洛陽令→史館修撰→知制誥→〔建隆2〕通判泰川兼海陵監塩副使→通判梓州→〔開宝4〕知制誥→権直学士院→〔7・6〕権点検三司事→〔7・6〕死亡	『宋史』二六九／『長編』一五
9	王仁贍	節度牙行→（太祖幕下）→〔宋初〕武徳使・知秦州→〔建隆2〕枢密承旨→荊南巡検使→知軍府→〔乾徳初〕左千牛衛大将軍→〔2・1〕枢密副使→（加）左衛大将軍→〔開宝9・3〕判留守司・三司兼知開封府事→判三司・権宣徽北院事→〔太平興国4〕判留守司・三司→〔7・2〕右衛大将軍→死亡	『宋史』二五七／『長編』一七・二三

【表二】 太宗朝の三司使の経歴

	名前	経歴	備考
1	侯陟	〔後周広順初〕雷沢主簿→襄城令→汝州防禦判官→濮陽襄邑令→〔建隆初〕冤句令→〔2〕知県事→〔4〕淮南転運使→〔乾徳4〕度支判官→〔6〕権判吏部銓→知揚州→知吏部選事→〔太平興国初〕河北転運使→太原東路転運使→権御史中丞事→〔7・2〕同判三司→〔8〕死亡	『宋史』二七〇／『長編』二三

2	王明	〔後晋〕観察巡官→〔後周広順初〕防禦判官→節度書記→清平県令→鄢城県令→〔宋初〕武寧軍節度掌書記→知栄州→荊湖転運使→〔開宝3〕随軍転運使→広州転運使→韶州刺史・転運使→嶺南転運副使→黄州刺史→池州至岳州江路巡検戦櫂都部署→知洪州→〔太平興国初〕江南諸路転運使→三司副使→〔7・2〕同判三司事→〔8・3〕塩鉄使→〔雍熙4〕知幷州→知真定府→〔淳化〕知京朝官差遣事→〔2〕死亡	『宋史』二七〇／『長編』二三・二四
3	宋琪	節度従事→節度記室→〔後周広順中〕観城令→盧州観察判官→〔宋初〕節度従事→〔乾徳4〕開封府推官→知龍州→知閬州→〔開宝9〕護国軍節度判官→〔太平興国3〕知大通監→〔5〕判三司勾院→〔7〕通判開封府事→〔8・1〕同判三司→〔8・3〕参知政事→〔8・10〕同中書門下平章事→〔雍熙2・12〕罷免→〔至道1・9〕死亡	『宋史』二六四／『長編』二四
4	陳従信	(太宗在晋邸、令典財用)右知客押衙→〔太宗即位〕枢密都承旨→閑厩使・閤門祗候→〔太平興国3〕枢密都承旨→〔7〕罷免→〔8・3〕度支使→〔9〕死亡	『宋史』二七六／『長編』二四
5	郝正	伝なし	『長編』二四
6	許仲宣	〔後周顕徳初〕済陰主簿→淄川団練判官→〔宋初〕知北海軍→〔開宝4〕知荊南転運事→兼南面随軍転運事→〔9〕知永興軍府事→〔太平興国〕西川転運使→広南転運使→〔9・9〕権度支使→〔雍熙4〕知江陵府→知河南府→〔淳化1〕死亡	『宋史』二七〇／『太宗実録』三一
7	張平	馬歩都虞候→(秦王廷美の親吏)→右班殿直・監市木→監陽平都木務兼造船場→〔雍熙初〕同知三班事→如京使→〔3〕西上閤門使→客省使→〔4・4〕塩鉄使→死亡	『宋史』二七六／『長編』二八
8	郭贄	〔太平興国初〕兼皇子侍読→〔3〕中書舎人→〔7・4〕参知政事→〔8〕(左遷)知荊南府→〔雍熙4・10〕塩鉄使→〔淳化中〕知澶州→知審官院・通進銀台封駁司→知天雄軍→判太常寺・吏部流内銓→(加)集賢学士・判院事→知河南府→兼秘書監→翰林侍読学士→〔大中祥符3〕死亡	『宋史』二六六／『太宗実録』四二
9	張遜	〔太平興国初〕左班殿直→文思副使→香薬庫使→〔雍熙2〕嬀州刺史→〔3〕東上閤門使→〔雍熙4〕度支使→〔5・2〕塩鉄使→〔端拱2・7〕宣徽北院使・簽書枢密院事	『宋史』二六八／『太宗実録』四三

		↓〔淳化2・4〕兼枢密副使・知院事↓〔4・6〕右領軍衛将軍↓判右金吾街仗↓知江陵府↓〔至道1〕死亡	
10	魏丕	司法参軍↓頓丘県令↓冠氏県令↓元城県令↓右班殿直↓監明霊砦軍↓供奉官・供備庫副使↓〔宋初〕作坊副使↓作坊使↓代州刺史↓〔雍熙4・4〕戸部使↓〔5・2〕度支使↓黄州刺史↓〔淳化初〕汝州刺史↓知鳳州↓知襄州↓〔4〕汝州刺史↓判右金吾街仗↓〔5〕郢州刺史↓復州刺史↓〔咸平2〕死亡	『宋史』二七〇／『太宗実録』四三
11	李惟清	涪陵尉↓〔太平興国3〕荊湖北路転運判官↓〔5〕転運副使↓転運使↓監察御史・兼総荊湖路転運使↓京西転運使↓度支判官↓〔雍熙3〕京東転運使↓度支副使↓〔5・2〕戸部使↓度支使↓〔淳化2〕塩鉄使↓知広州↓〔至道2〕広南東西路都転運使↓〔3・1〕同知枢密院事↓〔3・8〕御史中丞↓〔咸平1〕死亡	『宋史』二六七／『太宗実録』四三／『長編』三二
12	徐休復	通判↓太子右賛善大夫↓著作郎・直史館↓〔太平興国6〕両浙東北路転運副使↓知明州↓〔8〕知制誥↓〔9〕知広州↓〔端拱初〕戸部使↓〔淳化1〕知青州↓知潞州↓死亡	『宋史』二七六
13	陳恕	通判澧州↓同判三司勾院↓度支判官↓知大名府↓戸部副使↓知澶州↓河北東路営田制置使↓知代州↓判吏部選事↓塩鉄使↓〔淳化2・4〕参知政事↓〔2・9〕罷免↓知江陵府↓〔4・閏10〕総計使↓〔5・12〕塩鉄使↓〔咸平2〕知通進銀台封駁司・審官院↓権知開封府↓〔6〕判集賢院事↓死亡	『宋史』二六七／『玉海』一八六
14	樊知古	舒州軍事推官↓〔開宝8〕領池州事↓知江南東路転運事↓江南転運使↓〔太平興国初〕京西北路転運使↓〔6〕知邠州↓知鳳翔府↓塩鉄判官↓荊湖転運使↓〔雍熙中〕河北東路転運使↓〔端拱初〕河北東西路都転運使↓〔2〕(加)河北西路招置営田使↓戸部使↓西川転運使↓知均州↓死亡	『宋史』二七六
15	魏羽	〔南唐〕弘文館校書郎↓雄遠軍判官↓〔太祖〕太子中舎・雄遠軍判官↓知興州↓〔太平興国初〕知棣州↓知京兆府↓〔6〕知宋州↓知閬州↓判大理寺↓度支判官↓戸部判官↓塩鉄判官↓河北東路営田副使↓両浙転運使↓〔淳化初〕度支使↓塩鉄使↓〔4・5〕判三司↓〔4・10〕左計使↓知滑州↓知潭州↓〔咸平初〕知杭州↓知揚州↓権知開封府	『宋史』二六七／『長編』三四／『玉海』一八六

		↓戸部使↓［2］度支使↓［4］罷免↓死亡	
16	李昌齢	通判合州↓通判銀州↓直史館↓知滁州↓淮南転運使↓知広州↓［淳化2］枢密直学士↓知審刑院↓権判吏部流内銓↓戸部使↓［3］度支使↓御史中丞↓［至道2・2］参知政事↓［3・5］忠武軍節度行軍司馬↓［咸平2］殿中少監↓知梓州↓知河陽↓知光州↓分司西京↓［大中祥符1］死亡	『宋史』二八七
17	張雍	東関尉↓［太平興国初］知南雄州↓知開封府司録参軍事↓開封府推官↓(罷免)↓［雍熙初］御史台推直官↓塩鉄推官↓塩鉄判官↓［端拱初］判度支勾院↓塩鉄判官権判勾院↓兼侍御史知雑事↓淮南転運使↓［淳化2］両浙転運使↓知審刑院↓［3］戸部使↓知梓州↓西川転運使↓知梓州↓［至道3］知永興軍↓度支使↓［咸平4］塩鉄使↓［4・5］罷免↓知審刑院↓知秦州↓知鳳翔府↓［景徳初］権知開封府事↓［3］同知審官院↓［4］知鄧州↓［大中祥符1］死亡	『宋史』三〇七／『長編』四八
18	魏庠	伝なし	
19	董儼	通判饒州↓［太平興国5］直史館↓淮南西路転運副使↓知光州↓知忠州↓直史館↓［雍熙4・2］水陸発運使↓［端拱初］度支副使↓(左遷)海州団練副使↓知秦州↓知泉州↓京東転運使↓［淳化4・10］右計使↓知揚州↓知潭州↓知広州↓知岳州↓知洪州↓知江陵府↓［景徳中］判吏部銓↓知青州↓(左遷)山南東道節度行軍司馬↓［大中祥符初］知郢州↓死亡	『宋史』三〇七／『玉海』一八六
20	王延徳	［太平興国初］殿前承旨↓供奉官↓［雍熙2］崇儀副使・掌御厨↓［3］崇儀使・知慶州↓［淳化3］監折博倉↓懿州刺史↓［5］提点三司衙司・磨勘憑由司↓枢密都承旨↓［5・12］度支使↓［咸平初］知鄆州↓知青州↓致仕↓［景徳3］死亡	『宋史』三〇九／『玉海』一八六
21	張鑑	監泰州柴墟榷務↓知婺州↓監察御史↓判度支・憑由催欠司↓江南転運使↓知梓州↓判大理寺↓判三司都催欠司↓判三司都勾院↓枢密直学士・知通進銀台封駁司↓［淳化5・12］戸部使↓［咸平初］知広州↓［3］知朗州↓知瓊州↓知相州↓［景徳初］死亡	『宋史』二七七／『玉海』一八六

【表三】 真宗朝の三司使の経歴

	名前	経歴	備考
1	張詠	知崇陽県→通判麟州→通判相州→知浚儀県→荊湖北路転運使→枢密直学士・同知銀台通進封駁司兼三班院→知益州→［咸平1］戸部使→御史中丞→知杭州→知永興軍府→［5］知益州・枢密直学士→掌三班・領登聞検院→知昇州→昇宣等十州安撫使→知陳州→死亡	『宋史』二九三
2	上官正	鄜州摂官→［雍熙中］殿中承旨→供奉官→閤門祗候・天雄監軍→［淳化中］剣門都監→剣門部署→［咸平1］東上閤門使・勾当軍頭引見司→権戸部使→［2］知滄州→高陽関副都部署→知青州（未行）→峡路都鈐轄・知梓州→知滄州→知瀛州→知鎮州→知貝州→高陽関都部署→知潞州→［景徳中］知貝州→知滄州→知同州→分司西京→死亡	『宋史』三〇八
3	索湘	鄆州司理参軍→［太平興国4］度支巡官→度支推官→監察御史→［9］同知泰山路転運事→河北転運副使→［雍熙中］塩鉄判官→［端拱2］招置営田副使→河北転運使→将作少監→（左遷）知相州→河東転運使→河北転運使→［咸平2・閏3］戸部使→知許州→知荊南府→知広州→死亡	『宋史』二七七／『長編』四四
4	雷有終	漢州司戸参軍→莱蕪尉→知莱蕪監事→［太宗］権知莱蕪軍事→［太平興国6］知密州→淮南転運副使→［雍熙中］蔚州飛狐路随軍転運使→塩鉄判官→戸部副使→度支副使→知昇州→［淳化］知広州→衡州団練副使→度支副使→塩鉄副使→領江淮両浙荊湖福建広南路茶塩制置使→知大名府→知江陵府→峡路随軍転運使・同知兵馬事→知益州→兼同招安使→知許州→知幷州→［咸平2］知審刑院→戸部使→［3・1］瀘州観察使・知益州兼川峡両路招安捉賊事→知永興軍府→知泰州→［景徳初］幷代副都部署→判幷州→宣徽北院使→死亡	『宋史』二七八／『長編』四六
5	王嗣宗	泰州司寇参軍→通判睦川→通判河州→通判澶州→三司開拆推官→河北転運副使→度支判官→知興元府→京西転運使→河北転運使→［至道初］河東転運使→知耀州→知同州→淮南転運使・江浙荊湖発運使→戸部使→［咸平4・5］塩鉄使→知通進銀台司兼門	『宋史』二八七／『長編』四八

		下封駮事→知幷州兼幷代部署→御史中丞→〔大中祥符〕権判吏部銓→知永興軍府→〔4〕知邠州兼邠寧環慶路都部署→〔7・7〕枢密副使→〔8・7〕知許州→知河南府→知陝州→知許州→死亡	
6	王子輿	北海主簿→知臨海県→知興国軍→〔淳化中〕江浙荊湖茶塩制置判官→江淮両浙制置茶塩→〔咸平初〕塩鉄判官→〔3〕兼充淮南転運使→〔4・5〕戸部使→〔5・2〕死亡	『宋史』二七七／『長編』四八
7	梁鼎	知秭帰県→〔端拱初〕通判歙州→知吉州→〔淳化中〕開封府判官→三司右計判官→総計判官→度支判官→〔至道初〕江南転運副使→陝西転運副使→知徐州→知密州→知制誥→度支使→〔景徳初〕知三班院・通進銀台司兼門下封駮事→知鳳翔府→判西京留司御史台→〔3〕死亡	『宋史』三〇四／『長編』五二・五四
8	梁顥	大名府観察推官→右拾遺・直史館→〔雍熙4〕判鼓司・登聞院→虢州司戸参軍→知魚台県→直史館→開封府推官→三司関西道判官→〔咸平1〕度支判官→〔3〕知制誥→峡路安撫使→掌三班→判大理寺→〔4〕関右安撫副使→河北巡検院→戸部使→〔6・6〕同知審官院・三班→〔景徳1〕権知開封府→〔6〕死亡	『宋史』二九六／『長編』五五
9	薛映	通判綿州→通判宋州→通判昇州→監察御史・知開封県→江南転運使→直昭文館→江淮両浙茶塩制置副使→京東転運使→河東転運使・兼河西随軍転運使→知相州→京東転運使→知制誥→権判吏部流内銓権制置群牧使→河北巡検使→〔咸平5〕権判度支→〔6・6〕知杭州→知通進銀台司兼門下封駮事→勾当三班院→知河南府→判尚書都省→枢密直学士・知昇州→糾察在京刑獄→判尚書都省→知揚州→知幷州→知永興軍→兼御史中丞→〔仁宗〕判集賢院事→知曹州→分司南京→死亡	『宋史』三〇五／『長編』五五
10	寇準	知巴東県→知成安県→通判鄆州→直史館→度支判官→塩鉄判官→枢密直学士→判吏部東銓→〔淳化2・4〕枢密副使→〔2・9〕同知枢密院事兼副使→〔4・6〕知青州→〔5・9〕参知政事→〔至道2・7〕知鄧州→〔咸平初〕知河陽→知同州→〔3〕知鳳翔府→権知開封府→〔6・6〕三司使→〔景徳1・8〕同中書門下平章事→〔2・2〕罷免→〔3・2〕知陝州→知天雄軍→提挙貝徳博洺浜棣巡検捉賊公事→判尚書都省→権	『宋史』二八一／『長編』五五・五七／『名臣碑伝琬琰集』上二

		東京留守→〔天禧3・6〕同平章事→〔4・6〕罷免→〔4・7〕知相州→知安州→道州司馬→〔乾興1〕雷州司戸参軍→〔天聖1〕衡州司馬→死亡	
11	劉師道	和州防禦推官→保寧従事→鎮海二鎮従事→知鼓州→(加)監察御史→京東転運使→〔咸平初〕知潤州→〔3〕淮南転運副使兼淮南江浙荊湖発運使→〔4〕淮南転運使→度支副使→枢密直学士→〔景徳1・8〕権三司使→〔2・4〕(左遷)忠武軍行軍司馬→鄆州団練副使→知復州→知秀州→〔大中祥符2〕知潭州→〔7〕死亡	『宋史』三〇四／『長編』五七・五九
12	丁謂	通判饒州→直史館→福建路採訪→転運使→判戸部勾院→峡路転運使→夔州路転運使→権塩鉄副使→知制誥・判吏部流内銓→〔景徳1〕知鄆州兼斉・濮等州安撫使・提挙転運兵馬巡検事→知制誥→〔2・5〕権三司使→(加)枢密直学士→〔大中祥符2・2〕三司使→〔5・9〕参知政事→〔9・9〕知昇州→〔天禧3・6〕参知政事→〔3・12〕枢密使→〔4・7〕同中書門下平章事→〔4・11〕知河南府→〔4・11〕同中書門下平章事→〔乾興1・6〕分司西京→崖州司戸参軍→雷州司戸参軍→道州司戸参軍→死亡	『宋史』二八三／『長編』六〇・七八
13	林特	長葛県尉→遂州録事参軍→通判隴州→通判西京留守事→戸部判官→戸部副使→塩鉄副使→〔大中祥符5・9〕権三司使→三司使→〔8・8〕(罷免)玉清昭応宮副使→〔仁宗〕翰林侍読学士→(左遷)知許州→知通進銀台司→判尚書都省→勾当三班院→死亡	『宋史』二八三／『長編』七八・八五
14	馬元方	韋城県主簿→知万年県→御史台推勘官→知徐州→梓州路転運使→知鄆州→京東転運副使→転運使→(左遷)知宿州→知滑州→京西転運使→知応天府→〔大中祥符8・8〕権三司使→〔天禧2・7〕罷免→権知開封府→知幷州→死亡	『宋史』三〇一／『長編』八五・九二
15	李士衡	鄠県主簿→知彭山県→通判邠州→〔真宗〕知剣州→(左遷)監虔州税→判塩鉄勾院→荊湖北路転運使→陝西転運使→度支副使→河北転運使→〔大中祥符1〕提挙京西・陝西転運事→権知永興軍→知益州→河北都転運使→権知天雄軍→知青州→〔天禧2・7〕三司使→〔乾興1・11〕知陳州→知潁州→知陳州→(左遷)分司西京→〔天聖10・5〕死亡	『宋史』二九九／『長編』九二・九九／『名臣碑伝琬琰集』上一八

【表四】仁宗朝の三司使の経歴

	名前	経歴	備考
1	李諮	通判舒州→直集賢院→三司判官→開封府判官→淮南転運副使→江東転運副使→度支判官→知制誥→知荊南府→翰林学士→〔天聖１〕権知開封府→権三司使→〔３・９〕知洪州→知杭州→枢密直学士・知永興軍→勾当三班院→権三司使事→〔明道２・４〕枢密副使→〔景祐３・12〕死亡	『宋史』二九二／『長編』一〇三
2	范雍	洛陽県主簿→銭塘尉→筠州従事→知崇安県→知端州→判三司開拆司→京東転運副使→河北転運使→陝西転運使→戸部副使→度支副使→陝西都転運使→提挙諸司庫務→勾当三班院→陝西安撫使→権三司使→〔天聖６・３〕枢密副使→〔明道２・４〕知荊南府→知陝州→知永興軍→知河南府→知応天府→知河南府→知延州→知河中府→知永興軍兼転運使事→知河南府→死亡	『宋史』二八八／『長編』一〇六／『名臣碑伝琬琰集』中一〇
3	程琳	泰寧軍節度掌書記→知寿陽県→監左蔵庫→〔天禧中〕直集賢院→〔仁宗〕権戸部判官→修起居注→提挙在京諸司庫務→知制誥・判吏部流内銓→〔天聖４・12〕権発遣三司使→〔５〕権御史中丞→〔６〕枢密直学士・知益州→権知開封府→〔景祐１・５〕三司使→〔４・４〕参知政事→〔宝元２・10〕知潁州→知大名府→河北安撫使→知永興軍・陝西安撫使→判延州・陝西安撫使→判大名府→〔嘉祐１・閏３〕死亡	『宋史』二八八／『長編』一〇四・一一四・一二〇／『欧陽文忠公集』三〇　程公墓誌銘
4	薛奎	隰州軍事推官→儀州推官→知莆田県→知長水県→知興州→殿中侍御史・判三司都磨勘司→陝西転運副使→(左遷)通判陝州→河北安撫使→淮南転運使→江淮制置発運使→戸部副使→直昭文館・知延州→権知開封府→権御史中丞→知幷州→知秦州→知益州→〔天聖６・３〕権三司使→〔７・２〕参知政事→〔明道２・11〕判尚書都省→死亡	『宋史』二八六／『長編』一〇六・一〇七／『欧陽文忠公集』二六　薛公墓誌銘
5	寇瑊	蓬州軍事推官→開封府推官→知施州→知開州→通判河南府→(左遷)監晋州税→通判幷州→監察御史→開封府判官→梓州路転運使→塩鉄判官→河北転運使→〔天禧中〕度支副使→知益州→〔仁宗〕知鄧州→知金州→知滑州→枢密直学士→知秦州→権三司使→権知開封府→死亡	『宋史』三〇一

6	胡則	許田県尉→知広済県→憲州録事参軍→簽書貝州観察判官公事→知潯州→提挙両浙権茶→知睦州→知温州→提挙江南路銀銅場・鋳銭監→江淮制置発運使→度支副使→京西転運使→広南西路転運使→江淮制置発運使→［乾興初］（左遷）知信州→知福州→知杭州→権吏部流内銓→（左遷）知永興軍→河北都転運使→［天聖8・9］権三司使→［9・7］知陳州→知杭州→致仕→死亡	『宋史』二九九／『長編』一〇九・一一〇／『范文正公集』一二 胡公墓誌銘
7	晏殊	秘書省正字・秘閣読書→集賢校理→直史館→昇王府記室参軍→知制誥・判集賢院→［天禧4・8］翰林学士→［天聖3・10］枢密副使→［5・1］知宣州→知応天府→［6・8］御史中丞→翰林侍読学士→三司使→［明道1・8］参知政事→知亳州→知陳州→［宝元1］兼御史中丞→［1・12］三司使→［康定1・3］知枢密院事→枢密使→［慶暦3・3］同中書門下平章事・兼枢密使→［4・9］知潁州→知陳州→知許州→知永興軍→死亡	『宋史』三一一／『長編』一一一・一二三・一二六
8	蔡齊	通判兗州→通判濰州→直集賢院・主判三司開拆司→［仁宗初］同修起居注→兼侍御史知雑事→戸部副使→度支副使→知制誥→翰林学士兼侍読学士→知河南府→知密州→知応天府→御史中丞→権三司使→［明道2・10］枢密副使→［景祐2・2］参知政事→［4］知潁州→［宝元2・4］死亡	『宋史』二八六／『長編』一一三／『范文正公集』一二 蔡公墓誌銘
9	范諷	知平陰県→通判淄州→通判鄆州→知広済軍→監舒州霊仙観→度支判官→兼侍御史知雑事→知審刑院→知青州→権御史中丞→［明道2・10］権三司使→管勾祥源観→管勾会霊観→知兗州→武昌軍節度行軍司馬→知臨江軍→知保信軍→知淮陽軍→知陝州→知潞州→死亡	『宋史』三〇四／『長編』一一三
10	王博文	安豊主簿→南豊尉→南剣州軍事推官→監荊南権貨務→知濠州→知真州→権江淮制置司事→監察御史・梓州路転運使→知海州→知密州→殿中侍御史→開封府判官→戸部判官→河北転運使→陝西転運使→戸部副使→判吏部流内銓→権発遣三司使事→権知開封府→知秦州→知鳳翔府→知開封府→知大名府→権三司使→［宝元1・3］同知枢密院事→［1・4］死亡	『宋史』二九一／『長編』一二一

11	夏竦	丹陽県主簿→通判台州→直集賢院・判三司都磨勘司→東京留守推官→同修起居注→知制誥→(左遷)知黄州→知鄧州→知襄州→〔仁宗〕知寿州→知安州→知洪州→知制誥→景霊判官・判集賢院→翰林学士・勾当三班院兼侍読学士→〔天聖5・1〕枢密副使→〔7・2〕参知政事→〔7・8〕枢密副使→〔明道2・4〕知潁州→〔景祐1〕知青州兼安撫使→〔2〕知応天府→〔宝元1・3〕三司使→〔1・12〕知永興軍→知涇州→宣徽南院使・判永興軍兼陝西経略安撫招討使→判鄜州→判河中府→〔慶暦2〕判蔡州→〔3・3〕枢密使→〔3・4〕(罷免)知亳州→判并州→判大名府→〔7・3〕枢密使→〔8・5〕判河南府兼西京留守司→死亡	『宋史』二八三／『長編』一二一・一二二／『名臣碑伝琬琰集』上二二
12	鄭戩	簽書寧国軍節度判官事→集賢校理→通判越州→同知太常礼院→戸部判官→直史館→同修起居注→判塩鉄勾院→知制誥→判国子監→知審刑院→権知開封府→〔康定1・3〕権三司使→〔1・9〕同知枢密院事→枢密副使→〔慶暦1・5〕知杭州→知鄆州兼九州安撫使→知永興軍→陝西四路都総管兼経略安撫招討使→知永興軍→知并州→死亡	『宋史』二九二／『長編』一二六・一二八／『文恭集』三六　鄭公墓誌銘
13	葉清臣	簽書蘇州観察判官事→集賢校理→通判太平州→知秀州→判戸部勾院→知宣州→同修起居注→判塩鉄勾院→直史館→両浙転運副使→知制誥→知審官院→判国子監→〔康定1・9〕権三司使公事→〔慶暦1・5〕知江寧府→〔2〕翰林学士・知通進銀台司・勾当三班院→知邠州→知澶州→知青州→知永興軍→〔8・4〕権三司使→〔皇祐1・3〕知河陽→死亡	『宋史』二九五／『長編』一二八・一三二・一六四・一六六
14	姚仲孫	許州司理参軍→邢州推官→資州推官→知建昌県→通判彭州→通判睦州→通判滁州→通判益州→知諫院・管勾国子監→兼侍御史知雑事→戸部副使→度支副使→塩鉄副使→河北都転運使→権知澶州→権知大名府→陝西都転運使(未行)→〔慶暦1・5〕権三司使事→〔3・4〕(左遷)知蔡州→死亡	『宋史』三〇〇／『長編』一三一・一四〇
15	王堯臣	通判湖州→直集賢院→知光州→度支判官→知制誥→同知通進銀台司→提挙諸司庫務→知審刑院→翰林学士・知審官院→陝西体量安撫使→〔慶暦3・4〕権三司使→〔6・1〕群牧使→〔皇祐3・10〕枢密副使→〔嘉祐1・閏3〕参知政事→〔3・8〕死亡	『宋史』二九二／『長編』一四〇・一五八／『欧陽文忠公集』三三　王公墓誌銘

16	王拱辰	通判懐州→直集賢院→塩鉄判官→修起居注→知制誥→〔慶暦1〕翰林学士→権知開封府→御史中丞→権三司使→〔6・11〕知鄭州→知澶州→知瀛州→知并州→三司使→〔至和2・6〕判并州→知永興軍→知泰州→知定州→知大名府→〔熙寧1〕宣徽北院使→知応天府→〔8〕中太一宮使→〔元豊初〕宣徽南院使→判大名府→〔哲宗〕死亡	『宋史』三一八／『長編』一五九・一八〇
17	張方平	知崑山県→通判睦州→直集賢院→知諫院→修起居注→知制誥→権知開封府→御史中丞→〔慶暦6・11〕三司使→判太常寺→(左遷)知滁州→知江寧府→判流内銓→知滑州→知益州→〔嘉祐1・8〕三司使→〔4・3〕知陳州→知応天府→秦州経略安撫使→知応天府→〔英宗〕知崑州→学士承旨→〔(神宗即位未改元)治平4・9〕参知政事→〔4・10〕留守西京→判尚書都省→知陳州→宣徽北院使→知青州→中太一宮使→宣徽南院使→判応天府→〔哲宗〕死亡	『宋史』三一八／『長編』一五九・一八三・一八九／『東坡後集』一七 張文定公墓誌銘
18	明鎬	蘄州防禦推官→〔仁宗〕秦州節度判官→益州知録事参軍→奎州簽書節度判官→奎州通判→開封府推官→戸部判官→京東転運使→直史館・益州路転運使→直昭文館・知陝州→江淮制置発運使(未行)→河東転運使→知并州→知成徳軍→知開封府→体量安撫使→安撫副使→権三司使→〔慶暦8・4〕参知政事→〔8・6〕死亡	『宋史』二九二／『長編』一六四
19	張尭佐	憲州推官→筠州推官→知汜水県→知犀浦県→知開州→登聞鼓院→開封府推官→提点府界公事→戸部判官→戸部副使→吏部流内銓→権知開封府→端明殿学士→〔皇祐1・3〕権三司使→〔2・閏11〕宣徽南院使・淮南節度使・景霊宮使→判河陽→天平軍節度使→死亡	『宋史』四六三／『長編』一六六・一六九
20	田況	江寧府観察推官→楚州団練判官→通判江寧府→陝西経略判官→管勾国子監・判三司理欠憑由司→権修起居注→知制誥→陝西宣撫副使→判三班院→知成徳軍→秦鳳路経略安撫使→知渭州→知成都府→御史中丞→〔皇祐2・閏11〕権三司使→〔5・9〕三司使→(加)翰林学士→〔至和1・2〕枢密副使→〔嘉祐3・6〕枢密使→〔4・5〕提挙景霊宮→死亡	『宋史』二九二／『長編』一六九・一七五・一七六／『臨川集』九一 田公墓誌銘
21	楊察	通判宿州→直集賢院→知潁州→知寿州→開封府推官→判塩鉄・度支勾院→修起居注→	『宋史』二九五／『長編』一

		江南東路転運使→知制誥・権判礼部貢院→権知開封府→翰林学士・権御史中丞→(左遷)知信州→知揚州→知永興軍→知益州→権知開封府→権三司使→〔至和1・9〕提挙集禧観事→〔1・11〕権三司使事→〔2・6〕三司使→〔嘉祐1・7〕死亡	七七・一八〇・一八三
22	韓琦	通判淄州→直集賢院・監左蔵庫→開封府推官→度支判官→知諫院→権知制誥→益・利州体量安撫使→枢密直学士→経略安撫招討使→知秦州→兼秦鳳経略安撫招討使→〔慶暦2〕観察使→陝西四路経略安撫招討使→〔3・4〕枢密副使→〔5・6〕知揚州→知鄆州→知成徳軍→知定州→兼安撫使→知幷州→知相州→〔嘉祐1・7〕三司使→〔1・8〕枢密使→〔3・6〕同中書門下平章事→〔(神宗即位未改元)治平4・9〕判相州→判永興軍→陝西経略使→〔熙寧1・7〕判相州→判大名府・四路安撫使→〔6〕判相州→〔8〕永興軍節度→死亡	『宋史』三一二／『長編』一八三／『名臣碑伝琬琰集』中四八
23	宋祁	復州軍事推官→国子監直講→直史館→同知礼儀院→同修起居注・権度支判官→判塩鉄勾院→判太常礼院・国子監→判太常寺→知寿州→知陳州→知制誥・権同判流内銓→翰林学士・知審刑院兼提挙諸司庫務→知審官院兼侍読学士→史館修撰→群牧使→(左遷)知許州→史館修撰→(左遷)知亳州→知成徳軍→知定州→知益州→〔嘉祐4・3〕三司使→(親属廻避)知鄭州→判尚書都省→群牧使・翰林学士承旨→死亡	『宋史』二八四／『長編』一八九／『名臣碑伝琬琰集』上七
24	包拯	知建昌県(不就)→監和州税(不就)→知天長県→知端州→監察御史裏行→監察御史→戸部判官→京東転運使→陝西転運使→河北転運使→戸部副使→知諫院→河北都転運使→知瀛州→知揚州→知廬州→知池州→知江寧府→権知開封府→権御史中丞→〔嘉祐4・3〕権三司使→〔6・4〕三司使→〔6・4〕枢密副使→〔7・5〕死亡	『宋史』三一六／『長編』一八九・一九三
25	蔡襄	漳州軍事判官→西京留守推官→館閣校勘→〔慶暦3〕知諫院兼修起居注→知福州→福建路転運使→判塩鉄勾院→修起居注→知制誥→知開封府→知泉州→知福州→知泉州→三司使→〔治平2・2〕知杭州→〔4・8〕死亡	『宋史』三二〇／『長編』二〇四／『欧陽文忠公集』三五　蔡公墓誌銘

【表五】英宗・神宗朝の三司使の経歴

	名前	経歴	備考
1	呂公弼	同判太府寺→通判鄭州→吏部南曹→提点府界諸鎮公事→塩鉄判官→淮南転運使→糾察在京刑獄→直史館→河北転運使→河北都転運使→知瀛州→権知開封府→同群牧使→知滑州→涇原路経略安撫使・知延州→群牧使→知成都府→〔治平2・2〕権三司使→〔2・7〕枢密副使→〔4・9〕枢密使→〔熙寧3・7〕知太原府→知鄭州→宣徽南院使・判泰州→西太一宮使→死亡	『宋史』三一一／『長編』二〇四・二〇五／『名臣碑伝琬琰集』上二六
2	韓絳	通判陳州→直集賢院→開封府推官→戸部判官→江南体量安撫使→知制誥→知河陽→判流内銓→河北安撫使→知瀛州→知諫院・糾察在京刑獄→御史中丞→知蔡州→知慶州→知成都府→権知開封府→〔治平2・7〕権三司使→〔4・9〕枢密副使→〔熙寧3・4〕参知政事→〔3・9〕陝西安撫使→〔3・12〕同中書門下平章事→〔4・3〕知鄧州→〔5〕知許州→知大名府→〔7・4〕同中書門下平章事→〔8・8〕知許州→〔元豊1〕知定州→西太一宮使→〔6〕知河南府→〔元祐初〕北京留守→〔2〕致仕→〔3〕死亡	『宋史』三一五／『長編』二〇五／『范忠宣集』一五　韓公墓誌銘
3	邵必	上元主簿→国子監直講→集賢校理・同知太常礼院→知常州→開封府推官→監邵武税→知高郵軍→提点淮南刑獄→京西転運使→修起居注・知制誥→知諫院→〔治平4〕権三司使→知成都府→死亡	『宋史』三一七
4	唐介	武陵尉→知平江県→武康軍節度判官→知奉節県→知任丘県→知安陽県→通判徳州→通判広信軍→監察御史裏行→殿中侍御史→英州別駕→監郴州税→通判潭州→知復州→殿中侍御史→直集賢院・権開封府判官→知揚州→江東転運使→河東転運使→淮南江浙荊湖制置発運使→度支副使→知諫院→権知開封府→知洪州→河北都転運使→高陽関路安撫使・知瀛州→〔治平1〕権御史中丞→〔2〕河東路経略安撫使→知太原府→権三司使→〔熙寧1・1〕参知政事→〔2・4〕死亡	『宋史』三一六／『華陽集』三七　唐質粛公墓誌銘
5	王陶	岳州軍事判官→杭州観察判官→荊南節度判官→太常丞→太子中允→〔嘉祐初〕監察御史裏行→判登聞鼓院→知衛州→知蔡州→〔英宗〕直史館→修起居注→知制誥・判司農	『宋史』三二九／『名臣碑伝琬琰集』中二四

		寺→［神宗］枢密直学士→御史中丞→枢密直学士→知陳州→知許州→［熙寧中］権三司使→翰林学士→知蔡州→知河南府→知許州→知汝州→知陳州→［元豊３］死亡	
6	呉充	穀熟主簿→国子監直講→集賢校理・判吏部南曹→知太常礼院→（左遷）知高郵軍→群牧判官・開封府推官→知陝州→京西転運使→淮南転運使→河東転運使→［治平３・４］権塩鉄副使→［熙寧１］知制誥→同知諫院→河北安撫使→知審刑院→権三司使→［３・９］枢密副使→［８・４］枢密使→［９・10］同中書門下平章事→［元豊３・３］西太一宮使→死亡	『宋史』三一二／『長編』二一五
7	李肅之	監大名府資庫→通判徳州→通判澶州→知徳州→提点開封府界内県鎮→知沂州→夔州路提点刑獄→湖南提点刑獄→湖北転運使→知斉州→江東転運使→両浙転運使→成都路転運使→河北転運使→江淮発運使→三司勾院→度支副使→［神宗］知慶州→知瀛州→知開封府→知定州→［熙寧３・９］権三司使→［４・３］同提挙在京諸司庫務→知永興軍→知青州→知斉州→［元豊１］知鄆州→［４］提挙太極観→死亡	『宋史』三一〇／『長編』二一五・二二一／『蘇魏公集』六一　李公墓誌銘
8	薛向	永寿主簿→権京兆戸曹→邠州司曹参軍→［慶暦８］監在京権貨務→［皇祐３］→知鄜州→［至和２］河北提点刑獄・提挙都大便糴糧草・催遣黄御河綱運公事→開封府判官→度支判官→［嘉祐６］権陝西転運副使・制置解塩→［８］知汝州→陝西転運副使→陝西転運使→［治平４］知絳州→知信州→知潞州→［熙寧２］江浙荊淮発運使→［４・３］権発遣三司使→権三司使→［７］三司使→［７・２］知定州→［元豊１・９］同知枢密院事→［３・９］枢密副使→知潁州→知随州→［４］死亡	『宋史』三二八／『長編』二二一・二五〇
9	曾布	宣州司戸参軍→懐仁令→崇政殿説書→集賢校理→判司農寺→検正中書五房公事→修起居注・知制誥→［熙寧７・２］権三司使→［７・８］（左遷）知饒州→知潭州→知広州→［元豊初］知桂州→知秦州→知陳州→知蔡州→知慶州→［８・５］戸部尚書→［元祐１・閏２］知太原府→知真定府→知河陽→知青州→知瀛州→［紹聖初］知江寧府→翰林学士承旨・知制誥・兼侍読→［１・６］同知枢密院事→［４・閏２］知枢密院事→［元符３・10］尚書右僕射兼中書侍郎→［崇寧１・閏６］知潤州→提挙太清宮→司農	『宋史』四七一／『長編』二五〇・二五五・三五六・三六九

		卿・分司西京→駕州別駕→廉州司戸参軍→舒州司戸参軍→提挙崇福宮→〔大観1〕死亡	
10	元絳	江寧府推官・摂上元令→知永新県→知静海県→江西転運判官→知台州→度支判官→江西転運使→広東転運使→判塩鉄勾院→両浙転運使→河北転運使→塩鉄副使→知福州→知応天府→河北都転運使→知広州兼広南東路経略安撫使→知越州→知荊南府→翰林学士・知開封府→提挙在京諸司庫務→〔熙寧7・8〕権三司使→〔7・9〕（罷免）判太常寺兼群牧使→〔8・12〕参知政事→〔元豊2・5〕知亳州→知潁州→知青州→提挙中太一宮使→致仕→死亡	『宋史』三四三／『長編』二五五・二五六／『王魏公集』二 元公墓誌銘
11	章惇	商洛令→〔熙寧初〕編修三司条例官→集賢校理・中書検正→湖南・北察訪使→修起居注→知制誥・直学士院・判軍器監→〔7・9〕権発遣三司使→権三司使→〔8・10〕知湖州→知杭州→翰林学士・知審官東院→〔元豊3・2〕参知政事→〔4・3〕知蔡州→知陳州→知定州→〔5・4〕門下侍郎→〔8・5〕知枢密院事→〔元祐1・閏2〕知汝州→〔紹聖1・4〕尚書左僕射兼門下侍郎→〔元符3・9〕知越州→武昌軍節度副使・潭州安置→雷州司戸参軍→睦州司戸参軍→死亡	『宋史』四七一／『長編』二五六・二六九
12	沈括	編校昭文書籍→館閣校勘・刪定三司条例→検正中書刑房・提挙司天監→淮南察訪使→集賢校理→察訪農田水利→同修起居注→知制誥→兼通進銀台司→河北西路察訪使→淮南両浙体量安撫使→知制誥→〔熙寧8・10〕権発遣三司使→権三司使→〔10・7〕（左遷）知宣州→〔元豊1〕知審官院→知青州（未行）→知延州→均州団練副使→〔元祐初〕知秀州→死亡	『宋史』三三一／『長編』二六九・二八三
13	李承之	明州司法参軍→条例司検詳文字→検正中書刑房→察訪淮浙常平農田水利差役事→集賢校理→察訪陝西→集賢殿修撰→宝文閣待制→同群牧使→検正中書五房公事→〔熙寧10・7〕権発遣三司使→権三司使→〔元豊4・8〕（左遷）知汝州→陝西都転運使→給事中→吏部侍郎→戸部尚書→知青州→知応天府→知河陽→知陳州→知鄆州→知揚州→死亡	『宋史』三一〇／『長編』二八三・三一五

14	趙卨	汾州司法参軍→宣撫使機宜文字→集賢校理→提点陝西刑獄→権宣撫判官→知延州→安南行営経略招討使→知桂州→〔元豊4・6〕権三司使→河東転運使→知相州→知淮陽軍→知慶州→延安経略安撫使→〔元祐初〕枢密直学士→〔5〕端明殿学士→死亡	『宋史』三三二／『長編』三一三
15	安燾	蔡州観察判官→主管大名府機宜文字→秘閣校理・判吏部南曹→荊湖北路転運判官・提点刑獄兼常平農田水利差役事→検正中書孔目房・修起居注→〔元豊初〕直学士院→知審刑院→知陳州→判軍器監→〔4・8〕権発遣三司使→〔5・4〕戸部尚書→〔6・7〕同知枢密院事→〔元祐2・6〕知枢密院事→知鄭州→知潁昌府→知河南府→〔紹聖1・閏4〕門下侍郎→〔2・11〕知河南府→知大名府→〔元符3・11〕知枢密院事→〔建中靖国1・7〕知河南府兼西京留守→〔崇寧1〕寧国軍節度副使・漢陽軍安置→祁州団練副使→建昌軍団練副使→死亡	『宋史』三二八／『長編』三二五・三三七

【表六】神宗・哲宗朝の戸部尚書の経歴

	名前	経歴	備考
1	安燾	蔡州観察判官→主管大名府機宜文字→秘閣校理・判吏部南曹→荊湖北路転運判官・提点刑獄兼常平農田水利差役事→検正中書孔目房・修起居注→〔元豊初〕直学士院→知審刑院→知陳州→判軍器監→〔4・8〕権発遣三司使→〔5・4〕戸部尚書→〔6・7〕同知枢密院事→〔元祐2・6〕知枢密院事→知鄭州→知潁昌府→知河南府→〔紹聖1・閏4〕門下侍郎→〔2・11〕知河南府→知大名府→〔元符3・11〕知枢密院事→〔建中靖国1・7〕知河南府兼西京留守→〔崇寧1〕寧国軍節度副使・漢陽軍安置→祁州団練副使→建昌軍団練副使→死亡	『宋史』三二八／『長編』三二五・三三七
2	李承之	明州司法参軍→条例司検詳文字→検正中書刑房→察訪淮浙常平農田水利差役事→集賢校理→察訪陝西→集賢殿修撰→宝文閣待制→同群牧使→検正中書五房公事→〔熙寧10・7〕権発遣三司使→権三司使→〔元豊4・8〕（左遷）知汝州→陝西都転運使→給事中→吏部侍郎→戸部尚書→知青州→知応天府→知河陽→知陳州→知鄆州→知揚州→	『宋史』三一〇／『長編』二八三・三一五

		死亡	
3	王存	嘉興主簿→上虞令→密州推官→〔治平〕国子監直講→館閣校勘→集賢校理→史館検討→知太常礼院→〔元豊1〕国史編修官・修起居注→〔2〕知制誥・同修国史兼判太常寺→〔5〕知開封府→枢密直学士→兵部尚書→〔7・4〕戸部尚書→〔8・5〕兵部尚書→〔元祐2・5〕尚書右丞→〔3・4〕尚書左丞→〔4・6〕知蔡州→知揚州→吏部尚書→知杭州→〔紹聖初〕致仕→〔建中靖国1〕死亡	『宋史』三四一／『長編』三四五・三五六／『名臣碑伝琬琰集』中三〇
4	曾布	宣州司戸参軍→懐仁令→崇政殿説書→集賢校理→判司農寺→検正中書五房公事→修起居注・知制誥→〔熙寧7・2〕権三司使→〔7・8〕（左遷）知饒州→知潭州→知広州→〔元豊初〕知桂州→知秦州→知陳州→知蔡州→知慶州→〔8・5〕戸部尚書→〔元祐1・閏2〕知太原府→知真定府→知河陽→知青州→知瀛州→〔紹聖初〕知江寧府→翰林学士承旨・知制誥・兼侍読→〔1・6〕同知枢密院事→〔4・閏2〕知枢密院事→〔元符3・10〕尚書右僕射兼中書侍郎→〔崇寧1・閏6〕知潤州→提挙太清宮→司農卿・分司西京→賀州別駕→廉州司戸参軍→舒州司戸参軍→提挙崇福宮→〔大観1〕死亡	『宋史』四七一／『長編』二五〇・二五五・三五六・三六九
5	李常	江州判官→宣州観察推官→三司検法官→〔熙寧初〕秘閣校理→三司条例検詳官（不就）→知諫院→通判滑州→知鄂州→知湖州→知斉州→淮南西路提点刑獄→〔元豊6〕礼部侍郎→吏部侍郎→〔元祐1・3〕戸部尚書→〔3・9〕御史中丞→知鄆州→知成都府→死亡	『宋史』三四四／『長編』三七一・四一四／『蘇魏公集』五五 李公墓誌銘
6	韓忠彦	同知太常礼院→開封府推官→開封府判官→塩鉄判官→通判永寧軍→戸部判官→知審官西院→戸部副使→塩鉄副使→知瀛州→礼部尚書→知定州→〔元祐3・9〕戸部尚書→〔4・6〕尚書左丞→〔5・3〕同知枢密院事→〔7・6〕知枢密院事→〔紹聖3・1〕知真定府→知定州→知大名府→吏部尚書→〔元符3・2〕門下侍郎→〔3・4〕尚書右僕射兼中書侍郎→〔3・10〕尚書左僕射兼門下侍郎→〔崇寧1・5〕知大名府→致仕→死亡	『宋史』三一二／『長編』四一四・四二九／『名臣碑伝琬琰集』中五〇

7	呂公孺	判吏部南曹→知沢州→知潁州→知廬州→知常州→提点福建路刑獄→提点河北路刑獄→開封府推官→三司判官→判都水監→陝西転運使→知渭州→知鄆州→知蔡州→〔元豊初〕知永興軍→知河陽→知審官東院→知秦州→知相州→知陳州→知杭州→知鄭州→知瀛州→〔元祐初〕秘書監→刑部侍郎→知開封府→〔4・8〕戸部尚書→〔5・3〕提挙醴泉観→死亡	『宋史』三一一／『長編』四三一・四三九
8	梁燾	編校秘閣書籍→集賢校理→通判明州→検詳枢密五房公事→知宣州→提点京西刑獄→〔哲宗〕工部郎中→太常少卿→知潞州→御史中丞→〔元祐5・5〕権戸部尚書→〔5・8〕知鄭州→礼部尚書→翰林学士→〔7・6〕尚書左丞→〔8・6〕同醴泉観使→知潁昌府→〔紹聖1〕知鄆州→知鄂州→〔3〕少府監・分司南京→雷州別駕・化州安置→〔4〕死亡	『宋史』三四二／『長編』四四二・四四七
9	劉奉世	枢密院吏房検詳文字→検正中書戸房公事→検正中書刑房公事→直史館・国史院編修官→(左遷)蔡州糧料院→吏部員外郎→〔元祐初〕度支郎中→左司郎中→起居郎→天章閣待制→枢密都承旨→戸部侍郎→吏部侍郎→〔5・12〕権戸部尚書→〔7・6〕簽書枢密院事→〔紹聖1・5〕真定府路安撫使兼知成徳軍→知定州→知成都府→分司南京→隰州団練副使→〔徽宗〕知定州→知大名府→知鄆州→死亡	『宋史』三一九／『長編』四五三・四七四
10	銭勰	知尉氏県→流内銓主簿→権塩鉄判官→提点京西刑獄→提点河北刑獄→提点京東刑獄→左司郎中→中書舎人→〔元祐初〕給事中→知開封府→知越州→知瀛州→工部侍郎→戸部侍郎→〔7・6〕戸部尚書→〔8・5〕知開封府→翰林学士兼侍読→知池州→死亡	『宋史』三一七／『長編』四七四・四八四
11	李清臣	邢州司戸参軍→和州令→〔治平〕秘書郎・簽書平江軍判官→集賢校理・同知太常礼院→(左遷)通判通州→提点京東刑獄→同修起居注→知制誥・翰林学士→〔元豊5・4〕吏部尚書→〔6・8〕尚書右丞→〔元祐1・閏2〕尚書左丞→〔2・4〕(左遷)知河陽→知河南府→〔4・9〕知永興軍→〔6・閏8〕知成徳府→知真定府→〔8・6〕戸部尚書→〔9・2〕中書侍郎→〔紹聖4・1〕(左遷)知河南府→知真定府→礼部尚書→〔元符3・4〕門下侍郎→〔建中靖国1・10〕(左遷)知大名府→死亡	『宋史』三二八／『長編』四八四／『長編拾補』九／『鶏肋集』六四 資政殿大学士李公墓誌銘

12	蔡京	銭塘尉→舒州推官→起居郎→中書舎人→知開封府→［元豊末］知成徳軍→知瀛州→知成都府→江淮荊浙発運使→知揚州→知鄆州→知永興軍→知成都府→［紹聖1・3］権戸部尚書→［2・10］翰林学士兼侍読・修国史→［徽宗］知太原府→知江寧府→提挙洞霄宮→知定州→［崇寧1］知大名府→学士承旨→［1・5］尚書左丞→［1・7］尚書右僕射兼中書侍郎→［2・1］尚書左僕射兼門下侍郎→［5・2］（罷免）中太一宮使→［大観1・1］尚書左僕射→［3・6］致仕→［政和2・5］太師→［宣和2・6］致仕→［6・12］太師→［7・4］致仕→死亡	『宋史』四七二／『長編拾補』九・一二
13	呉居厚	［熙寧中］武安節度推官→攸県主簿→知景陵県→知咸平県→東南勾当公事→司農主簿→司農丞→［元豊］提挙河北常平→京東転運判官→転運副使→都転運使→［元祐］（左遷）知蘇州→江淮発運使→戸部侍郎→［紹聖4・5］戸部尚書→［元符2・11］権知開封府→永泰陵橋道頓逓使→知和州→陝西都転運使→［崇寧1］開封尹→戸部尚書→［2・4］尚書右丞→［3・9］中書侍郎→［5・1］門下侍郎→［大観1・1］東太一宮使→知亳州→知徐州→知太原府→佑神観使→［4・8］門下侍郎→［4・10］知枢密院事→［政和3・1］知洪州→死亡	『宋史』三四三／『長編』四八七・五一八／『丹陽集』一二 枢密呉公墓誌銘
14	李南公	浦江令→知長沙県→［熙寧中］提挙京西常平→提点陝西河北刑獄→京西転運副使→屯田員外郎→（左遷）主管崇福宮→河北転運副使→知延安府→吏部侍郎→［紹聖4・5］知永興軍→［元符1・1］知成都府→［2・11］戸部尚書→知真定府→知河南府→知鄆州→致仕→死亡	『宋史』三五五／『長編』五一八

【表七】徽宗・欽宗朝の戸部尚書の経歴

	名前	経歴	備考
1	虞策	台州推官→知烏程県→通判蘄州→提挙利州路常平→湖南転運判官→［元祐5］監察御史→右正言→左司諫→権給事中→侍御史→起居郎→給事中→知青州→知杭州→戸部侍郎→［元符3・10］権戸部尚書→刑部尚書→枢密直学士→知永興軍→知成都府→吏部	『宋史』三五五／『長編拾補』一六

		尚書→知潤州→死亡	
2	曾孝廣	北外都水丞→〔元祐〕通判保州→都水丞→京西転運判官→水部員外郎→提点永興路刑獄→陝西転運副使→京西転運副使→左司郎中→戸部侍郎→戸部尚書→知杭州→知潭州→知鄆州→知饒州→知広州→知成徳軍→知太原府→死亡	『宋史』三一二／『宋会要』食貨四七-三
3	徐處仁	東安県令→知金郷県→宗正寺丞・太常博士→監察御史→殿中侍御史→右正言→給事中→摂開封府→戸部尚書→〔大観1・8〕尚書右丞→〔1・12〕（罷免）知青州→知永興軍→知河陽→知蘄州→知潁昌軍→提挙鴻慶宮→知汝州→知徐州→醴泉観使→侍読→知揚州→知応天府→大名尹→〔靖康1・2〕中書侍郎→〔1・3〕太宰兼門下侍郎→〔1・8〕（罷免）知東平府→〔高宗〕大名尹→死亡	『宋史』三七一
4	許幾	高安主簿→楽平主簿→知南陵県→提挙西京常平→開封府推官→虞部員外郎→金部員外郎→戸部員外郎→将作監丞→太僕卿→戸部侍郎→知鄆州→京東西路安撫使→知成都府→戸部侍郎→待制提挙亳州明道宮→戸部侍郎→戸部尚書→知婺州→知成徳軍→知太原府→永州団練副使・安置袁州→死亡	『宋史』三五三／『宋会要』食貨一四-一六／『浮渓集』二六 戸部尚書許公墓誌銘
5	劉炳	太学博士→秘書省正字・校書郎→大司楽・楽正→給事中→工部尚書→知陳州→戸部尚書→太子賓客→戸部尚書→知河南府→死亡	『宋史』三五六／『宋会要』食貨四七-七
6	沈積中	辟雍学正→戸部員外郎→秘閣修撰→河北転運使→戸部侍郎→戸部尚書→〔徽宗〕知河間・真定府→提挙上清宝籙宮→死亡	『宋史』三五四／『宋会要』食貨三五-三
7	盧益	伝なし	『宋会要』食貨四三-一一
8	聶昌	相州教授→秘書郎→右司員外郎→湖南転運使→太府卿→戸部侍郎→開封尹→戸部侍郎→知安州→安置衡州→〔欽宗〕知開徳府→兵部侍郎→戸部尚書・領開封府→開封尹→〔靖康1・8〕同知枢密院事→死亡	『宋史』三五三／『盧渓文集』四二 聶公墓誌銘
9	王黼	相州司理参軍→校書郎→符宝郎→左司諫→左諫議大夫→給事中→御史中丞→兼侍読→翰林学士→戸部尚書→翰林学士→翰林学士承旨→宣和殿学士→翰林学士承旨→〔重和	『宋史』四七〇

		1・1〕尚書左丞→〔1・9〕中書侍郎→〔宣和1・1〕少宰兼中書侍郎→〔3・9〕太宰兼門下侍郎→〔4・6〕少師→〔5・5〕太傅→〔6・11〕致仕→死亡	
10	梁子美	〔紹聖中〕提挙湖南常平→提点刑獄→京西転運副使→成都路転運副使→河北転運使→戸部尚書→〔大観1・1〕尚書右丞→〔1・3〕尚書左丞→〔1・6〕中書侍郎→〔2・8〕知鄆州→〔宣和4〕死亡	『宋史』二八五

第三章　北宋の中書と三司の統摂関係について

はじめに

本章は、北宋前期における財政機関である三司と、宰相府である中書の統摂関係の実態について考察することを目的としたものである。北宋においては元豊官制改革以前は三司が国家財政を担当し、中書・枢密院の二府とともに中央政府の中枢を形成した。この三司に関する先行研究では、三司を中書から独立した機関とする見解と、三司は中書の下級機関であるとする見解があり、統一した見解がいまだ提示されていない。両者の統摂関係について考えることは、北宋前期の中央政府の構造を理解する上で重要な意味を持つであろう。

はじめに三司に関する先行研究の整理を行っておきたい。日本における三司の研究としては、まず周藤吉之氏のものが挙げられるが(1)、氏の研究の主眼は三司そのものの構造と、元豊官制改革に至る三司の改廃の過程にあり、中書との関係についてはほとんど言及していない。中国における研究では、汪聖鐸氏が中書と三司の関係について言及している。氏は、「皇帝の下で三司使は理財における最高の総領であって、宰相の職位は三司使に比べて高かったが、財計のことには一般の状況下では関与する権限がなかった」、「北宋前期を通じて、三司及び三司使は一貫して宋朝の財政上で核心的、主導的地位にあり、重要な機能を果たしていた」(訳は筆者。以下同じ)と述べ[2]、積極的に三司の独立性を認めている。同様の見解を示しているものとして、三司を直接の対象とした研究ではないものの、東一夫氏の研究がある。氏は王安石新法の審議機関である制置三司条例司に関する研究の中で、中書・枢密院・三司の連携が欠如しており、この官制上の欠陥を克服して中書・枢密院を財政に関与させることが制置三司条例司設置の目的であったとしている[3]。以上の研究は、先に述べた三司を中書から独立した機関とする見解である。これらを「三司独立説」と呼ぶこととする[4]。

これに対し、三司に対する中書の統摂権の存在を指摘する研究もある。遅景徳氏は、戦時下に中書を経由して命令が下されたこと、三司の人事権を中書が握っていたことを挙げ、「三司は宰相の監督を受けており、三司が財をつかさどり、宰相が関与しないと言うのは成り立たない」と述べている[5]。また、張其凡氏も、宋初の三朝における中書と三司の関係について考察し、「宋初の三朝には、三司の機構は多く変化があったが、ただ中書は終始三司の事に関与した。もし三司が中書の事権から分かれていたと言うのなら、それは単に具体的な掌管や、事務を処理する権力に過ぎなかった」と述べている[6]。諸葛憶兵氏も宰輔制度に関する著書の中で同様の見解を示している[7]。三司は中書の下級機関であるとするこれらの見解を「三司下級機関説」と呼ぶこととする[8]。

このように、三司と中書の関係については相対立する見解が存在するが、見城光威氏は、太宗朝から真宗朝にかけて三司の制度に生じた変化に着目し、微細な財政業務にまで皇帝が裁決を下していた太宗朝に対し、真宗朝にはそうした業務に皇帝が関与せず、それらを三司内部において処理しうる体制が整えられたことを指摘した[9]。氏の論は、時間の経過に伴う制度の変質に着目した点において重要である。こうした視点から従来の「三司独立説」「三司下級機関説」を見てみると、この時間の経過が十分に考慮されているとは言えず、特に「三司下級機関説」においてその傾向は顕著である[10]。また、こうした時間の経過に対する意識の希薄さが、中書と三司の関係を画一的に理解しようとする双方の姿勢の原因となっているように思われる。見城氏以前の研究は、制度の静態的側面を重視するものであったと言えよう(11)。

そこで本章ではやや視点を変えてこの問題について考えてみたいと思う。つまり、中書と三司の関係について、これを一般化するのではなく、制度の運用面における変化について、財政業務の内容、当該期の政治状況等を考慮に入れて多角的に考察したい。かかる視点に基づき宰相権力と行政機関の関係を考察することは、官僚機構の分権化を基調とする従来の宋代官制理解に対する再検討として有効な手段となりうるであろう。

なお、そこで注意すべきは宰執という存在の特殊性である。「天子を佐け、百官を総べ、庶政を平らげ、事統べざる無し」(『宋史』巻一六一・職官志一)という表現を挙げるまでもなく、宰執とは皇帝の諮問に答える顧問としての性格と、百官の長すなわち各官庁に対する責任者としての性格の両面を有している。よって、財政問題について宰執が発言していることの意味を考える時、その発言が皇帝の顧問としてのものか、行政の最高責任者として政策決定過程に介入しているのかに意を払う必要がある。本章の目的は、中書・三司間のシステムとしての統摂関係について、動態的側面から考察することを目的としているため、分析の対象は行政の最高責任者としての側面に限定される。また、宋代において「宰執」とは中書・枢密院の大臣を指すが、民政・軍政を分担する二府の関係はそれ自体が別途考察を要する問題である。これについては第四章で考察することとし、本章では中書と三司の関係を中心に論じ、枢密院については必要に応じて言及することとする。以上の点に留意しつつ、まずは太祖・太宗朝における中書・三司の関係から見ていこう。

第一節　太祖・太宗朝における中書と三司

まず、文書の処理経路等、政策決定に関わる規定を示す史料を通じて、太祖・太宗朝における中書と三司の関係について考察したい。太祖朝の乾徳四年(九六六)、財政政策の立案・上奏、三司官の勤務評定等に関する規定が制定された。詳細は『長編』巻七・乾徳四年正月丙戌に見えるが、その中に次のような一節がある。

応三司使或有行遣未当、本(司)判官並須執諮、如事理顕明、不肯依拠、即許面取進止。(( )内は『宋大詔令集』巻一六〇・政事一三・官制一「置三司推官詔」により補う)

(およそ三司使の処理に不当なところがあれば、本司判官は必ずこれを三司使に諮り、もし事理が明らかで三司使の意見に依拠しがたい場合は、皇帝に直接報告し判断を仰げ。)

この規定から、三司の行政が中書を介さず皇帝に直結する形で行われていたことが窺える。中書が三司の上司だとすれば、判官の報告の対象は中書になるはずだからである。この状態が太宗朝まで継続していたことは、「銭穀公事は、三司において一定の判断を付けてから具状聞奏(文書で上奏)し、本司(三司)が決することのできない重大事は、三司使が面奏(皇帝と直接面対して上奏)することを許す」という雍熙三年(九八六)の規定からも明らかである。[12] また、官僚の上奏の覆奏(審査・再上奏)に関する規定では、政事は中書に、機事は枢密院に、財貨は三司に覆奏させることが明記されている。[13]

それでは、実際の政策決定過程において、皇帝・中書・三司の関係はいかなるものであったのであろうか。ここでは、『長編』等から、政策決定に至る過程が比較的明確な史料を取り上げて分析を加えることにする。財政政策について、官僚による起請から具体的な審議に入るまでの過程をたどりうる例として、太宗・真宗朝に陳靖によって提議された勧農政策が挙げられる。まず、至道二年(九九六)のケースから見ていこう。『長編』巻四〇・至道二年七月庚申には、彼の上奏から政策決定に至る過程が詳細に記されている(14)。

太常博士・直史館陳靖上言曰、……。上覧之喜、……因召対奨諭、令条奏以聞。靖又言、「……望許臣領三五官吏、於近甸寛郷設法招携、俟規画既定、四方游民、必尽麇至、乃可推而行之」。呂端曰、「靖所立田制、多改旧法、又大費貲用。望以其状付有司詳議」。乃詔塩鉄使陳恕等、於逐部択判官一人通知農田利害者、与靖同議其事。恕与戸部使張鑑・度支副使欒崇古・戸部副使王仲華・塩鉄判官譚堯叟・度支判官李帰一共議、請如靖之奏。乃詔以靖為勧農使、……以大理寺丞皇甫選・光禄寺丞何亮副之。選・亮上言功難成、願罷其事。上志在勉農、猶詔靖経度、未幾、三司以為費官銭多、万一水旱、恐遂散失。其事遂寝。〈靖為勧農使在八月辛酉、今并書〉(〈　〉は割註。以下同じ)

(太常博士・直史館の陳靖が上言した。……太宗はこれを見て高く評価し、……陳靖を召対して奨諭し、勧農策の詳細を上奏させた。陳靖はさらに次のように上奏した、「……数人の官僚を統領し、京師近辺の人口が少なく耕地が余っている地域で法を設けて農民を招くようにさせて欲しい。計画が定まるのを待てば、四方の流民は必ず集まり、勧農策を遂行することができる」と。宰相の呂端が言った、「陳靖が立てた勧農策は、旧法を改めるところが多い上に多くの費用もかかる。有司に検討させていただきたい」と。そこで塩鉄使陳恕等に詔を降し、三部から農田の利害に精通している判官一名を選び陳靖とともに協議させた。陳恕と戸部使張鑑・度支副使欒崇古・戸部副使王仲華・塩鉄判官譚堯叟・度支判官李帰一が協議し、陳靖の上奏通りにすることを要請した。そこで詔を降し陳靖を勧農使に任命し、……大理寺丞皇甫選・光禄寺丞何亮を副使とした。皇甫選・何亮は、効果を挙げがたいので計画を中止して欲しいと上言した。太宗は勧農に意欲を見せ、なおも陳靖に経度を命じたが、ほどなく三司が、多額の費用がかかり、水害・干害による被害を懸念する意見を述べたため、計画は中止となった。〈陳靖の勧農使就任は八月辛酉だが、ここに併記する〉）

三司に属さない陳靖の発案に係り、また宰相呂端の発言が見られるものの、具体案の検討は三司と発案者に委ねられている。中書の主導性は看取できず、呂端の発言も皇帝の顧問としてのものと解すべきであろう。

次に見る史料は、時代が下って真宗朝に入ったものであるが、先に見たケース同様、陳靖が発案者となった勧農策であるのでここで扱っておく。『長編』巻四五・咸平二年（九九九）十月辛未には次のようにある。

刑部員外郎・直史館陳靖為度支判官。靖屢上疏論勧農事、又言、「国家禦戎西北而仰漕東南、食不足則誤大計。請益修勧農之法、以殿最州県官吏、歳可省江・淮漕百余万」。復詔靖経画以聞。靖建議請、「刺史行春、県令勧耕、孝弟力田者賜爵、置伍保以検察姦盗、籍游惰之民而役作之」。詔京西転運使耿望与靖共商度。望奏靖所議皆可行。又下三司議。三司乞就委靖・望等分路提挙勧農事。然卒不果行也。

（刑部員外郎・直史館陳靖は度支判官となった。陳靖は屢々勧農策を上奏しており、さらに言った、「国家は西北国境の防備の経費を東南からの漕運に頼っているので、軍糧が不足すれば国家の大計を誤ることになる。勧農策を実行し、州県の官僚の勤務評定を行えば、一年で江淮からの漕運額百万余りを省くことができる」と。再び詔を降して陳靖に計画・上奏させた。陳靖は次のように建議した、「知州が巡見し、知県が勧農を行い、孝悌で耕作に努める者には爵を賜い、伍保を置いて姦盗を取り締まり、遊惰の民を戸籍に編入して労働させたい」と。京西転運使耿望に詔を降して陳靖とともに検討させた。耿望は、陳靖の提案を行うべきであると上奏した。さらに三司に下して検討させたところ、三司は陳靖・耿望に委ねて路を分けて勧農の事を提挙させることを請うた。しかし実行されなかった。）

立案に関与したのは、施行対象地域である京西路の転運使と三司であり、ここでも具体的な議論は財務官僚に一任されている。以上の二例は、先に述べたように三司の行政が中書を介さず皇帝に直結する形で行われていたことを明確に示してくれる。

ほかに政策決定過程を示す例として、太宗朝における茶の専売法に触れておこう。茶の専売制度の骨子は太祖・太宗朝の間に確立した。しかし、この時期の政策決定については、茶の産地にあたる江南や淮南の転運使の提言に基づいて決定がなされた場合が多いことは史料上明確に指摘できるものの、これらの提言が中央でいかに処理されたかは判然としない。ただ一例、至道元年（九九五）、一旦廃止された貼射法(後述)を復活させることを劉式が要請し、結局これが却下された際の過程が史料に見える。『宋会要』食貨三〇-二「茶法雑録上」至道元年七月十九日には、西京作坊使楊允恭が劉式の案に反対したことを受けて、

帝令宰相召塩鉄使陳恕及判官等、并允恭・式定議於中書。恕等皆附允恭。先是、式之議已罷、式猶固執。至是遂寝焉。

（太宗は宰相に、塩鉄使陳恕と判官たちを招集させ楊允恭・劉式とともに中書で審議させた。陳恕等はみな楊允恭の意見に賛成した。これより先、劉式の案は一旦不採用となったが、劉式はなおも固執していた。ここに至って完全に却下された。）

とあり、また『宋史』巻一八三・食貨志下五「茶上」には、

太宗欲究其利害之説、命宰相召塩鉄使陳恕等、与式・允恭定議。召問商人、皆願如淳化所減之価、不然、即望仍旧。有司職出納、難於減損、皆同允恭之説、式議遂寝。

（太宗はその利害を徹底的に究明しようとして、宰相に命じて、塩鉄使陳恕等を招集させ劉式・楊允恭と審議させた。また商人を招集して尋ねたところ、皆が淳化年間に減じた価格と同様にして欲しい、さもなくばすぐに旧制に復して欲しいと言った。有司は出納を職務としているため減損に難色を示し、みな楊允恭の意見に同調したため、劉式の案は却下された。）

とある。これらによると、太宗は宰相に命じて、塩鉄使陳恕等を召して劉式・楊允恭と中書において協議せしめた。商人を召問したところ、皆が貼射法に反対し、また有司（三司と思われる）も楊允恭に賛成したため、劉式の提案は却下されたという。ここでは中書が議の場として設定されているが、議の主体は塩鉄使である陳恕と劉式・楊允恭、茶の販売に関わる商人であり、また、「減損」（専売収入の減少）に難色を示す三司の意見が決め手となり結論が出されていることから、宰相の主導性はここからは窺えない。これも財政政策の審議の際に中書は積極的に介入せず、三司が独立して政策を処理していたことを示すものと言えよう。

以上のように、太祖・太宗朝においては、文書行政の面から三司は皇帝に直属する形式を採っていたこと、財政政策の決定過程においても中書の介入が見られないことを指摘した。この時期に財政に関して皇帝が宰執に語っていることを示す史料が散見するが、それらはいずれも宰相が皇帝の顧問としての役割を果たしているに過ぎず、具体的な財政政策の立案においては中書は三司に対しては「上司」として機能していなかったのである。

第二節　真宗朝における中書と三司

一　対外関係と軍糧問題の審議過程

前節では、財政政策決定に関わる規定及び政策の審議過程の分析から、太宗朝と真宗朝のごく初期まで、一貫して財政政策は皇帝と三司の間で処理され、中書は政策立案に責任を負う立場になかったことを述べた。しかし、この皇帝・中書・三司の関係は、真宗朝前期、すなわち対遼関係が悪化した時期にやや変化を見せる。まずこの変化の背景として、真宗という皇帝の政治に対する認識が考えられる。真宗は太宗と異なり、中書あるいは宰執を中央政府の最高責任者として積極的に信任する姿勢を示していたと考えられる。このことを窺わせるのは、『長編』巻四八・咸平四年（一〇〇一）三月丁酉に、

上謂宰相呂蒙正等曰、「中書事無不総、頼卿等宿望、副朕意焉。凡事無固必、惟択善而行、以漸蘇天下之民、最為急務也」。

（真宗は宰相呂蒙正等に次のように言った、「中書は全てのことを統轄し、卿等の声望に頼り朕の意思にかなうようにすべきである。およそ事に固執することなく、ただ最善を選択して行い、天下の民を蘇生することを急務とせよ」と。）

と見える真宗の発言である。宰相呂蒙正等に対し、中書が「事無固必」（事に固執することなく）政事に当たるよう述べている。また、財政に関するものではないが、同巻五七・景徳元年（一〇〇四）九月丁酉には、真宗が辺事に関わる上奏を必ず先に中書に送っていたことが見える。(15) このあたりは、対遼作戦を練るにあたって枢密院とのみ事を謀り、中書は全く関与させなかったという太宗の姿勢(16)とは大いに異なるように思われる。(17)

こうした真宗の意識の背景には、先に触れたように対外関係の悪化がある。後に真宗自ら親征し澶淵の盟を結ぶまで、対遼問題は国政の最優先事項であった。その結果、財政問題のうち、軍事に大きな関わりを持つ軍糧移送に関する政策決定過程において、真宗の全面的な信任を得た中書が積極的関与を図るに至るのである。先に挙げた『長編』巻四八・咸平四年（一〇〇一）三月丁酉を見ると、先の真宗の言に続いてこのようにある。

呂蒙正等言、「備辺経費、計臣之責、近者但委転運使、至於出入盈虚之数、計臣或不能周知、此甚無謂也」。

乃下詔申警三司、令挙其職、儻聞闕誤、必正典刑。

（呂蒙正等は言った、「辺境防備の経費は、計臣の責務である。近頃は転運使に一任するだけで、出入盈虚の数を計

臣は周知することができていない。これは非常によろしくない」と。そこで詔を降して三司に対し、その職務を遂行させ、もし欠損や過誤があれば必ず法律によって処罰する、と警告を与えた。）

ここで呂蒙正等の宰執は、辺境防備の費用について、本来責任を負うべき三司が出入盈虚の数を周知していないという問題を指摘している。これを受けて、咸平五年（一〇〇二）七月に度支使梁鼎が河北転運使耿望とともに辺境への軍糧輸送の計画を命じられた。[18] この命令の発せられた経路については、翌六年一月の梁鼎の上言に、「中書臣を喚し、如何に夏秋二税を輦運・科撥するやを計度せしむ」とあり、この命令が中書を通じて下されたことが分かる。さらに、梁鼎は解州の塩の禁権についても上言しており、これらは宰執に下されて議論が行われ、陳堯叟・呂蒙正の賛意を得て梁鼎は陝西制置使に任ぜられ、彼の上言は施行されるに至った。[19] つまり、この軍糧輸送に関する議論は、（咸平四年三月）宰執の上言→（同五年七月）中書を通じて度支使に命が下る→（同六年一月）度支使の上言・宰執の議論→人事発令という経過をたどったことが分かる。このように、対外関係悪化という状況のもとで、辺境の防備に関わるという限定付きながら、中書が財政政策の決定過程に関与した例が見られるようになるのである。

二　茶法改革

軍糧輸送に関する政策決定過程における中書の関与は、対遼関係悪化を契機としていたことを勘案すると、これを以て財政問題全般にわたる中書の統摂権を認める「三司下級機関説」はいささか早計であると言わねばなるまい。しかも、真宗の治世の中期は、封禅や道観の営造によって歓心を得た南方出身の財務官僚達が三司を中心に一大勢力を築いた時期でもあり、真宗朝における主要な財政問題となった茶の専売法の改革は、彼ら財務官僚が中心となって行われた。以下、その茶法改革について、政策決定過程を見ることとする。
茶は、その専売収入が国家財政に占める割合は必ずしも高くはなかったものの、商人による辺境への軍糧納入と連動して運用される場合が多く、屡々政論の的となった。北宋前期における茶の専売法の変遷の概略は以下のようになる。[20]

国初以来、南唐や楚の平定が進むとともに、淮南・江南の茶を十三山場・六榷貨務と総称される機関を通じて専売する榷茶法が行われた。榷茶法とは、茶の生産者(園戸)に資金(本銭)を支給し、生産された茶の大部分を官が買い上げ商人に払い下げるというものである。この制度は、太宗朝に後述の貼射法が一時的に施行されたのを除けば真宗朝中期まで行われた。また、この茶の禁榷とリンクする形で行われたのが三説法である。これは、商人を募って辺境に軍糧を納入させ(入中)、その代価としてプレミアム付きの茶の販売手形(交引)を支給するというものであった。このプレミアムによって商人は巨利を獲得するに至ったのである。

一方、この榷茶法に若干変更を加え、商人が希望する茶の産地の山場に赴いて園戸と直接取り引きすることを許したのが貼射法である。貼射法は太宗朝末期に短期間施行されたもののすぐに廃止され、その後仁宗朝の初め、李諮の提言によって施行された。この貼射法と関連して施行されたのが同じく李諮の提言により河北で行われた見銭法であり、これは入中に対する代価を見銭で払い、また交引入手の際にも商人に見銭を支払わせる方法で、交引のプレミアムで利益が商人に流れることを防ぐ目的で行われた。

仁宗朝には三説法と見銭貼射法が交互に行われたが、嘉祐年間(一〇五六〜六三)に入り、京師から見銭を運び河北で軍糧を買い付ける(和糴)ようになり、軍糧の納入の代価として茶を支払うことがなくなった。そこで通商法を導入することとなった。通商法とは、十三山場・六榷貨務を廃止し、園戸から租銭を、商人から征算を徴収した上で両者の自由な取引を許すというものである。

以上のように、北宋前期の茶法は複雑な変遷過程をたどるわけであるが、以下に茶法改革過程における中書と三司の関係を見ていきたい。既に太宗朝において劉式の榷貨務廃止案が却下された際の史料を紹介した。その後、先に述べたような南方出身財務官僚である林特による茶法改革が行われるが、こちらは改革に携わった官僚や、改革をめぐる議論の過程を比較的詳細に追うことができる。以下、彼の茶法改革をめぐる史料を見ていくこととする。

澶淵の盟以降、辺境の軍糧の需要が減少した結果、軍糧納入の代価として支給していた交引の価値が暴落した。こうした状況に対応するため、景徳二年(一〇〇五)、塩鉄副使林特を中心とした茶法改革が施行されることとなった。『長編』巻六〇・景徳二年五月壬子によると、[21]

命塩鉄副使林特与宮苑使劉承珪・崇儀副使李溥、就三司悉索旧条制詳定、特呼豪商問訊、別為新法。……議奏、集三司官視其可否、咸言其便。詔如所議。壬子、以溥為制置淮南・江浙・荊湖茶塩礬税兼都大発運事、委成其事。

(塩鉄副使林特に命じて、宮苑使劉承珪・崇儀副使李溥とともに、三司でこれまでの条制を探し求めて詳定し、特に豪商を呼んで質問し、別に新法を作成させた。……原案が上奏され、三司の官僚を集めてその可否を調べさせたところ、皆がその便を言った。詔して原案の通りとし、壬子に、李溥を制置淮南・江浙・荊湖茶塩礬税兼都大発運事とし、専売の事を一任した。)

とある。ここに見える林特・劉承珪・李溥の三名が改革の中心者である。ここでの審議の過程を見ると、まず林特・劉承珪・李溥の三名による従来の条制の詳定、商人への意見聴取が行われ、真宗へ報告の後、三司の官僚に下され可否が審議されるという流れとなっている。ここでは、林特以下三名が茶法改革審議会とでも言うべき集団として企画を担当し、それに対し三司が答申を行うという構図になっている。この段階では、畢士安以下当時の宰執の関与は認められない。この林特の茶法改革には当初から反対の意見があったが、結局は権貨務の収入増加という具体的な成果を挙げた林特の茶法は真宗に支持され、新制の更改を禁止する詔が出るに至ったのである。(22)

この後、大中祥符元年(一〇〇八)以降しばらくは封禅等に真宗の関心が集中し、茶法に関する目立った動きはない。しかし、大中祥符八年(一〇一五)に至って、再び茶法をめぐる議論が起きる。真宗が宰執に対し、小商に不利であると茶法の不便を言う者が多いことを語り意見を求めたところ、宰相王旦は次のように答えている。

改法已来、亦未見不便事、所降元勅無釐革小商之文。如上言者実有所長、則望付中書施行。或欲杜絶群言、則須別命朝臣較量利害。(『長編』巻八五・大中祥符八年閏六月庚寅)

(改法以来、不都合なことはなく、降された元勅にも小商の扱いを改める一文はない。上言する者の意見に採るべきものがあれば、中書に付して施行して欲しい。あるいは群臣の反対意見を押さえたいのであれば、別に官僚に命じて利害を調査させるべきである。)

ここでは「上言者」の反対意見の扱いが二通り示されている。一つは上言する者の意見に採るべきものありと判断するならば三司ではなく中書に下すという方法で、もう一つは反対意見を抑制するために官に命じて利害調査を行わせるという方法である。ここで王旦が反対意見を「中書に」下すことを願っていることは、茶法の審議過程において中書が直接関与する可能性が生じたという点において重要な意義を持つ。三司に下せば三司使である林特の反対に遭うことは必然であり、かかる事情のために王旦は中書に付して施行することを望んだという見方も可能であるが、実は王旦が願い出たこの措置には二年前に定められた制度的根拠が存在する。『長編』巻八〇・大中祥符六年(一〇一三)正月庚子に、

詔、「自今凡更定刑名・辺防軍旅・茶塩酒税等事、並令中書・枢密院参詳施行」。以上封者言二府命令互出、或有差異故也。

（詔した、「これより刑名の変更・辺境の防備・茶塩酒税等の事は、全て中書・枢密院に参詳・施行させる」と。上封する者が、二府の命令が互いに出て、差異が生じる場合があると言ったためである。）

とある。詔の主眼は二府の出す命令の食い違いによる混乱を防ぐことにあると思われるが、茶法に関しては二府に下すべきであると明記されている。上封者の言う差異が生じる事態の具体例は史料上には示されておらず、これ以前に、茶法を中書のみに下すという原則があった上で大中祥符六年詔によって枢密院が関与できるようになったのか、あるいはこの詔を契機に中書が茶法の事に関与できるような制度が確立されたのかも判然としない。しかし、これまで検討を加えてきたように、茶法の審議過程に実際に中書あるいは宰執が介入してきた事例はなく、よって仮にもし茶法に関する政策決定は中書の参詳を経て施行すべしとの原則が存在していたとしても現実には機能していなかったと思われる。ともかく王旦の発言によって、大中祥符六年詔に記された原則に沿う形で中書が茶法の審議過程に介入する可能性が生じたのである。ただ結局、この件については他の宰執に対する諮問を経た後、王旦が提示した第二の方法を採ることとなり、刑部尚書（差遣は記されていないが前後の史料からおそらく御史中丞）馮拯・翰林学士王曾が三司とともに詳定することとなった。

この後、馮拯・王曾の二名が林特の茶法継続に賛成し、宦官による反対を丁謂が斥けたにもかかわらず、さらに執拗な反対が繰り返される。この過程においては林特の茶法について輔臣が真宗の諮問に答えて自己の考えを述べるという形式で議論が進んでいる。そして丁謂の参知政事辞任を契機に茶法を改めんとする動きが起こる。ここに至って茶法改革の政策決定過程に中書が関与するようになる。『長編』巻八八・大中祥符九年（一〇一六）十月丁酉には、

先是、丁謂力庇李溥、主行新法、言不便者雖衆、謂持之益堅。及謂罷政、群議復起、上謂王旦等曰、「茶塩之利、要使国用贍足、民心和悦。卿等宜熟思之」。旦等曰、「此属邦計、欲選官与三司再行定奪、臣等参詳可

否奏裁」。上曰、「卿等宜即具詔、明述郵民之意」。丁酉、下詔曰、「……宜差翰林学士李迪・権御史中丞凌策・知雑御史呂夷簡与三司同共定奪。務要茶園・塩亭戸不至辛苦、客旅便於興販、百姓得好茶塩食用。仍送中書門下参詳、並令権貨務告示客旅、応入中算射茶塩等、一依常例、並不別生名目、致有疑誤虧損。……」。

（これより先、丁謂は努めて李溥をかばい新法を推進し、これに対し新法の不便を言う者は多かったが、丁謂はますます新法を堅持した。丁謂が参知政事を辞任すると、群議が再び起こり、真宗は宰相の王旦等に言った、「茶塩の利益は国家財政を充足し人心を安定させるために必要である。卿等はこれを熟考せよ」と。王旦等は言った、「これは国家財政に関わる事なので、官僚を選んで三司とともに再び定奪を行い、私達が可否を参詳して陛下の決裁を仰ぎたい」と。真宗は、「卿等はすぐに詔を起草し、郵民の意思を明らかに述べよ」と。丁酉に詔した、「……翰林学士李迪・権御史中丞凌策・知雑御史呂夷簡を任命して三司とともに定奪させよ。茶園・塩亭の戸が苦しむことなく、客商が販売に便利で、人民が良質の茶・塩を口にできるようにせよ。なお中書門下に送って参詳させ、権貨務に命じて客商に告示させ、およそ入中して茶塩等を算射する場合は、全て常例に依り、別に名目を設けて過誤や欠損が生じることのないようにせよ。……」と。）

とある。この詔に示される審議過程を見ると、翰林学士李迪・権御史中丞凌策・知雑御史呂夷簡が三司とともに可否の決定を行い、その後中書に送られて参詳が加えられるという手続きになる。林特退任後間もないということもあり、彼の影響が残っていると考えられる三司のみではなく、中書も関与することになったのであろう。ここにおいて大中祥符六年詔の原則が部分的にではあれ実行に移されたことになる。(26)

以上、辺境の軍糧問題と茶法の決定過程について考察を加えた。対遼関係が悪化した時期であったこと、それに対処するため二府の連携強化、及び宰執に対する全面的な信任が真宗の基本方針としてあったことから、軍糧に関しては真宗朝の初期において中書が政策決定に関与するようになった。しかし、これは対外関係が極度に緊張していた時期という条件付きのものであって、茶法の改革について見ると、林特の茶法改革については決定過程への中書の関与は見られなかった。しかし真宗朝後期には二府が茶塩のことについて最終決定を行うべきとの原則が示され、林特の茶法を改めるに及んでこの原則が部分的に実行されることとなったのである。こうした変化にはいくつかの要因を想定することが可能であるが、一つは、丁謂・林特等のように、三司を中心に勢力を張った財務官僚派閥と言うべき集団に類似した勢力が今後生じる可能性を摘み取らんという意図が考えられる。(27) しかし、より大きな要因としては茶法という政策の持つ特殊性が挙げられよう。先述のように茶法は辺境の軍糧輸送問題と密接に関わっていることから、三司のみならず中書の関与が必要と考えられるようになったのではないだろうか。

茶法の決定過程に中書が関与するこの傾向は仁宗朝に入るといっそう顕著になる。仁宗朝の状況について、節を改めて検討していきたい。

第三節　仁宗朝における中書と三司

一　覆奏規定の変化

まず、真宗朝から仁宗朝にかけて見られる覆奏規定の変化について触れておきたい。第一節において、官僚の上奏の覆奏が政事は中書、機事は枢密院、財貨は三司によって行われるという規定が太宗朝に存在したことを指摘した。この覆奏規定に関する史料を見ると、その内容に変化の跡を見出しうる。以下、検討を加える。

前節では紹介しなかった真宗朝における覆奏規定を見てみよう。『宋会要』儀制六-四「群臣奏事」景徳四年(一〇〇七)閏五月二十九日には、

詔、「先是、中書門下・枢密院・三司、奏事得旨、即日覆奏。惟開封府得旨、或即付外施行。刑名決遣、慮未詳審、自今(令)如三司例」。(( )内は『長編』巻六五・景徳四年閏五月癸巳による)

(詔した、「これより先、中書門下・枢密院・三司は上奏して裁決を得た後、即日覆奏していた。ただ開封府だけが裁決を得るとすぐに外部に交付して施行することがあった。刑罰の審判に慎重さを欠く恐れがあるので、これからは三司と同様にせよ」と。)

とある。詔の主眼は開封府にも覆奏を行わせることにあるが、前半部分から中書・枢密院・三司がそれぞれ別個に覆奏を行っていたことが看取できる。また、この原則の遵守を命じる詔がこの後度々降される。『宋会要』儀制六-六「群臣奏事」大中祥符七年(一〇一四)三月七日には、

詔、「応臣上殿箚子奏事進呈後、不得批依奏、並批送中書・枢密院・三司等処、別取進止」。

(詔した、「およそ臣僚が上殿して箚子によって上奏した後は、直ちに「依奏(奏に依れ)」と批(書き付け)してはならず、全て批した上で中書・枢密院・三司等の諸所に送り、改めて裁決を仰ぐようにせよ」と。)

とある。まさしく「凡そ政事は中書に送り、機事は枢密院に送り、財貨は三司に送り、覆奏して而る後に行え」という淳化元年詔の内容と合致する。「不得批依奏」(「依奏」と批してはならない)という文言がこの規定が遵守されていなかった状況を窺わせるが、ここでは覆奏を行う機関として依然として三司の名が見えていることに留意したい。

しかし、この規定は仁宗朝に入ると変化する。『宋会要』儀制七-二一「章奏」天聖元年(一〇二三)十月十二日には、

中書門下言、「臣僚陳述利便、毎送三司、多係改更事件、不復奏稟、直下諸路。如聞、奉行之際、多有姑礙。望令三司自今雖所言有可行者、並是改更事奏裁、無輒行下」。従之。

（中書門下が言った、「臣僚が利便を陳述すればいつもこれを三司に送るが、制度の改更に関わる事を奏稟せずに直接諸路に下す場合が多い。聞くところによると、施行の際に多くの不都合が生じているということである。三司に、今後は臣僚の上言に採用すべき事があっても、制度の改更に関わる事であればそのまま行下させないこととして欲しい」と。これに従った。）

と、「改更事件」にあたって覆奏を行わない三司に対し規定の遵守を求める中書の言が見える。この史料からは三司が依然として財政に関わる案件について覆奏を行うべきとされていたことは確認できるが、この覆奏がいかなる経路をたどって行われたか、すなわち真宗朝と同様に皇帝から直接下される形で行われていたのか、中書を通して下されていたのかは判然としない。[28]しかし、明道年間（一〇三二～三三）には、大中祥符七年詔の原則に確実に変化が生じていたと考えられる。その根拠は次の史料である。

中書門下言、「群臣升殿奏事、准詔書、当於末批送中書門下若枢密院、別取進旨。比日、奏事或直批制旨、便付有司。請尽如詔書、違者論罪」。従之。（『宋会要』儀制六‐八「群臣奏事」明道二年（一〇三三）四月二十一日）

（中書門下が言った、「群臣の上殿奏事について、詔書によれば、末尾に「中書もしくは枢密院に送れ」と批し、改めて裁決を仰ぐことになっている。近頃、奏事があれば直ちに制旨を批し、すぐに有司に交付することがある。全て詔書の通りにして、違反する者は罪を論ずることとして欲しい」と。これに従った。）

ここで注目すべきは臣僚の上奏は「中書門下若しくは枢密院に送」[29]るべきとされていることである。三司が官僚の上奏に関する審議そのものを行わなくなったとは考えられない以上、この時点では財政関係の案件は中書を通じて三司に下され覆奏が行われていたと考えられよう。このように、真宗朝まで中書を経由せず三司によって覆奏が行われていたが、はっきりと時期を画することはできないものの仁宗朝には皇帝から中書を介する形で三司に下され、覆奏が行われる形に変化したのである。(30)

こうした変化について、筆者は仁宗朝初期の垂簾聴政の影響があるのではないかと考える。周知のように、仁宗は即位当時まだ幼く、章献皇太后劉氏が仁宗とともに政事を見るという形で垂簾聴政が行われた。垂簾聴政期には官僚が劉太后及び仁宗と対面する機会は極端に制限され、真宗存命中は毎日前殿で視朝が行われていたのが、五日に一度だけ便殿に劉太后と仁宗が出御し、しかも中書・枢密院のみが奏事を許されるという状態に変化した。(31)つまり、真宗朝までは皇帝との接触の機会は頻度の違いこそあれ広く百官に対し開かれていたのに対し、垂簾聴政期には劉太后に恒常的に接触できたのは二府の輔臣だけという状況に変化したのである。(32)こうした状況下においては、二府の百官の長としての側面がより重要となってくる。なぜなら政策決定の中心(あるいは最終決定者)としての皇帝権力が内朝の奥深くにある以上、輔臣達がその役割を担うことが官僚側・太后側双方において必要となってくるからである。先に挙げた覆奏規定の変化は、こうした垂簾聴政期に生じた皇帝権力と二府・各行政機関の関係の変化を反映したものと考えられる。そして、劉太后の死後、再び真宗朝のように百官が前殿視朝に与り上殿奏事を行うことができるようになるものの、覆奏に関しては中書を経て三司に下されるという規定が残存したのではないだろうか。この前提に基づいた上で、真宗朝に引き続き、茶法に関する政策決定過程を追ってみることとしたい。

二　茶法改革

仁宗即位後間もなく、辺境の軍糧が不足がちであり茶利が豪商の手に帰しているという現状を改めるため、茶法等の改革を審議すべしとの詔が降った。この詔を受け、計置司なる特別審議会が置かれ、茶の販売及び河北への入中に全て見銭を用いるという見銭貼射法が施行される。以下、この間の経過を示す史料を分析していく。まず、『長編』巻一〇〇・天聖元年(一〇二三)正月丁亥には、

詔曰、「三路軍儲、出於山沢之利。比聞移用不足。二府大臣、其経度之」。乃命三司使李諮・御史中丞劉筠・入内副都知周文質・提挙諸司庫務王臻・薛貽廓及三部副使較茶・塩・礬税歳入登耗、更定其法。遂置計置司、以枢密副使張士遜・参知政事呂夷簡・魯宗道総之。

(詔した、「三路の軍儲は専売収入から出ている。聞くところによると財物の運用が上手くいっていないという。二府の大臣はこのことを計画せよ」と。そこで三司使李諮・御史中丞劉筠・入内副都知周文質・提挙諸司庫務王臻・薛貽廓及び三部副使に命じて茶・塩・明礬の税収入の増減を比較させ、専売法を変更させた。こうして計置司を置き、枢密副使張士遜と参知政事呂夷簡・魯宗道に総領させた。)

とあり、計置司に携わった官僚の名が見えるとともに、この詔が二府の大臣を対象に降され、計置司の責任者となったことが窺える。また、『宋会要』食貨三六-一六「榷易」天聖元年(一〇二三)正月には、

中書門下言、「準内降聖旨、「今知辺上諸処軍粮銭帛、支贍不足。此国家大事、卿等如何擘画。或於中書・枢密院共差三人、与李諮已下同定奪茶・塩・礬税条貫、従長施行」。今欲令劉筠・周文質・王臻・薛貽廓、与三司使副等、先具取索前後茶塩課利銭数、自来有無増虧、開析聞奏、当議相度、別行差官定奪」。従之。

（中書門下が言った、「内降聖旨によると、「いま辺境の諸所の軍糧銭帛の支給が不足している。これは国家の大事であるので、卿等がどのようにすべきか計画せよ。あるいは中書・枢密院において三人を任命し、李諮以下とともに茶・塩・明礬の税の条貫を定奪し、宜しきに従って施行せよ」ということであったので、いま、劉筠・周文質・王臻・薛貽廓に命じて三司使・副使等とともに、まず取り求めた前後の茶塩の税額と増減の有無を書いて、分析した上で上奏し、検討を要するものは別に官僚を任命して定奪させていただきたい」と。これに従った。）

とあり、やはりこの命が内降の形で三司ではなく中書に下されたことは疑いの余地がない。なお、二府の大臣が政策決定の責任者とされていることの要因として、先に述べたように宰執に行政の最高責任者としての役割が求められている現状がある。それに加えて、茶の専売が軍糧問題と直結していることに対する劉太后の強い認識があると考えられる。[33]

このように、垂簾聴政期には、二府の大臣を責任者とした茶法審議が行われたのであるが、この傾向は劉太后の死後垂簾聴政が終了した後も継続する。李諮の提案した見銭貼射法は商人の執拗な反対に遭い、彼自身が病気を理由に出外を請うたことを契機に、天聖三年（一〇二五）十一月に再び三説法が用いられることになった。[34]また、同四年三月、改革に伴う三司孔目官王挙・勾覆官勾獻等の不手際の責任を問われた計置司関係者が処分を受けている。[35]しかし、三説法が施行された後、再び交引の下落による専売収入の減少が見られたため、既に垂簾聴政が終了した景祐年間（一〇三四～三八）に再び見銭貼射法が行われることとなった。この経過について見てみると、景祐元年（一〇三四）、三司において見銭法復活論が起こったことを受け、中央に復帰し枢密副使になっていた李諮が見銭法復活の要請を行った。[36]そして、同三年（一〇三六）、見銭法復活のための審議会（詳定茶法所）が発足する。『長編』巻一一八・景祐三年正月戊子に、

命知枢密院事李諮・参知政事蔡齊・三司使程琳・御史中丞杜衍・知制誥丁度同議茶法。諮以前坐変法得罪、

固辞、不許。時三司吏孫居中等言、「自天聖三年変法、而河北入中虚估之弊、復類乾興以前、蠹耗県官。請復行見銭法」。度支副使楊偕亦陳三説法十二害、見銭法十二利、以謂止用三説所支一分緡銭、足以贍一歳辺計。故命諮等更議、仍令召商人至三司訪以利害。

（知枢密院事李諮・参知政事蔡齊・三司使程琳・御史中丞杜衍・知制誥丁度に命じてともに茶法を審議させた。李諮は以前に茶法の変更に関して処罰されたことを理由に固辞したが許さなかった。当時、三司の胥吏の孫居中等が言った、「天聖三年に茶法を変更して以来、河北の入中虚価の弊害は乾興以前と同様に県官〔朝廷〕の財政を損なっている。見銭法を復活していただきたい」と。度支副使楊偕もまた三説法の十二の弊害と見銭法の十二の利点を陳述し、三説法の十分の一の支出で一年分の辺境軍事費をまかなうことができると主張した。よって李諮等に命じてさらに審議させ、また商人を三司に呼び出して利害を尋ねさせた。）

とあり、知枢密院事李諮・参知政事蔡齊・三司使程琳・御史中丞杜衍・知制誥丁度の名がその審議会の構成員として挙げられている。この時点では三司と直接のつながりが消えている李諮が責任者となっているが、このことは天聖元年（一〇二三）の見銭法施行に携わった李諮を中心に据えることで改革に継続性を持たせようという意図の現れであるとともに、参知政事蔡齊が加わっていることから、二府が政策決定において主導性を発揮するという垂簾聴政期の体制がこの時期の政策決定過程にも継続していたためと考えられる。

この後、見銭法と三説法が交互に行われ、最終的には嘉祐三年（一〇五八）、河北において軍糧の和糴が行われ、軍糧調達における茶の重要性が低下するに及んで通商法が施行される。[37] この間の史料を見ると、康定元年（一〇四〇）の一時的な三説法施行の際には三司使葉清臣が中心となり、慶暦二年（一〇四二）に同様の策が取られた際の中心人物は不明だが、同八年には三司判官董沔の四説法施行の提言が三司の議を経て実行され、[38] 皇祐三年（一〇五一）には知定州韓琦と河北都転運司の提言が同じく三司の議に下され、見銭法が再び行われる等、[39] それまでとは一転して政策決定過程における二府の関与が史料上に見られなくなる。

こうした変化は、政策決定の性質の違いによるものと考えられる。確かに茶法が軍糧問題に関わる特殊な政策であることはこの時期においても全く変わらないのであるが、一連の政策決定は結局、施行実績のある見銭法か三説法かの二者択一に過ぎず、真宗朝林特の茶法改革や本節で見た李諮の見銭法施行のように新たに制度を設けるといったものとは性質が異なる。慶暦八年（一〇四八）の四説法とて、入中の代価として引き渡される品目を増やしたに過ぎない。

一方、それまで施行実績のなかった通商法施行に向けての審議においては、宰相富弼・韓琦・曾公亮が通商法施行に強い賛意を示している[40]。それ以前の見銭法・三説法の二者択一的な決定に二府が全く関与していないことと対照的である。「茶塩酒税等事、並令中書・枢密院参詳施行」（茶塩酒税等の事は、全て中書・枢密院に参詳・施行させる）という真宗朝に設けられた原則は、新規に制度を設ける際という限定付きで仁宗朝まで継続したと言えよう。

以上のように、仁宗朝においては、官僚の上殿奏事に対する覆奏規定に変化が見られたが、このことには垂簾聴政期において、行政機関の最高責任者としての二府の地位が向上するという事態が影響したと考えられる。そしてこうした宰執の地位の変化が茶法をめぐる政策決定に顕在化していることを指摘した。ただ、二府の茶法への関与は新規に制度を設ける場合に顕著であるものの、施行実績のある方策の選択の際にはあまり見られない。

ところで、こうした二府の財政問題関与の背景には、先に述べた垂簾聴政の影響以外の要因はなかったのであろうか。次に節を改めて、仁宗朝期における宰執のあり方に対する認識の変化について考えてみたい。

第四節　仁宗朝における中書—三司関係変化の要因

本節では、仁宗朝における中書と三司の関係の変化の要因について探ってみたい。前節で見たように、仁宗朝初期の茶法における中書の関与は、垂簾聴政によって生じた時間的・空間的空白を埋めるために宰執の主導権が必要とされたためであり、また枢密院の参与は、茶法が辺境軍備に関わる問題であったことに起因する。ここでは如上の点以外に二府と三司の関係に変化をもたらした要因を探っていく。

まず、対西夏関係が悪化した時期に、三司の現状に対する次のような意見が顕在化することを指摘したい。慶暦二年(一〇四二)に、悪化する国家財政建て直しの方策として、宮中を中心に生じる冗費の削減が図られ、三司減省所なる機関が設けられた。その契機となった提言において知諫院張方平は次のように言う。「いま、内は三司より、外は発運・転運使に至るまで、凡そ財利を掌るの官は、簿書の期会すら猶お給するに暇あらず、豈に国家生民の為に遠慮する暇あらんや」(張方平『楽全集』巻二三・論事「請校会邦計事箚子」)。ここでは、通常業務が増加したため、三司等の機関が財政悪化に有効な手段を講じることができていない状況が指摘されている。[41] この提言を受けて、慶暦二年四月、御史中丞賈昌朝・知諫院張方平等に冗費削減の検討が命じられ(『長編』巻一三五・慶暦二年四月戊寅)、三司減省所が設けられた。減省所の活動については、『楽全集』巻二三・論事「奏財計未便合商量条件」に、

臣昨請差官就三司同議財計事、訪於衆議、凡公私利害、比比而有。今挙其大要、列上五条、略開其端、余繫所議。凡如此事、必料中書・枢密院及三司。前後皆有臣寮曾上言其便宜、亦乞検会送下本処、参詳可否施行。

（私は先頃、官僚を任命して三司でともに財計の事を審議するよう要請し、多くの人々の議論を聞いたが、およそ公私にわたる利害は、いたるところにある。いまその大要を五ヶ条にまとめ、おおむね検討が開始され、その他の事も審議中である。およそこうした事柄は、必ず中書・枢密院及び三司に諮るべきである。前後にわたって官僚がその便宜を上奏したものがあれば、全てチェックした上で減省所に送り、可否を参詳して施行していただきたい。）

とあり、張方平等が三司と協議して挙げた五項目について、中書・枢密院・三司に諮り、前後に臣僚が上言したものと併せて減省所に送り、可否を参詳して施行するというのが大まかな流れであった[42]。これを受けて、二ヶ月ほどの時間をかけて冗費の見直しが進められ、同六月に減省所は廃止される。減省所の廃止後については、『長編』巻一三七・慶暦二年六月丙申には、

御史中丞賈昌朝等言、「今詳定減省事畢。自後或有臣僚輒於所減省中復有陳乞、望令両府及三司執奏」。従之。

（御史中丞賈昌朝等が言った、「いま詳定減省の事は終了した。今後はあるいは官僚がみだりに減省した費目の復活を求めてきたならば、両府・三司に執奏させるようにしていただきたい」と。これに従った。）

とあり、減省所の案件は二府と三司に引き継がれたようである。

減省所廃止後、二府にその残存業務が引き継がれたことの背景には、冗兵・冗官問題が財政悪化の要因であるという当時の官僚の共通認識がある。原則として冗兵は枢密院の、冗官は中書の管轄事項であり、従って財政再建に二府の関与が求められるのはごく自然の成り行きであった。慶暦七年（一〇四七）に、今度は三司使として張方平は財政再建について上奏しているが、『楽全集』巻二三・論事「論国計出納事」では、財政悪化の要因として冗兵問題を挙げ、

推諸利害至於根本、則関梠動静、臂指伸縮、乃繫二府、非有司所預。謹具大略、乞下中書・枢密院審加図議、裁於聖断。

（諸々の利害の根本を推し量ってみると、関梶（機関。政治の枢要の比喩）の動静、腕や指の伸縮（のような財政の運用という行為）は二府に関わることであって、有司の与る所ではない。謹んで大略を書き記すので、中書・枢密院に下して詳しく審議させ、陛下自ら判断していただきたい。）

と述べている。二府の主導による財政再建策が求められており、この点、茶法においてこれが軍糧調達と密接に関わる政策であったため二府の関与が見られたことと事情は等しい。

ただし、こうした二府の財政関与は、茶法改革や冗費対策といった臨時的措置において見られるものの、これが恒常的に行われていたわけではないことには注意を要する。前節で見たように、官僚の上奏に対する覆奏は中書を介して行われたようであるが、一方で垂簾聴政期を境に内降が多く用いられるようになった。宮中の女官や宦官の縁故者に対する人事に頻繁に用いられた内降による弊害を指摘する意見は、垂簾聴政期においても既に見られ、それらは如上の請託が行われやすくなる点[43]や、内降に対し有司が意見を陳述しがたい点を挙げるが[44]、内降はその後も用いられ続けた。『楽全集』巻二五・論事「請止中使伝宣諸司」[45]には、

切聞近日中使伝宣諸司、頗為煩数、其至三司、日或数次。……今夫屑屑冗微之事、皆賤者之所親、責在攸司、各有程式。発輸督促、動煩宣下、所司既被受、其有不可奉行者、又須稟復、或却寝罷。下成廃命、上為損威、習以為常、恬弗知怪。欲乞今後除有指揮中書・枢密院事特降中使外、自余細務合下三司・提挙司・開封府等処者、只乞伝宣中書・枢密院、劄下逐処。

（聞くところによると、近頃は中使による諸司への伝宣（中書を経由せず口宣（皇帝による口頭での命令を文書化したもの）を伝達すること）が増えており、とりわけ三司には一日に数度にわたることもある。……いま細々とした事柄は全て卑賤な者の行うべきものであって、責任は有司にあり、各々方式というものがある。しかし財物の出納について、ややもすればわざわざ口宣を下していただき、これを受けた担当官庁はその中に施行すべきでない事があればさらに

また陛下に再上奏を行い、あるいは施行をしないこともある。下では命令が蔑ろにされ、上では権威が損なわれており、こうしたことが常態となり誰も不審に思っていない。今後は中書・枢密院に指揮を下して特に中使を送る場合を除いて、その他の三司・提挙司・開封府等の官庁に下すべき細務はただ中書・枢密院に伝宣し、箚で各官庁に下すようにしていただきたい。）

とあり、諸司に下すべき細務についてはまず二府に伝宣し、箚で以て三司等に下すことを求めている。この案が実行に移されたか否かは不明である。第四章で触れるように、張方平には、宰執を頂点とした官僚機構における上下秩序を明確にしようとする理念があり、伝宣に関するこの発言や、中書が財政政策に積極的に関与することを求める上奏も、かかる理念の現れと思われる。

張方平同様、二府の財政関与を求めたものとして、范鎮の意見を挙げる。

翼日〔＝丙辰〕、〔范〕鎮又言、「伏見周制、冢宰制国用、唐宰相兼塩鉄転運、或判戸部、或判度支。然則宰相制国用、従古然也。今中書主民、枢密院主兵、三司主財、各不相知、故財已匱而枢密院益兵不已、民已困而三司取財不已。中書視民之困、而不知使枢密減兵・三司寛財以救民困者。制国用之職不在中書也。而欲陰陽和、風雨時、家給人足、天下安治、不可得也。欲乞使中書・枢密院通知兵民財利大計、与三司量其出入、制為国用、則天下民力庶幾少寛、以副陛下憂労之心。此非使中書・枢密大臣躬親繁務如三司使之比、直欲令知一歳之計以制国用爾」。（『長編』巻一七九・至和二年（一〇五五）四月乙卯）

（翌日丙辰に范鎮が言った、「周の制度を見てみると、冢宰は国家財政を統轄し、唐の宰相は塩鉄使・転運使を兼ね、あるいは戸部を判し、度支を判していた。つまり宰相が国家財政を統轄することは、昔から行われていたのである。いま、中書は民政を、枢密院は軍政を、三司は財政を総べ、各々の業務について互いに通知することなく、従って財政が逼迫していても枢密院は増兵をやめず、民が困窮していても三司は税の取り立てをやめない。中書は民の困窮を見ても枢密院に減兵させ三司に税の取り立てを緩めさせて民の困窮を救う術を知らない。国家財政を統轄する職務が中書にないのである。陰陽を調和させ、風雨が時宜を得、民に裕福な暮らしをさせ、天下を治めることなど、これではできるはずがない。中書・枢密院に兵・民・財利の大計を周知させ、三司とともに歳出入を量り、国家財政を統制させて欲しい。そうすれば天下の民力は少しく余裕ができ、陛下の憂労の心にかなうことができるだろう。これ（自分の提言）は中書・枢密院の大臣に、自ら三司使のように庶務に勤しむことを求めるものではなく、ただ一年の財政を知らせて国家財政を統制させたいだけである」と。）

ここでも中書・枢密院・三司の連携の必要性が説かれている。中書が財計について議論を行うことがあったことを窺わせる史料はあるものの、二府がともに財計に関与するという慶暦における減省所のような形態が恒常的措置にまで発展していなかったことをこの上奏は物語っている。如上の点に加え、范鎮の意図はあくまで中書・枢密院が兵民財を通知することにあったのであり、三司は財政に関する情報を二府に報告する存在として位置付けられていることが読み取れよう。「此非使中書・枢密大臣躬親繁務如三司使之比」（これ（自分の提言）は中書・枢密院の大臣に、自ら三司使のように庶務に勤しむことを求めるものではない）と語る如く、微細な業務は三司で処理し、財政の状況や重要案件は二府が熟知すべきというのが彼の認識である。この認識は、次に挙げる、『宋朝諸臣奏議』巻八・君道門・政体「上仁宗論不宜下有司事」（嘉祐元年（一〇五六）正月）にある彼の上奏にも現れている。[46]

臣伏見三司・開封府居常以明有条貫事作情理軽重、上殿進呈及進入取旨。又諸司事有叢脞微細者、幷皆奏聞。乃是陛下以天子之尊、下行三司使及開封知府与諸司事。皆有司不能任責、以至上煩聖慮。非惟上煩聖慮、又失為政之要、而虧損国体。伏乞旨揮、今後三司・開封府公事内有情理軽者、聴便宜行遣、諸司事内有無条貫須至申明者、許申都堂、委大臣参詳処分。所貴責帰有司、不至煩瀆聖慮、而尽為政之体要。

（私が思うに三司・開封府は常日頃、明確な条貫がある事柄について情理の軽重を判断して上殿進呈し、あるいは文書を進入して陛下の判断を仰いでいる。さらにまた諸司も微細な事柄について全て上奏している。つまり陛下は天子という貴い立場でありながら下は三司使や知開封府や諸司の職務を行っていることになる。有司が責任を果たしておらず、上は聖慮を煩わせている。ただ上は聖慮を煩わせているだけではなく、政治の要諦を失い国体を損なっているということでもある。指揮を下し、今後三司・開封府の公事のうち、情理の軽いものは自己裁量に委ね、諸司の事のうち、条貫がなく申明すべきものは都堂に申上することを許し、二府の大臣に委ねて参詳処分させて欲しい。貴ぶところは責任を有司に帰し、いたずらに聖慮を煩わせることなく、政治の体要を尽くすことである。）

皇帝と三司・開封府等諸司の関係について述べたものであるが、委細を皇帝に委ねて決裁を仰ぐ三司・開封府を批判するとともに、中書は百官の長であり、三司の上司として責任を果たすべきという認識が現れていると言えよう。

以上のように、中書の財政問題関与の背景には、垂簾聴政の影響に加え、対西夏関係等の難局を契機とし、日常業務の処理に追われる三司に代わって、宰執に対して官僚機構の頂点に立つ存在としての責務を果たすことを求める輿論の高まりがあったと考えられる。

おわりに

本章では、中書と三司の統摂関係について、「三司独立説」「三司下級機関説」と異なり、一般化を行うことは不可能であるという立脚点のもと、時間軸の設定、分析対象とする政策の性格や当該期の政治情勢を考慮に入れ、個別の政策決定過程について分析を加えた。その結果得られた結論に若干の補足をして述べると以下のようになる。

① 太宗朝までは、三司は中書を介さず、皇帝と直結する形で財政政策の決定に携わっていた。この構図は従来の「君主独裁制」説において描かれた、皇帝の下に各官庁が直結する構図と一致する。

② 真宗朝においては、まず初期の対遼関係が悪化した時期には、軍糧問題に関して中書の主導性が確認できる。この体制は戦時下の臨時体制というべきものであって、その後茶法の改革においては政策決定過程への中書の介入は見られなかった。しかし、真宗朝後期には、大中祥符六年詔の「茶法に関しては二府が最終決定を行う」という原則が部分的に実行に移された。

③ 仁宗朝に入ると、その初期に垂簾聴政という特殊な体制が採られたために、行政の最高責任者としての二府の役割が重要となり、このことが茶法の政策決定過程に顕在化した。その後の事例を見ると、茶法に限定してではあるが、新たな制度を設ける際には二府が主導し、見銭法・三説法の二者択一といった決定については二府が関与しなかった。

④ さらに仁宗朝における中書と三司の関係の変化は、財政問題と冗兵・冗官問題との関わりが重視されるにつれ現れてきた、財政問題解決に二府の関与が必須であるという認識が要因となっており、また輔臣に対し官僚機構の頂点に立つ存在としての責務を求める当時の意識も影響していると考えられる。

最後に一つ課題が残された。それは中書と枢密院の関係についてである。両者は二府と併称され、その構成員は宰執・輔臣と一括して称されることから分かる通り、官僚機構の中枢として位置付けられているが、輔臣の職権が原則の上で民政・軍政に分割された状態は他の王朝ではあまり例を見ないものである。実際、宋代においては二府の関係をめぐって様々な議論が展開されるわけであるが、官僚機構の中枢である輔臣の有り様に関する認識は、当然二府と三司に代表される各行政機関との関係に影響を及ぼしていると思われる。詳細は次章で見るが、慶暦新政期において范仲淹は輔臣による各行政機関に対する監督権確立を目指した官制改革論を著している。この改革論については、監督権確立とともに二府を一元化する構想があったとされる。[47] この理解の是非も含めて、二府の関係、官制の運用に対する官僚の認識については、官制改革論を扱う次章において言及したい。

(1) 周藤吉之「北宋における三司の興廃」(原載一九六六、のち『宋代史研究』東洋文庫、一九六九所収)、同「北宋の三司の性格――節度使体制と関聯させて――」(原載一九六六、のち『宋代史研究』所収)。

(2) 汪聖鐸「宋朝理財体制由三司到戸部的変遷」(『宋遼金史論叢』二、一九九一)。また同『両宋財政史』(下)(中華書局、一九九五)の「第三編第三章　三司理財体制」も参照。

(3) 東一夫『王安石新法の研究』(風間書房、一九七〇)二七三～二七五頁。

(4) この「三司独立説」について付言すると、こうした見解は「君主独裁制」説の影響によるものと思われる。『宋史』職官志は三司を、「三司之職、国初沿五代之制、置使以総国計、応四方貢賦之入、朝廷不預、一帰三司」と記している(巻一六二・職官志二「三司使」)。この記述を一見すると、三司は国家財政を一手に担っており、中書に対して完全に独立性を保持していたと理解しうる。こうした記述をもとに、中書・枢密院・三司等が皇帝に直属し、それぞれに対して最終決定権を行使するという「君主独裁制」型の中央政府のイメージが形成されたのであり、こうした理解は現在に至るまで宋朝中央政府構造の雛形となっているようである。しかし、右のような理解は、宰相府である中書、軍政における最高機関である枢密院両者と、財政担当の三司の権限が等しく、三者が鼎立するかのような印象を与える。例えば、東一夫氏は「三権分立」という表現で王安石新法以前の中央政府を表現している(註(3)前掲東一夫『王安石新法の研究』)が、こうした理解は必ずしも実態を正確に反映したものとは言えない。当時中書・枢密院を「二府」と称したことからも分かるように、やはり中央政府において中書・枢密院両者とその他の官庁に地位の差があったことは自明である。こうした中央政府の官庁の相対関係については、平田茂樹「宋代政治構造試論――対と議を手掛かりにして――」(『東洋史研究』五二-四、一九九四)における中央政府官庁のカテゴライズが参考となろう。氏は、「上殿奏事」の頻度によって中央政府の官庁を中書・枢密院の第一グループと、三司・開封府・審刑院・台諫官等の第二グループに分類している。しかし本文中に後述するように、皇帝・二府と三司の相対関係は、時期によって、あるいは懸案となる政策の性格、さらには当該期の政治情勢等によって様々に変化するものである。制度の原則のみならず、その実態に着目することで、あるいは「君主独裁制」という語のイメージとは少しく異なった北宋政権の構造が見えてくるのではないか。本章の根底にはそうした問題意識が存在する。

（5）遅景徳「宋元豊改制前之宰相機関与三司」（『宋史研究集』七、一九七四）。

（6）張其凡「三司・台諫・中書事権——宋初中書事権再探——」（原載一九八七、のち『宋初政治探研』曁南大学出版社、一九九五所収）。

（7）諸葛憶兵『宋代宰輔制度研究』（中国社会科学出版社、二〇〇〇）。

（8）元豊官制改革以降の尚書都省と尚書省戸部と異なり、官制の構造上、中書と三司の間には上下関係が存在しないため、「下級機関」という言葉はあるいは不適当かとも思われるが、註（5）前掲遅景徳「宋元豊改制前之宰相機関与三司」で使用されているためそれに拠った。元豊官制改革以降の尚書省戸部については周藤吉之「北宋中期における戸部の復立——左右曹を中心として——」（原載一九六八、のち『宋・高麗制度史研究』汲古書院、一九九二所収）、見城光威「北宋の戸部について——神宗・哲宗朝を中心に——」（『集刊東洋学』八二、一九九九）参照。

（9）見城光威「宋初の三司について——宋初政権の一側面——」（『集刊東洋学』八六、二〇〇一）。

（10）例えば註（5）前掲遅景徳「宋元豊改制前之宰相機関与三司」が淳化元年（九九〇）の「政事は中書に送り、機事は枢密院に送り、財貨は三司に送る」という史料を引用し、「これを見ると三司は二府と並列しているように思われるが、実はそうではない」として煕寧七年（一〇七四）の史料を引用している部分などに時間軸の無視という欠陥を指摘しうる。また、遅景徳氏は宋初の三朝について考察しているが、仁宗朝以降については言及していない。後述のように、財政問題への対処の仕方は仁宗朝以降大きく変化する。この時期について扱わずして中書と三司の統摂関係を結論付ける氏の手法は首肯しがたい。

（11）要するに、中書と三司の関係については、「皇帝が宰相や参知政事に対し、代表となってある財政問題を解決することを求めた時にはじめて彼等が「経度」に参与することができた」という朱瑞煕氏の理解のような巨視的な視点からの叙述に終始しており（朱瑞煕「宋代」（白鋼編『中国政治制度通史』六、人民出版社、一九九六）二一六頁）、いかなる場合に宰相権力の関与が見られたかを時間軸に沿って個別に検証し、その変化の意味するところを考察する作業が従来の研究において行われていなかったということである。

（12）『長編』巻二七・雍煕三年（九八六）正月「詔三司、銭穀公事、自今並須計定合行与否、倶状聞奏、不得復持両端取旨。如依奏施行後、無益於民、不利於国、皆当劾罪。有大事非本司能決者、乃許本使面奏」。

（13）『長編』巻三一・淳化元年（九九〇）十二月辛酉「時群臣升殿奏事者、既可其奏、皆得専達於有司、頗容巧妄。左正言・直

史館謝泌請、「自今凡政事送中書、機事送枢密院、財貨送三司、覆奏而後行」。辛酉、詔従泌請、遂著為定制、中外所上書疏亦如之」。また、『長編』巻三〇・端拱二年(九八九)正月癸巳に、「詔文武群臣各陳備辺禦戎之策。……右拾遺・直史館王禹偁奏議曰、「……内有五者、……三曰信用大臣、参決機務。……臣毎見千官就列、万乗臨軒、中書・枢密・三司、歴陛而進、礼成而退、為定制也。……」」とあり、王禹偁は中書・枢密院・三司の臣を「機務を参決する大臣」として認識している。こうした認識も、当時の三司は皇帝に直結して財政業務を遂行していたことを示すものと言えよう。

(14)　そのほか、『宋史』巻一七三・食貨志上一・農田、『宋朝諸臣奏議』巻一〇五・財賦門・勧課「上太宗乞従京東西起首勧課」参照。

(15)　『長編』巻五七・景徳元年(一〇〇四)九月丁酉「上毎得辺奏、必先送中書、謂畢士安・寇準曰、「軍旅之事、雖属枢密院、然中書総文武大政、号令所従出。郷者李沆或有所見、往往別具機宜。卿等当詳閲辺奏、共参利害、勿以事干枢密院而有所隠也」。因言、「枢密之地、尤須謹密、漏禁中語、古人深戒。若与同列及枢密彰不協之跡、則中外得以伺其間隙、実非所便、卿等志之」」。

(16)　『長編』巻二七・雍熙三年(九八六)六月戊戌「初議興兵、上独与枢密院計議、一日至六召、中書不預聞」。

(17)　こうした宰相に対する認識の要因の一つとして、王瑞来氏が指摘する真宗の性格を挙げることができよう。氏は、真宗が即位前から皇太子としての地位を固めるために「小心翼々」とせざるをえない状況にあったこと、太祖・太宗と異なり幼い頃から皇帝の子としての正規の教育を受けていたことを挙げ、真宗は大臣の言をよく受け入れる自律性を持った君主であると指摘している(王瑞来『宋代の皇帝権力と士大夫政治』(汲古書院、二〇〇一)の「第三章「聖相」李沆」)。また、真宗の資質については註(9)前掲見城光威「宋初の三司について——宋初政権の一側面——」にも言及がある。

(18)　『長編』巻五二・咸平五年(一〇〇二)七月壬子「命度支使梁鼎、与河北転運使耿望計度饋辺芻糧。先是、三司止移文責成外計、未嘗有所規画、故専命之」。

(19)　『長編』巻五四・咸平六年(一〇〇三)正月壬寅「以度支使・右諫議大夫梁鼎為陝西制置使。……又言、「中書喚臣、令計度如何輦運科撥夏秋二税者。……」。詔以鼎状下輔臣議、陳堯叟言、「塩禁所利甚博」。呂蒙正等言、「鼎憂職狥公、所言可助辺費、請従之」」。

(20)　北宋前期の茶法の変遷については、佐伯富「宋初における茶の専売制度」(原載一九五六、のち『中国史研究』第一、同朋舎、一九六九所収)、同「宋代林特の茶法改革について」(原載一九五八、のち『中国史研究』第二、同朋舎、一九七一所収)、同「宋代仁宗朝における茶法について」（原載一九六一、のち『中国史研究』第一所収）、梅原郁「宋代茶法の一考察」（『史林』五五-一、一九七二）、熊本崇「薛向略伝——北宋財務官僚の軌跡——」（『集刊東洋学』五一、一九八四）等参照。

（21）林特とともに「五鬼」と称される丁謂は、後述のように林特の茶法改革に対し一貫して弁護の姿勢を取るのであるが、この改革の最初の段階では関与していないと思われる。丁謂の三司使就任は改革施行後の景徳二年（一〇〇五）五月乙卯のことであり（『長編』巻六〇）、『宋史』巻二八三・林特伝には、「時天下完富、丁謂以符瑞・土木迎帝意、而以特有心計、使幹財利佐之。然特亦天性邪険、善附会、故謂始終善特」とあり、丁謂と林特の結びつきは大中祥符年間の封禅・玉清昭応宮等の営造が行われた時期に強まったようである。

（22）『長編』巻六六・景徳四年（一〇〇七）八月己酉「以三司塩鉄副使・司封員外郎林特為祠部郎中、依前充職。皇城使・勝州刺史劉承珪領昭州団練使。崇儀副使・江淮都大制置茶塩発運副使李溥為西京作坊使、充発運使。並以議茶法、歳課増溢故也。……仍下詔三司、行新法、毋得輒有改更」。

（23）『長編』巻八五・大中祥符八年（一〇一五）八月戊寅「馮拯・王曾等受詔同詳定博易新法、皆以謹重敦信為言、而上封者猶競陳改法之弊、内臣藍継宗等亦屢陳其不便、上以問輔臣、丁謂対曰、「臣夙知利害、願得与之弁」。尋召継宗等詢其始末、悉不能対、謂亟以聞」。

（24）『長編』巻八六・大中祥符九年（一〇一六）二月庚辰に、「上謂輔臣曰、「提挙諸司庫務藍継宗言、『権貨務去年茶引銭一百五十万緡、比新額殆虧十万緡』」。丁謂曰、「比逓年及新額雖少、比未改法則利且倍矣。自大中祥符已後、歳及二百万緡、六年至三百万緡、七年又増九十万緡、故八年止有此数。然以今年正月比去年、已贏三十万緡。由是校之、改法非不便也」。翌日、中書復以三司歳校茶利数聞、上曰、「従初歳利幾何。至於前代、与今孰多」。王旦等曰、「元和国計茶税歳不過四十万緡。朝廷自克復江浙、総山場榷務、共獲銭四百余万緡。太平興国初、並実銭也。自後西北急於軍糧、入中之際、添估加耗、入粟之地、与出茶之区不相応会。以是実直尽為虚銭。旧法弊極、難於行用、故須改法。今若守而不変則三百万緡歳利可以不失」」とある。ここで、丁謂が詳細な数字を挙げて藍継宗に反論しているのは、彼が三司使経験者であり、なおかつ林特らとの結びつきが強かったためと思われる。付言しておくと、「翌日」三司がまとめた茶の専売利益についての統計を中書が真宗に報告しているが、直接の統属関係のない官庁同士で問い合わせを行うことは普遍的に行われ、また三司に対して政策上の指示を出しているわけでもないので、この事例を中書と三司の統摂関係の現れと解釈することはできない。

（25）丁謂は大中祥符九年（一〇一六）九月に参知政事を辞任している（『長編』巻八八・大中祥符九年九月甲辰）。また林特も前年八月に、三司使在任が長くまた高齢であることを理由に三司使から退いている(『長編』巻八五・大中祥符八年八月乙未)。

(26)「部分的に」としたのは、枢密院がこの問題に関与した形跡がないことによる。後述のように枢密院の臣僚が茶法に関与するようになるのは仁宗朝に入ってからである。ちなみにこの後「定奪茶塩所」なる部門が設けられ、茶塩の専売法に改定を加えたようであるが、『長編』『宋会要』等には記事が少なく、その構成や活動の詳細は不明である。

(27) かかる意図の顕現として、財務差遣を多く経験した三司使就任者が減少したり、三司使在任期間が短期化するといったことが挙げられる。本書第二章参照。

(28) また、『長編』巻一〇八・天聖七年(一〇二九)五月壬申には、「詔、「臣僚奏事、無得請批依奏、送中書」。時刑部上殿批依奏。而中書以大中祥符七年詔書申明之」とある。この史料についても、「あらゆる臣僚の上奏は、「奏に依れ」と批することを許さず、関係官庁が覆奏すべし」という大中祥符七年詔の原則を刑部(及び各機関)に遵守させようという意図は看取できるが、やはり三司が行う覆奏の経路については不明である。

(29)『宋会要』食貨には、転運使等の上奏が「事下三司……」という形で三司に下され、案件について細かい意見をつけて上申しているケースが多く見られる。

(30) なお、『宋会要』儀制七-二四「章奏」熙寧二年(一〇六九)十二月四日に、「詔、「文武臣僚及内臣等進呈公事、並批送合属、中書・枢密院、別取進止、不得輒批依奏及直送諸処行遣。如違、並当重行朝典」」とあり、群臣の上奏を中書もしくは枢密院に下すという原則は神宗朝に至っても存在していたことが確認できる。

(31)『長編』巻九九・乾興元年(一〇二二)七月己卯に、「輔臣三上表、請皇太后遵遺制、毎五日一臨便殿、依先定儀注、許令中書・枢密院奏事、与皇帝共加裁酌。皇太后不許、復上皇帝表、乃従之」とある。なお、同巻一〇〇・天聖元年(一〇二三)五月甲戌には、「詔、「承明殿垂簾日、許三司・開封府・御史台与属官一員同奏事」」とあり、承明殿垂簾の日に二府に加えて三司・開封府・御史台が属官一名と奏事することを許可していることが見えるが、五日に一度という頻度に変更は加えられていないと思われ、やはり真宗朝に比べて三司等が上殿奏事する機会は縮小されていたと言うべきであろう。

(32) 誤解のないように付言しておくと、こうした体制を筆者は「全て」の政策決定において二府が「必ず」主導性を発揮していたという意味で捉えているのではない。垂簾聴政期においても、例えば逃田への帰業・請射促進策について中書の発言をもとに詔が降り、三司はその告示しか行っていない(『宋会要』食貨一-二五「農田雑録」天聖六年(一〇二八)十一月)という事例が見える一方で、在京諸軍への軍糧支給方法の見直しがおそらく劉太后・仁宗と三司の間だけで処理されていたと考えられる

(『長編』巻一〇八・天聖七年(一〇二九)十月甲午)。しかし、茶法は先に述べたように辺境の軍糧問題に関わる重要な課題であり、かかる国政上重要な課題において二府が政策決定の最終責任者として機能していたことを強調したいのである。

(33)「内降」とは、宮中より直接有司に下される文書形式を指す。徳永洋介「宋代の御筆手詔」(『東洋史研究』五七-二、一九九八)参照。

(34)『長編』巻一〇三・天聖三年(一〇二五)九月庚寅及び同十一月庚辰参照。

(35)『長編』巻一〇四・天聖四年(一〇二六)三月甲辰によると、王挙・勾獻等は、天聖元年(一〇二三)五月の改法の際に、河北・陝西へ糧草を入中した商人に顆塩・白礬等の支給を許すにあたって慈州・晋州の白礬の支給枠を設定しなかったため、多くの商人が慈州の白礬を請い、官の利益が損なわれた。また、天聖二年の縁辺の糧草数の報告において水増しを行ったという。この責任を問われる形で、「前権三司使李諮落枢密直学士、前領計置司劉筠・王臻・范雍・蔡齊・兪獻可・姜遵・周文質各罰銅三十斤、枢密副使張士遜・参知政事呂夷簡・魯宗道各罰一月俸」という処分が下された。その際に、張士遜は自分は改法に直接関与していないと述べて責を逃れようとしているのに対し、呂夷簡は見銭貼射法が挙げた成果を説明し、「惟是三司比視数目、差互不同、非執政所能親自較計」と述べている。この発言は、計置司に関与した執政の役割を示してくれる。つまり、執政達は改革の大まかな方針を決定し、細かい数字や施行にあたっての細則を三司が行うという構図であったことが分かる。

(36)『長編』巻一一五・景祐元年(一〇三四)九月丁未参照。

(37)『長編』巻一二九・康定元年(一〇四〇)十二月戊申「権三司使葉清臣言、「新茶法未適中。請択明習財利之大臣、別議課校」。上以号令数更、民聴眩惑、乃詔即三司裁定、務優販者、然亦卒無所変也。……是歳、又詔、「商人入芻粟陝西並辺願受東南塩者、加数予之」。会河北穀賤、三司因請内地諸州行三税法、募人入中、且以東南塩代京師実銭。詔糴至二十万石止」。

(38)『宋会要』食貨三六-二九「権易」慶暦八年(一〇四八)十二月「詔三司、河北沿辺州軍、客人入糧草、改行四説之法、……。初、権発遣三司塩鉄判官董沔言、……。於是下三司議、……」。

(39)『長編』巻一七〇・皇祐三年(一〇五一)二月庚子「詔三司河北入中糧草復行見銭法。……知定州韓琦及河北都転運司皆以為言。下三司議、三司奏、「……請復見銭法」。可之、仍一用景祐三年約束」。

(40)『長編』巻一八八・嘉祐三年(一〇五八)九月癸酉に、「恭謝天地之歳、始用薛向議、罷並辺入中粟、自京輦銭帛至河北、専以見銭和糴、惟入中芻豆則仍計直給茶。行之未久、論者謂輦運科折、煩擾居民、且商人入銭者少、芻豆虚估益高、茶益賤。詔翰林学士韓絳、龍図閣直学士・知諫院陳旭即三司経度。……自是茶法不復為辺糴所傾、而通商之議起矣。……宰相富弼・韓琦・曾公亮等決意嚮之、力言于帝。癸酉、命絳・旭及知雑御史呂景初、即三司置局議之」とある。また、同巻一八九・嘉祐四年(一〇五九)二月己巳には、「始、命韓絳・陳旭・呂景初即三司置局議弛茶禁、其十月三司言、……詔遣司封員外郎王靖等分行六路。及還、皆言如三司議便。……己巳、詔、……自是唯臘茶禁如旧、余茶肆行天下矣」とある。

(41) 実際に三司と中央・地方を往来する文書は屢々処理が停滞していたようで、例えば『長編』巻一〇一・天聖元年(一〇二三)九月癸未には、「中書言、「近歳三司積下勾磨帳籍頗多、至有因循之失、而官物遂無所帰。欲令三部副使催督送司、以歳月為次、仍令挙判開拆司提挙、具毎月逐部所磨帳籍以聞」。従之」とあり、勾磨(チェック)すべき帳簿が三司に滞積していたことが指摘されている。

(42) ただし、張方平自身は、自らの発案に係る協議に参加することは己の功績を図ることになるとして参加を辞退している(『楽全集』巻二三・論事「請別差官議財計事」)。

(43) 例えば『宋朝諸臣奏議』巻二三・君道門・詔令下の韓琦の「上仁宗論干求内降乞降詔止絶」。

(44) 『長編』巻一四六・慶暦四年(一〇四四)正月辛未「権判吏部流内銓王質言、「伏見先朝審官・三班院・流内銓引見磨勘差遣人、並臨時取旨。自天聖垂簾之後、皆前一日進入文字、内中批定指揮。其間雖有功過、有司不敢復有所陳。今請如先朝故事、更不豫進文字、並於引見日、面与処分」。詔審官・三班院・流内銓、如批降指揮後、有合奏情事、令主判官別取旨」。

(45) この上奏提出の時期ははっきりしない。『長編』巻一六〇・慶暦七年(一〇四七)二月丙辰にも見えるが、李燾はこれを「不得其月」としている。一方、『宋朝諸臣奏議』巻二二・君道門・詔令上はこの上奏を慶暦元年七月のものとする。

(46) 『楽全集』附録の張方平「行状」には、嘉祐二年(一〇五七)十一月(年月は『長編』巻一八三による)、張方平が京師の軍備に関する上奏を奉った際のこととして、「公(=張方平)至中書、文丞相(彦博)曰、「慶暦中公在三司所陳邦計二奏、中書毎議財策、必按以為議本」」とあり、「財策」を中書が議することはあったようである。

(47) 范仲淹の改革論は范仲淹『范文正公政府奏議』巻上「奏乞両府兼判」「再奏乞両府兼判」参照。二府の一元化構想に対する指摘は熊本崇「慶暦から熙寧へ——諫官欧陽修をめぐって——」(『東北大学東洋史論集』七、一九九八)の「結語にかえて(i)」。

第四章　北宋前期における官制改革論と集議官論争
――元豊官制改革前史――

はじめに

北宋の中央官制は、第六代皇帝神宗の治世に行われた元豊官制改革によって様相を一変する。すなわち、それまでは唐中期以降出現した使職に淵源を持つ官庁や、宋初に新設された官庁の寄せ集めだったのが、唐の三省六部制を基本とした形に改編された。また、それまでほとんど位階と俸禄の指標としての役割しか持たなかった『唐六典』記載の職事官名（以下「寄禄官」と称す）は、再び実職を示す肩書きとなり、それに代わって文散官名を新たに寄禄階に用いることとなった。

この元豊官制改革は神宗自身の発案に係るところが大きかったわけであるが、彼以前にも多くの官僚が改革を提議していた。元豊官制改革に関する考察の準備作業として、改革以前、具体的には太宗朝から仁宗朝までの官制改革論を取り上げ、従来注目されていなかったその言説の変化について考察することが本章の第一の目的である。

まず仁宗朝までの官制改革論に言及した先行研究の整理をしておきたい。日本においては、元豊官制改革について、それに先立つ熙寧年間（一〇六八〜七七）における新法体制との関係、あるいはやや遡って仁宗朝の動向との関係を重視する見解が主流である。宮崎市定氏は、三司の権限縮小を目的として制置三司条例司が設けられた王安石新法期の体制を元豊官制改革の第一段階と位置付けた。(1)これを受けて梅原郁氏は、中書門下・枢密院・三司の鼎立状況を改め、宰相への権力集中を図る王安石の構想が元豊官制改革に継承されたとしている。一方で、国初に見られる尚書省の復活を提議した改革論については、保守派の形式論・観念論であって、太宗がこれを斥けた後に議論は沈静化したとする。(2)この尚書省復活論については熊本崇氏も言及しており、氏は、慶暦新政の構想を熙寧新法体制の先駆と位置付ける論考の中で、(3)范仲淹の官制改革論と対比する形で、尚書省復活論に対し「前代に正統性を求め」る「復古的思考に終始」した論との評価を与えている。以上のように日本における見解は、仁宗朝から熙寧・元豊における宰相権力の変化の流れに元豊官制改革を位置付けるとともに、尚書省復活論、特に国初のそれを「復古的」「形式的」と概括する傾向を有している。

これに対し中国・台湾の研究は、冒頭でも触れた、唐の職事官名を寄禄官として用いることに起因する「名実不符」（名実の不一致）の問題を中心に改革以前の状況を捉えている。(4)北宋前期の官制では、寄禄官とともに差遣という実職を示す肩書きを帯びる（ほかに多くの科挙官僚は「館職」というエリートのステイタスシンボルとなる肩書きも同時に帯びる）(5)が、その結果必然的に、寄禄官の名称と差遣が示す実職の内容がほとんどの場合一致しないという事態が生じる。これが「名実不符」という問題である。しかし、かかる問題が宋人によっていつ頃認識され、またその認識が官制改革論に顕在化するに至ったかについては言及がなく、日本の先行研究同様、尚書省復活論に対しては唐制に依拠していたという単純な概括がなされているに過ぎない。

このように、尚書省復活論はこれまで復古的・形式的といった曖昧な概念で定義されるにとどまっていたわけであるが、その言説を詳細に見るとそこには時代とともに変化が生じている。こうした言説の変化には、当時の政治情勢や発言者の意図等、様々な要因が影響しているはずである。その中で注目したいのは、改革論に見える唐朝に対する認識の変化である。小島毅氏は、宋人の唐朝に対する認識が仁宗朝あたりに変化したと述べる[6]が、こうしたいわば時代観の変化が改革論の言説に影響を与えたと思われる。これらの要因に注意しながら、第一節から第三節において官制改革論について論じていきたい。

第二の目的は、実際の政治運営上に見られる問題に対処すべく官制の運用面に言及した議論を取り上げ、当時理想とされた国家像との関係について考察することである。真宗・仁宗朝には、中書・枢密院(二府)のあり方や、官制の運用実態が議論の的となる。二府の関係は、民政・軍政の分権化を宋代官制の基調とする従来の理解の是非を検討するにあたって重要な論点となる。この点に言及した研究も見られる[7]が、官制全体の特質を論じるには、二府の関係に加えて二府と他の行政機関の関係についても考察する必要がある。また、官制の運用に関する官僚の議論は、彼らが描く理想の国家像の顕現でもある。第三章において保留しておいたこれらの問題について第四節で考えてみたい。

第一節　太宗朝の改革論

本節では太宗朝の改革論について見ていく。この時期の改革論が主に尚書省の復活を提議するものであり、前代に正統性を求める論理構成を持っていたことは既に指摘されている[8]。ここではそうした論理構成について、改革論顕在化の背景にある太宗朝の政治状況、前述の時代観の変化との関わりに触れながら考察していきたい。

太宗朝における官制改革論は、史料上に三編見出せる。以下にその内容を見ていこう。

(1)　端拱元年（九八八）・直史館羅処約

臣累日以来、趨朝之暇、或於卿士之内預聞時政之言、皆曰、「聖上以三司之中、邦計所属、簿書既広、綱条日繁、将尽未善之規（『宋史』巻四四〇は「将求尽善之規」に作る）、冀協酌中之道」。窃聞省中上言、「欲置十二員判官兼領其職、責各司其局、允執厥中」。臣伏以三司之制非古也。①蓋唐中葉之後、兵寇相仍、河朔不王、軍旅未戢、以賦調筦権之所出、故自尚書省分三司以董之。然国用所須、朝廷急務、故僚吏之属、倚注尤深。或重其任以処之、優其禄以委之。黽勉従事者、姑務其因循、尽瘁事国者、或生於睚眦。因循則無補於国、睚眦則不協於時。或浅近之人用指瑕為心計、深識之士以多可為身謀。蠹弊相沿、為日久矣。今若如十二員判官之説、亦従権救弊之一端也。②然而聖朝之政、臻乎治平、当求稽古之規、以為垂世之法。……以臣管窺、莫若復尚書都省故事。其尚書丞郎・正郎・員外郎・主事・令史之属、請依六典旧儀、以今三司銭刀・粟帛・筦権・度支之事、均在二十四司。如此則各有司存、可以責其集事。……③況三司之名興於近代、堆案盈几之籍、何嘗能省覧之乎。復就三司之中、更分置僚属、則愈失其本源矣。今三司勾院即尚書省比部、元為勾覆之司、周知内外経費、陛下若欲復之、即制度尽在。迨及九寺・三監、多為冗泛之司、雖有其言、不挙其職。伏望陛下当治平之日、建垂久之規、不煩更差使臣、別置公署。如此則名正而言順、言順而事成。省其冗員、則省其経費。（『長編』巻二九・端拱元年末。『宋史』巻四四〇「羅処約伝」にもあり）（数字・傍線は筆者。以下同じ）

（私はこれまで、参内の合間に官僚達が時政を論じる言葉を耳にしてきたが、みな、「陛下は、三司の中枢は国家財政の属する所であり、帳簿・規則が徐々に増加しているので、最善の制度を求めて、最適の方法にかなうように願っておられる」と言っている。聞くところによると、三司が、「十二名の判官を設置してその職務を兼領させ各部局をつかさどらせれば中正の道を得ることになる」と上奏したという。私が思うに三司は古の制度ではない。①唐中葉以降、兵乱が相次ぎ、河朔が治まらず、軍旅が収まらなかった時に、財政を尚書省から分割して三司に管轄させたものだ。しかるに国家財政は朝廷の急務であって、属僚に頼るところは最も重大である。あるいはその任務を重んじてこれを処遇し、その俸禄を優遇してこれに委任し、その結果、職務に勤勉な者も徐々に因循に努めるようになり、心を尽くして努力する者もあるいは目を怒らせて他人と反目するようになる。因循に努めれば国家に貢献できず、人と反目していては時宜にかなった行いはできない。あるいは浅はかな者はわずかな欠点を指摘することに心を傾け、見識の深い者は自分ができる事柄を増やすことを自らの謀とする。かくして弊害が互いに影響を与え常態となったのである。いま、もし十二名の判官を置く案に従えば、これもまた権宜によって弊害を解消する一つの方法ではある。②しかし陛下の政治によって現在は太平の世となっているのであるから、古を踏まえた制度を求め後世の模範とすべきである。……私の管見によれば、尚書省の故事を復すのが一番である。尚書左右丞・六部侍郎・郎中・員外郎・主事・令吏といった属官は『唐六典』の旧制に依拠して、現在の三司の貨幣・穀帛・専売・会計といった職務を尚書省二十四司に全て分割していただきたい。そうすれば各々が職掌を持つようになり、その成功を求めることができる。……③ましてや三司の名は近代に興ったものであって、机の上を満たす帳簿をどうしてこれまで詳しく見ることができただろうか。再び三司の中枢においてさらに属僚を分置すれば、ますますその本源を忘れてしまうことになる。いま、三司勾院はすなわち元の尚書省比部に相当し、勾覆〔文書のチェック〕の官庁であり、内外の経費を周知しており、陛下がもしこれを復活させようというのであれば、制度は全て残存している。九寺・三監に至っては多くが形骸化しており、その名称はあっても職務を遂行していない。どうか陛下には、太平の世であるいまこそ後世に模範となる制度を建て、さらに使臣を任命し別に官庁を設けるような煩瑣なことをしないでいただきたい。そうすれば名が正しくなり、言葉が順当になり、事も成就できる。また冗員を省けば経費を節約できる。)

羅処約の上疏の大要は次のようになろう。まず、唐中期以降の混乱期の産物として三司が批判の対象となっている。ただ、批判は三司の制度的側面に向けられたものではなく、専ら財政使職就任者の資質に問題があったとする[9]。三司の淵源となった使職就任者や属僚は、財政が国家の急務であるため優遇され、次第に職務をおろそかにしたり他人と反目するような態度に出て、浅近の者も深識の者も謀をめぐらし、弊害が大きかったと羅処約は述べる（①）。そして三司に代わって尚書省を復活させることを求めているが、その理由は「稽古の規を求め、以て垂世の法を為す」ことにあり、尚書省が復活さえすれば事を成すことを有司に求められるとまで言う。ここでは王朝の隆盛に相応しい制度を備えること自体が目的とされていると言えよう（②）。後文でも三司の機能自体を尚書省のそれと客観的に比べるという視点はない。③の部分では三司が「近代の制」であること自体が批判の対象となっている。

(2) 淳化二年（九九一）九月・御史中丞王化基

国家立制、動必法天、並建官属、以尊王室。①且尚書省、上応天象、対臨紫垣、六卿擬喉舌之官、郎吏応星辰之位。斯実乾文昭著、政事具明。②方今省曹之名、未称朝廷之盛。夫三司使額、乃近代権制、判官・推官・勾院・開折・磨勘・憑由・理欠・孔目・勾押前行後行、皆州郡官司吏局之名也。臣今請廃三司、止于尚書省設六尚書分掌其事。廃判官・推官、設郎官分掌二十四司及左右司公事、使人掌一司。廃孔目・勾押前行後行為都事・主事・令吏・書令吏。廃勾院・開折・磨勘・憑由・理欠等司、帰比部及左右司。③如此則事益精詳、且尽去其州郡職局鄙俗之名也。（『長編』巻三二・淳化二年九月庚子。『宋史』巻二六六「王化基伝」にもあり）

（国家が制度を定める際には、その運用には天に則ることが必要で、属官を設置し、国家を貴ぶのである。①なおかつ尚書省は、上は天象に対応し、星座の紫垣に対応し、六卿〔六部尚書〕は喉舌の官に擬え、郎吏〔属官〕は星辰の位置に対応している。これは実に天象が明らかに現れることで政事も明らかになるということなのだ。②現在の省曹の名称は、朝廷の盛んであることにかなっていない。そもそも三司使は近代の権宜の制度であって判官・推官・勾院・開折〔拆〕・磨勘・憑由・理欠・孔目・勾押前行後行などの三司の属官の名称は、全て州の官司・吏局の名称である。私はいま次のようにお願いしたい。三司を廃止して、ただ尚書省に六部尚書を設けてその職務を分轄させる。判官・推官を廃止し、郎官を設けて尚書省二十四司・左右司を分轄させ、一人が一司を担当する。孔目・勾押前行後行を廃止して都事・主事・令吏・書令吏とする。勾院・開折〔拆〕・磨勘・憑由・理欠等の諸司を廃止して、比部・左右司に職務を移管する。③そうすれば事はますます精密詳細となり、なおかつ州の職局から来た鄙俗な名称を一掃することができる。」

王化基も三司に代わって尚書省の復活を求めるが、彼も三司が「近代の権制」(仮の制度)であることを批判する。尚書省が宇宙の秩序に対応した構造・官名を備えている(①)のに対し、三司には判官・推官など地方で用いられるような部局名・官名があり(②)、これを取り除くこと自体が三司廃止・尚書省復活の目的とされており、尚書省さえ復せば政事はますます精詳となるとまで言っている(③)。

(3)　至道二年(九九六)二月・主判都省郎官事王炳

尚書省、国家蔵載籍・興治教之府。所以周知天下地里広袤・風土所宜・民俗利害之事。当成周之世、治定制礼、首建六官、即其源也。漢・唐因之、軌範斯著、簡策所載、煥然可観。①蓋自唐末以来、乱離相継、急於経営、不遑治教。故金穀之政、主於三司、尚書六曹、名雖存而其実亡矣。謹按六曹、凡二十四司、所掌事物、各有図書、具載名数、蔵於本曹、謂之載籍。所以周知天下之事、由中制外、教導官吏、興利除害、如指諸掌。臣故曰蔵載籍・興治教之府也。今職司久廃、載籍散亡、惟吏部四司官曹小具、祠部有諸州僧道文帳、職方有諸司閏年図、刑部有詳覆諸州已決大辟案牘及旬禁奏状、此外無旧式。②欲望令諸州毎年造戸口租税実行簿帳、写以長巻者、別写一本送尚書省、蔵於戸部。以此推之、其余天下官吏・民口・廃置・祠廟・甲兵・徒隷・百工・疆畔・封洫之類、亦可籍其名数、送尚書省分配諸司、俾之緘掌。俟期歳之後、可以振挙官守、興崇治教。望選大僚数人博通治体者、参取古今典礼令式与三司所受金穀・器械・簿帳之類、仍詳定諸州供送二十四司載籍之式。如此則尚書省備蔵天下事物名数之籍、如秘閣蔵図書、国学蔵経典、三館蔵史伝、皆其職也。(『長編』巻三九・至道二年二月末。『宋史』巻一六八・職官志八にもあり)

(尚書省は、国家が載籍を所蔵し治教を興すための府である。よって天下の地理の広さ、風土の宜しきところ、民俗の利害を周知しているのである。周代に統治が安定し儀礼が定まったのは、最初に六卿を設けたからである。漢・唐もその制度に倣い、規範は明らかで、書籍に記されている事柄は燦然として見るべきものがある。①思うに唐末以降、兵乱が相次ぎ、経営に汲々とし、治教はおろそかになった。よって財政は三司がつかさどり、尚書六部は名称は残っても実体はなかった。思うに六部は二十四司に分かれ、つかさどる事物には各々図書があり、名数が記されていて各部に所蔵されており、これを載籍と呼んでいる。ゆえに天下の事を周知し、中央から地方を統制し、官吏を教導し、利益を興し害悪を除去することが自由自在にできるのである。私が載籍を所蔵し、治教を興すための府であると言ったのはこのためである。いま、尚書省の部局は廃されて久しく、載籍は散逸し、ただ吏部の四司の執務室だけが少しく備わっているほか、祠部には諸州の僧侶の名簿が、職方には諸司の閏年図が、刑部には諸州の結審した大辟の案牘と旬禁の奏状があるだけで、このほかに古い式〔施行細則〕は残っていない。②そこで次のようにお願いしたい。諸州に毎年戸口・租税の実態を記した帳簿を作らせ書き記し、別に一部を作成して尚書省に送り、戸部に所蔵する。この方法をほかにも用いれば、その他の天下の官吏・民口・廃置・祠廟・甲兵・徒隷・百工・疆畔・封洫の類も、その名数を帳簿に載せ、尚書省に送って各部に分配し保管させることができる。一年経てば官守を振挙し治教を興崇することができる。大僚数人の博く政治の綱領に通じる者を選んで、古今の典礼・令式と三司が受領した金穀・器械・簿帳の類を参考にし、さらに諸州が送ってきた二十四司の載籍の式を詳定させる。そうすれば尚書省は天下の事物名数の帳簿を備えることができる。秘閣が図書を所蔵し、国子監が経典を所蔵し、三館が史伝を所蔵することは全てその職務であり、尚書省も同様なのである。)

王炳も、唐末以来の混乱により三司が財政をつかさどることとなり、その結果尚書省が有名無実となった事態に対する憂慮から改革論を始める(①)。そして尚書省復活のためのプロセスを述べている(②)が、この点は前の二編と異なり、かなり具体的な内容となっている。簡単にその内容を示すと、諸州は毎年戸籍を作成しその複製一部を尚書省戸部に送る、同様に他の五部の管轄事項も簿帳を作成し各部に管理させれば、一年もすれば官守は振挙し治教は興崇する、そのために治体に博通した大僚数名を選んで古今の典礼と三司の受ける金穀・器械・簿帳の類を参酌し、さらに諸州から送られてきた二十四司(尚書省六部の部局)の載籍の式則を詳定させることが必要であると言う。このように改革に向けた具体的な方策が示されていることの意味については後述する。

さて、三者の見解をまとめると、この時期の官制改革論の傾向として、現行官制を唐中期以降の混乱期の制度を継承したものであるとして批判している点、これを統一王朝に相応しい官制に改めるべきであると主張している点が挙げられる。そして具体的には、混乱期の産物として否定の対象となっているのが三司であり、その廃止と尚書省の復活を求めるというのが改革論の主眼であると言えよう。

尚書省の復活が提議された要因としては、唐は時代的に宋と近接しており模範としやすかったという指摘が既にある(10)が、これに加え、小島氏が言う「唐王朝の後継者であるという宣言を内外に向けて発していこうとする」(11)当時の認識が官制改革の提議として発現したと考えられよう。このことには宋朝が置かれた政治状況が関係している。一連の改革は端拱以降に集中しているが、この時期は燕雲十六州の奪還を事実上断念し、対外積極策から内政重視へと方針転換が行われた時期でもある(12)。五代期に割譲した失地の回復は、唐の後継王朝たらんとする宋にとって極めて大きな象徴性を持った事業である。これが事実上放棄された時期を境に新たな国家事業として尚書省復活が、同じく唐の継承を宣言する手段として提議されたと考えられよう(13)。

これら尚書省復活論に対しての反論は明確な形では史料に残っていないが、(1)羅処約の上疏には、引用を省略した部分には「然れども議者以為《おも》えらく行われずして已に久しく、改更し難し、と」との言が見え、記録に残らない形で尚書省復活に対する反対論が起こっていた可能性はある。(2)王化基案についても、『長編』では引用部分の後に王本人に対し太宗が高い評価を与えたことは記されているが、尚書省復活がいかに太宗に受け止められたかはここからは不明である。(14)

一方で、(3)王炳の改革論については、『長編』巻三九・至道二年(九九六)二月末に次のようにある。

上覧奏嘉之、詔令尚書丞郎及両省五品以上集議其事。吏部尚書宋琪等上奏曰、「王者六官、法天地四時之柄、文昌列署、体象緯環拱之文、是為布政之宮、王化之本、典教所出、何莫由斯。然而古今異宜、沿革殊制、或従権而改作、亦因時而立法。唐之中葉、兵革弗寧、始建使名、専掌邦事、権去省闥、政帰三司。五代相循、未能復旧。今聖文垂拱、書軌無外、将循名而責実、庶稽古以建官、悉挙旧章、以蹈前軌。而歳祀寖久、曹局僅存、有司失伝、遺編多闕。臣等欲望委崇文院検討六曹所掌図籍、自何年不係都省、詳其廃置之始、究其損益之源、別俟討論、以期恢復」。上以其迂闊、竟寝之。

(太宗はこの上奏を評価し、詔を降して尚書丞郎及び両省五品以上の官にその事を集議させた。吏部尚書の宋琪等が次のように上奏した、「王者の六官は天地四時の根本に則っており、文昌(尚書省)の各部署は象緯環拱の文を体現し、これは布政の宮、王化の本であって、典教の出る所はこれ以外にない。しかるに昔と今では時宜が異なっており、始まりとその後で制度は変化し、あるいは権宜に従って改変し、あるいは臨時に法令を建てるものである。唐の中葉には兵乱が相次ぎ、はじめて使職を設け、国政に専念させ、仮に中央官庁のいくつかを廃し、政事は三司に帰した。五代もこれを踏襲し、いまだ旧制に戻すことができていない。いま聖文は後世の模範となり、書軌は統一されているので、名に従って実を求め、古に倣って官を建て、旧章を全て挙げ、前軌に則るべき時である。しかし(尚書省の制度は行われなくなって)久しく、現存する部局はわずかで、有司は職掌を伝えず、残された文書も欠落が多い。よって崇文院に委ねて六部が掌管している図書がいつから尚書都省の監督を離れたかを調べ、各部がいつ廃置されたか、(尚書省の制度の〕長所・短所を詳細に調べさせ、別に議論をしてから尚書省復活を図っていただきたい」と。太宗はその実態にそぐわないことを理由にこれを止めた。）

前二者と異なり王炳の案が官僚の集議に付された理由は、これが尚書省復活のために必要とされる方策を具体的に示していることにあると思われる。集議の答申は、改革に基本的に賛成の立場を示すものの尚書省が形骸化して久しいので、制度の詳細を検討することが必要という内容であった。集議の結果が改革否定にならなかったことからも、官僚の間では尚書省という唐制への復帰に対して正面から異を唱えるという風潮はなかったものと思われる。また、太宗は集議の答申に対し最終的には実態にそぐわないことを理由に施行断念の判断を下すわけであるが、一旦はこれを官僚の集議に付しているからには、必ずしも尚書省復活を全面的に否定する姿勢は取っていなかったと言えよう。

以上のように、太宗朝の尚書省復活論は、唐の後継者を以て自認する当時の思想的傾向の影響を受けており、燕雲十六州回復の断念を機に、現行官制に残存する唐末五代的要素の抹消と唐の盛制である尚書省復活が、王朝の正統性顕示の手段として顕在化したものとすることができる。

第二節　真宗朝の改革論

梅原郁氏は、前節で挙げた尚書省復活論が太宗によって斥けられ、また寄禄官の叙遷制度が運用され始め改革が困難となり、官制をめぐる議論は沈静化したとする。(15)しかし実際は真宗朝初期における尚書省復活の提議が史料上に二編残っている。咸平二年（九九九）の直史館孫何の提言は、直接的には三部使を廃してその職掌を戸部尚書（一名）・侍郎（二名）に移管することのみを求めたものであるが、尚書省にも言及しており考察の対象に加えた。

①六卿分職、邦家之大柄也。故周之会府・漢之尚書、立庶政之根本、提百司之綱紀。令・僕率其属、丞・郎分其行、二十四司粲然星拱、郎中・員外判其曹、主書・令史承其事、四海九州之大、若綱在綱。……六職挙而天下之事備矣。有唐貞観之風、最為称首。於時封疆甚広、経費尤多、亦不聞別分利権改創使額、而軍須取足。玄宗侈心既萌、貪地無已、北事奚・契丹、南征閤羅鳳、召発既広、租調不充、於是蕭炅・楊釗始以地官判度支、而宇文融為租調地税使。雖利孔始開、禍階将作、然版籍根本尚在南宮。粛・代之世、物力蕭然、於是有司之職尽廃、而言利之臣攘臂於其間矣。征税多門、本於専置使額、故徳宗之初、首降詔書、追行古制、天下銭穀、皆帰文昌、咸謂故事復興、太平可致。而天未悔禍、叛乱相仍、経費不充、使額又建、於是裴延齢以利誘君、甚於前矣。憲・穆而下、或迫於軍期、切於国計、用救当時之急、率以権宜裁定。②五代短促、曾不是思。国家三聖相承、五兵不試、太平之業、垂統立制、在茲辰也。所宜三部使額、還之六卿。……今莫若謹択戸部尚書一人、専掌塩鉄使事、俾金部郎中・員外分判之、又択本行侍郎二人、分掌度支・戸部使事、各以本曹郎中・員外分判之。則三使洎判官、雖省猶不省也。仍命左右司郎中・員外総知帳目、句稽違遺。③或曰、「事有便宜、行之已久、何必改作、遠師昔人」。斯又非通論也。但雅俗兼資、新旧参列、則進無掊克之慮、退有詳練之名。職守有常、規程既定、周官唐式、可以復矣。（『長編』巻四五・咸平二年八月辛亥）

（①六卿の分轄した職務は国家の大権である。よって周の会府・漢の尚書は庶政の根本を立て百官の綱紀を統べたのであった。〔尚書省の制度では〕尚書令・僕射が属官を統率し、左右丞・侍郎が職務を遂行し、二十四司が綺羅星の如く輝き、郎中・員外郎はその部局をつかさどり、主書・令史はその職務を行い、四海九州の広きにわたって一糸乱れず統制が取れていた。……六部の職務が遂行され天下の事は備わっていた。その最たるものが唐の貞観の治であった。国土は広大で財政は充実し、利権が分割されるなどということは起こらず、使職も設置せず、軍糧は充足していた。

ところが玄宗が奢侈に流れ領土的野心を抱くや、北は奚・契丹と事を構え、南は閤羅鳳を征討し、徴発が増え租税は不足し、ここにおいて蕭旻・楊釗がはじめて地官〔戸部〕の身分で度支を判し、宇文融が租調地税使となった。財政収入確保の道は開かれた代わりに禍のきざはしが生じたとはいっても、まだこの時は版籍の根本は南宮〔尚書省〕にあった。粛宗・代宗の世になって財政は悪化し、有司の職務はほとんどが廃され、財利の事を言う官僚が台頭してきた。徴税は複数のルートから行われ、専門の使職を設置することが常となった。よって徳宗の初め、まず詔を降して旧制を行うことを命じ、天下の銭穀はみな尚書省に帰し、人々は故事が復興し天下は太平になるだろうと言い合った。しかし天は再び禍を下し、兵乱が相次ぎ経費は不足し、使職がさらにまた設けられ、ここにおいて裴延齢が財利で君主を誘惑し、以前よりひどい有様となった。憲宗・穆宗以降は、あるいは軍事に迫られ国家財政を切り詰めその場しのぎの策を講じたが、これらはおおむね権宜の裁定であった。②五代の王朝は短命で、このことを考慮する暇がなかった。本朝は三聖〔太祖・太宗・真宗のこと〕が続き、武器を用いることもなく、太平の世の業績を誇り後世に模範となる制度を立てるのはまさにいまである。三部使を廃止し六卿に戻すべきである。……戸部尚書一名を精選し塩鉄使の職務を専管させ、金部郎中・員外郎にこれを分判させ、さらにまた戸部侍郎二名を選んで各々に度支使・戸部使の職務を担当させ、それぞれ度支・戸部の郎中・員外郎にこれを分判させるのが一番である。そうすれば三部使から判官まで、廃したようで廃していないことになる。なお、尚書省左右司郎中・員外郎に帳簿を総轄させ、間違いをチェックさせるべきである。③「事には便宜というものがあって、三司の制度は行われて久しいのだから、改変して古の制度に倣う必要はない」と言う者がいるが、これもまた筋が通っていない話である。ただ雅俗が互いに補い合い、新旧の制度が並存すれば、進んでは過酷な徴税が行われる心配はなくなり、退いては詳細に練られた制度であるとの名分が立つ。職務が常態化し、規定が定まれば、周・唐の制度を復活させることができる。）

①では、唐の尚書省六部を、周の六卿の理念を体現したものとして賞賛し、唐・太宗の貞観の治を理想とする。ところが、中期以降は相次ぐ反乱に対応するため国家経費がかさんだ結果、財政使職が置かれるに至ったことを

述べる。そして②では、いまこそ三部使を六卿に戻すべきであるとして、戸部尚書・侍郎の復活を求めている。ここでは六卿という語を用いているが、尚書・侍郎という官名を挙げていることから、これが唐制への復帰を念頭に置いた改革論であることは疑いない。[16] また、③では復古的改革に対する反対論の存在が示唆されているとともに、そうした反対論の存在を意識してか、「雅俗兼資し、新旧参列す」ることの重要性を説いている。

また、咸平四年(一〇〇一)、知制誥楊億が官制全般にわたる復古を求める上疏を奉った(『宋史』巻一六八・職官志八)[17]。これは尚書省復活以外に支郡の復置、勲爵制度の整備等を求めたものである。尚書省復活に関する部分を見ると、

国家遵旧制、並建群司、然徒有其名、不挙其職。只如尚書会府、上法文昌、治本是資、政典攸出、条目皆具、可挙而行。今之存者、但吏部銓擬、秩(秋)曹詳覆。自余租庸筦権、由別使以総領、尺籍伍符、非本司所校定。職守雖在、或事有所分、綱領雖存、或政非自出。丞轄之名空設而無違可糾、端揆之任雖重而無務可親。周之六官、於是廃矣。(( )内は楊億『武夷新集』巻一六による)

(本朝は旧制に従い多くの官司を設置しているが、その名称があるばかりで職務を遂行していない。ただ尚書省だけは、上は文昌の星座の配置に則っていて、統治の源であり、政令はここから出るのであり、条目は全て備わっているのだから、この制度を行うべきである。しかし現在は、ただ吏部の銓擬と秋曹(刑部)の詳覆が行われているだけである。その他の租税・専売の事は別に使職を設けて総領させ、軍隊の規則書きや割り符は本司が校定することはない。職守はあるけれども事は分割され、綱領はあるけれども政治はそれに依拠して行われてはいない。尚書左右丞の名称は形骸化していて違反を糾弾することはできず、宰相(左右僕射)の任務は重いとはいっても政務に自ら関与することはできない。周の六官はここにおいて廃された。)

とあり、尚書省六部の職務は、吏部の銓擬(実際は吏部流内銓が担当)・秋曹(刑部)の詳覆(これも他官が判刑部

として担当）を残して形骸化しており、現在の官制には有名無実の官が多いと述べ、続いて、

若弁論官材帰於相府、即審官之司可廃矣。詳評刑辟属於司寇、即審刑之署可去矣。出納詔命関於給事中、即封駁之局可罷矣。至於尚書二十四司各揚其職、寺監台閣悉復其旧、按六典之法度、振百官之遺墜、在我而已、夫豈為難。如此則朝廷益尊、堂陛益厳、品流益清、端拱而天下治者、由茲道也。

（もし人事を宰相府に移管すれば審官院は廃止することができる。刑法を司寇〔刑部〕に移管すれば審刑院は廃止することができる。詔勅の審議を給事中に移管すれば封駁司は廃止することができる。尚書省二十四司が各々職務を遂行し、寺監台閣が旧制に戻り、『唐六典』の法度を按じ、百官の遺墜を振るうことは我々にしかできない。どうして困難と見なし〔て実行しないでおい〕てよかろうか。そうすれば朝廷はますます尊くなり、陛下はますます威厳を備え、品流はますます清らかとなる。天子の無為の徳で天下を治めるにはこの方法しかない。）

とあり、太宗朝に設けられた審官院・審刑院・封駁司等の職務を宰相府・尚書省刑部・門下省給事中に移管することで尚書省・寺監台閣も本来の職務を取り戻すことができると言う。三司に対する批判的意見がほとんど現れていないことや、上疏の他の部分では漢代の制度を模範とした復古論を展開していること等、太宗朝の改革論と若干異なる部分もあるが、尚書省という唐制の復活を王朝の正統性顕示の手段として捉えている点に変わりはない。

このように、真宗朝初期には太宗朝と同様の論旨を持つ官制改革論が見られたのであるが、その後官制改革に関する議論は史料上にしばらく見出せなくなる。周知のように真宗朝の初期には遼との関係が悪化し、この問題を重視せざるをえない状況にあり、また最終的に景徳元年（一〇〇四）にいわゆる澶淵の盟を締結した後には、真宗が封禅や道観の営造といった事業に傾倒するようになったため、尚書省復活論は沈静化したと思われる。

こうした動きと相俟って、一応北辺問題の決着をつける等、中華の安定を実現した宋朝に対する自負心とも言

うべき思考の萌芽が見られる。この思考は仁宗朝頃に「祖宗の法」[18]という言説となって顕現し、後述する仁宗朝の官制改革論においても宋制を肯定的に評価する意見として現れてくるものであるが、かかる思考と現実における施策は相互に影響を与えていると思われる。例えば太宗朝に分割・統合と目まぐるしい制度改変を被った三司は、咸平六年(一〇〇三)、三司使一名・各部副使三名という体制となって以降、基本的に元豊官制改革により廃止されるまで大きな変更はなかった。

また、行政機構の改編ではないが、朝儀における官僚の序列についても宋制を基準とした制度が整えられていく。朝儀の一つに「入閤」[19]というものがあり、その際の班序(官僚の序列)はそれまで唐朝の官名を基準に定められていたが、これが宋朝の官名を用いて書き直されている。その経緯を見ると、入閤の式次第を記したものを「入閤図」と呼んだようで、『長編』巻三二・淳化二年(九九一)十二月丙寅によると、

上以入閤旧図承五代草創、礼容不備、於是命史館修撰楊徽之等討論故事、別為新図。

(太宗は、古い入閤図が五代に作られたものであり礼容が備わっていないため、史館修撰楊徽之等に命じて故事を討論し、別に新図を作らせた。)

とあり、太宗朝に「故事」を討論して新たな入閤図が作られたという。「五代の草創を承け」た入閤図を改めたのであるから、「故事」は唐制を指すと考えるべきであろう。これが真宗朝には、同巻八二・大中祥符七年(一〇一四)四月丙辰によると、

令有司依新定儀制重画入閤図、有唐朝職官、悉改之。

(有司に、新たに定めた儀制に依拠して再度入閤図を作成し、唐朝の職官の名称を全て改めさせた。)

とあり、「新定儀制」[20]に従って入閤図を作成し、唐朝の官名は全て書き改めさせたとある。同様の記事が『玉海』巻七〇・礼儀・朝儀「祥符入閤図」に見え、

東上閤門使魏昭亮言、「閤門入閤図、殿上侍立臣僚、皆唐時職官、与聖朝名品不同。望依新定儀制、別画副本、有司永為定制」。詔礼儀院詳定。

（東上閤門使魏昭亮が言った、「閤門入閤図では、殿上に侍立する官僚の名称が全て唐代の職官名で書かれており、本朝の名品と異なっている。新たに定めた儀制に依拠し、別に副本を作成し、有司はこれを定制とするようにしていただきたい」と。礼儀院に命じて詳定させた。）

とある。入閤図が宋朝の官名によって表記され定制とされたことが分かる。もっともこれは入閤図に限定した話であって、通常の前殿視朝等を含めた朝儀全般における班序は、官職を新設したり前例との齟齬が生じる度に細かな改変が加えられている。[21] ただ、入閤に限定してではあれ、かかる朝儀の次第を宋朝の官名を用いて成文化したことには、もはや唐制を絶対視しないという姿勢が現れているように思われる。

こうした宋制に依拠した儀制の成文化の動きが見られたこの時期に、当時の宰相であった王旦が官制に言及している。『長編』巻八六・大中祥符九年（一〇一六）三月辛酉に真宗と輔臣の対話が記されており、真宗が尚書省復活の是非を問うたのに対し、[22] 王旦は、

今之三司即尚書省、故事尽在。但一毫所賦皆帰於県官、而仰給焉。故霈放則沢及下、賜与則恩帰上。此国家不易之制也。

（いまの三司は尚書省にあたり、故事は全て残っている。わずかな賦税も全て県官（朝廷）に帰してこれに頼ることができる。よって霈放の恵みが下に及び、賜与の恩が上に帰すようになっている。これは本朝の変えるべからざる制度である。）

と述べている。太宗朝の論調からは一変して、三司を中心とした現行体制を維持すべきとの見解が示されている。また、『長編』の同じ記事に、五等封爵復活の是非についての真宗と王旦の問答が見えるが、王旦は太祖以来の

藩鎮抑制策を高く評価した上で、「好談古者、恐思之未至」(古の制度を論ずることを好む者は、この制度が成果を挙げてきたことを考えていない)と復古論者を批判している。復古論の否定のために現行制度を積極的に肯定する王旦の意見は、太宗朝に見られた消極的反対論とは一線を画すものであって、宋朝の制度に対する自負心の萌芽とともに、唐制への復帰が絶対性を持ちえなくなったことの現れと捉えることができよう。また、こうした意見を受けてか、真宗朝末には、『唐六典』に倣った官制の書を成す動きが見られる。『長編』巻九一・天禧二年(一〇一八)正月庚戌には御史中丞趙安仁の提言で『国朝六典』なる書の編纂が企画されたが、提言者趙安仁の死亡により実現しなかったようである。(23)

以上のように、真宗朝には初期に尚書省復活を求める提議が見られるが、遼との軍事関係とその後の封禅・道観の営造等の影響によって国家事業としての官制改革の必要性が減退し、以後復活論は一旦沈静化した。一方、朝儀の次第が宋制に依拠して成文化され、こうした施策が国内に一応の安定をもたらしたことと相俟って宋朝に対する自負心を生むようになった。こうした中で次第に唐制への回帰より宋制を肯定的に見る風潮が強まり、宰相王旦が尚書省復活の不可を真宗に述べるに至ったのであった。

第三節　仁宗朝の改革論(一)——「正名」論

仁宗朝に入ると、それまでとは異なった主旨の改革論が現れてくる。大別するとそれらは「正名」を求める案と、二府の職権や各行政機関との関係を問題にしたものの二種類に分けられる。本節では前者について、その言説を真宗朝までの改革論と比較しながら論じていく。一見するとそれらは尚書省復活を求める点において従来の改革論と近似しているが、その言説・動機に違いが見られ、こうした相違には時代観の変化が影響していると考えられる。

一 「正名」問題

真宗朝から仁宗朝にかけて、「はじめに」で触れた「名実不符」の問題が立ち現れてくる。『文献通考』巻四七・職官考一「官制総序」に、

自真宗・仁宗以来、議者多以正名為請。咸平中、楊億首言、文昌会府、有名無実、宜復其旧。既而言者相継乞復二十四司之制。至和中、呉育亦言、尚書省天下之大有司、而廃為閒所、当漸復之。

（真宗・仁宗以来、議者は多く正名を求めてきた。咸平中に最初に楊億が、尚書省が有名無実の状態であるので旧制に復すべきであると述べた。しばらくして言者は相次いで尚書省二十四司の制度の復活を求めた。至和中にさらに呉育が、尚書省は天下の大有司であり、廃されて閒〔閑〕所となっているので、徐々にこれを復すべきであると述べた。）

とあり、真宗・仁宗朝から「正名」を標榜する改革論が提議されたという。「正名」とは名分を正すという意味で、儒教には名分を正すことは天下の安定に欠くべからざる要素であるという考えがあった。宋代にはこの「正名」という観点から政治を論じることが盛んになり、官制も例外ではなかった。「はじめに」でも触れ、また梅原氏の研究にも詳述されているが[24]、一人の官僚が官（寄禄官）・職（館職）・差遣という複数の肩書きを帯びるため、官の名称と差遣の職務内容がほとんどの場合一致しないという状況が北宋前期の官制において存在した。官制における「正名」とは、この官名と実体の不一致を解消し官名と職務内容を一致させるということを意味する。夏竦は官名と実体の不一致について、

国家削除前弊、稽考故実、損益沿革、時謂適中。但百執承事、理有可疑。建官分職、職与官殊、量材受爵、爵与材異。……位以資升、或過其材、官以久遷、或非其事。人皆謂官為請俸之具、位乃称呼之号。名実相違、不可以訓。（夏竦『文荘集』巻一三・進策「議職官」）

（本朝は前代の弊害を取り除き、故実を考え、長所・短所や沿革については、その都度時宜にかなったものを選択してきた。ただ、官制については道理として疑うべきものがある。官名を建て職務を分担させるにあたって、本朝の制度では職務と官名が一致せず、才能を量って爵位を与えるにあたっても、本朝の制度では爵位と才能が一致していない。……位階は昇進の目安となるが、あるいは才能を過大評価し、官名は久遷のためのものであるが、あるいは官名に示された職務でないものを行っている。みな、官は俸給を受ける道具で、位階はただの呼称だと見なしている。名称と実体が一致していない現状を手本とすることはできない。）

と述べている。問題そのものは官と差遣の「不一致」にあるのであって、差遣の名称が唐末五代の混乱期に由来することや、それらの名称を用いて構成されている三司等は直接的には問題視されていない。そして後文では「堯舜の事を稽《かんが》え、三代の法を行い」正名を実現すべきと主張している（「誠当稽堯舜之事、行三代之法、正其官司、弁其職掌、使上下之位、無或僭差」）。ここでは唐制への回帰が求められていないことに注意しておきたい。

正名を求めた改革論として前引『文献通考』は至和二年（一〇五五）、判延州呉育の提議を挙げる。その内容は『長編』巻一八一・至和二年十一月乙丑に、

国家総挈万機、惟在綱要、小大之務、各有攸司。若朝廷職挙而事簡、則坐制天下、不労而治矣。今尚書省是其本也。自唐末五代、因循苟且、雑置他局、事無本末、不相維持、使天下之大有司廃為閑居。凡細瑣之事、動干朝廷、遂致君相焦労、日不暇給。如百川浩蕩而不治其本源、万目開張而不得其条領、雖欲尽力、其勢莫可以正也。臣前判尚書都省、見其官司局次、燦然具存。且如有大論議、当下衆官雑定、以質所長。久廃不挙、

今惟定諡時一会都堂、是行其小而廃其大、論者深惜之。窃謂久廃之職、豈能一日尽其美。当随宜講旧漸復之。請且於諸学士中分命知六曹尚書事、其舎人・待制及大両省官即知左右丞・諸行侍郎事、其余館職有名望朝士即知郎中・員外事、仍於旧相及前任両府重臣中除一二人判都省、然後各使検詳典故、度其可行者奏復之。其次諸司・寺監、従而挙之。至於金穀之計、見属三司者亦無相妨、並須仍旧。

（国家が万機を総攬するには、綱要が最も重要であって、大小の職務にはそれを担当する有司が存在する。もし朝廷の職務が遂行されて事が簡便に運べば、座して天下を統制し、労せずして治めることができる。いま、尚書省こそがその根本なのだ。唐末五代以来、因循苟且し、他局を乱雑に設置し、事には本末がなく、互いに維持し合うこともなく、天下の大有司を廃して閑所にしてしまっている。およそ瑣末な事もややもすれば朝廷に関わり、その結果君主も宰相も憔悴し、毎日政務に忙殺されるような事態になっている。これでは多くの川が蕩々と流れていながら源流が分からず、多くの目が見開かれていながら条領が分からないようなもので、力を尽くそうにもこれを正すことができないのは当然である。私は先頃判尚書都省となり、官司局次が燦然と残っていることを見た。なおかつ、もし大きな議論をする必要があれば、衆官に下して雑定させ、長所を質すこともできる。しかし久しく廃されたままになっており、現在は定諡の際に都堂に集まるだけで、これは小さな職務を行い大きな職務を廃しているということであって、論者はこのことを大変残念に思っている。思うに、久しく廃されたままの職務を、どうしてすぐに〔元に戻して〕その素晴らしさを尽くすことができようか。宜しきに従って旧制を講究し徐々に復すべきである。よって次のようにしていただきたい。諸学士の中から知六曹尚書事をそれぞれ任命し、舎人・待制及び大両省以上の官から知左右丞・諸行侍郎事をそれぞれ選び、その他の館職所有者で名望のある者を知郎中・員外事に任命し、なお元宰相及び前任が二府の大臣であった者から一二名を選んで判都省とし、その後に各々典故を検詳し、行うことのできるものを考えて上奏して復活させる。続いて諸司・寺監にも同様の措置を講ず。財政に関しては、現在三司に属しているものには何の支障も生じていないのだから、全て旧制に復すべきである。）

とある。尚書省の復活を求める点において初期改革論と異ならない印象を受けるが、問題視されているのは尚書省が「廃れて閑居と為」っていることであり、三司等に対する批判的見解が見られない点において初期改革論と異なる。この提言は両制の議論に付されたものの、最終的に施行されなかった。

さらに、彼の提議の意図するところを窺わせるものとして、後に見る景祐四年(一〇三七)の尚書省集議に関する議論が挙げられる。この議論は当初は官制に直接関わるものではなかったが、議論の過程で彼は「正名」の重要性と意義を説いており、官制に対する彼の思考を窺うことができる。また、他の官僚も官制について言及しているので、以下その推移を追ってみたい。

二　集議官論争

議論の過程を見る前に、宋代の集議について一瞥しておきたい。既に平田茂樹氏の研究[25]に明らかであるが、宋代においては唐以前と同様、典礼等に関する問題を尚書都省における集議によって決定していた。集議には、①尚書省官議を基礎として、②三省官議(①の該当者＋中書舎人・知制誥・常侍・給諫以下左右正言まで)・③内朝官議(②の該当者＋学士・待制・三司使副)・④百官議(諸司三品以下・武官二品以下全て)があり、議題の大小によって招集される官僚の範囲が異なっている[26]。しかしこれらはあくまで原則であって、尚書省官以外を招集する際にはその都度詔によって指定されていたようである。ここで留意しておきたいのは、集議の対象官名が寄禄官・館職・差遣名が混在する形で示されていることである。

このことが明道二年(一〇三三)、荘献明粛・荘懿両太后の祔廟(皇帝の祖廟にあわせまつること)に関する集議において問題となった。『宋会要』儀制八-三「集議」明道二年七月五日によると、

殿中侍御史段少連言、「国家毎有体大之事、必集群官、議於尚書省。臣近准台牒、充監議官、於尚書省集官、同礼官詳定荘献明粛・荘懿太后祔廟事。伏見尚書省官内、有帯両制職或兼三司副使者、多移牒不赴。欲望自今毎尚書省議事、其両制以上帯尚書省幷任三司副使者、並不得託以他事不赴集議。如有違犯、乞以違制及不恭定罪」。従之。

（殿中侍御史段少連が言った、「本朝では重大な案件があると必ず多くの官僚を招集し尚書省で集議している。私は近頃台牒を受け監議官に充てられ、尚書省に官僚を集め礼官とともに荘献明粛・荘懿太后の祔廟の事を詳定することになった。思うに「尚書省官」という括りの中には、両制を帯職する者や三司副使を兼ねる者も含まれているが、彼らは多くが牒を送ってきて集議に参加しない。今後は尚書省での集議の際には、両制以上で尚書省官を持つ者ならびに三司副使が、他事に託けて集議に参加しないことを禁止していただきたい。もし違反すれば違制及び不恭で断罪していただきたい」と。これに従った。）

とあり、尚書省官（寄禄官として尚書省の官名を持つ官僚）のうち、両制（内制＝翰林学士・知制誥、外制＝知制誥のみ）を帯職する者や三司副使を兼ねる者が欠席したため、今後は罰則を以て臨むべしという段少連の言が裁可された。なお、「職」という語は狭義には館職を指す語であるが、以下の議論では三司副使や知制誥等の差遣と、翰林学士等の館職両方を包含する意味で用いられている。本節でもこの意味で用いることとする。

さて、右の措置の是非が景祐四年（一〇三七）三月に問題となった。発端は集賢校理趙良規の言である。『長編』巻一二〇・景祐四年三月丙申（以下特記しない限り引用は同じ）には、

国朝故事・令勅儀制、別有学士・知制誥・待制・三司副使、著位視品、与前朝異同、無在朝叙職・入省叙官之説。若全不論職、則後行員外郎兼学士、在朝立丞郎上、入省居比・駕下。……所以旧来議事、会集尚書省官、帯職者不赴、別詔三省悉集、則及大小両省、内朝官悉集、則及学士・待制・三司副使、更集它官、則諸

司三品・武官二品、各次本司長官。

（本朝の故事と附令勅に見える儀制では、学士・知制誥・待制・三司副使は朝儀の際の立ち位置は別個に官品で決められており、唐の制度と異なるところがあり、朝儀では職に従い尚書省内では本官に従うという説は成り立たない。もし全く職を考慮しないというのであれば、後行員外郎で学士を兼ねる者は、朝儀では左右丞や郎中より上位に並び、省内では比部・駕部員外郎〔前行・中行員外郎〕の下に位置することになる。……よって旧来、集議の際には尚書省官全てを招集し、帯職官は参加せず、〔必要に応じ〕別に詔を降して三省官を全て集めることになれば対象は大小両省官に及び、内朝官を全て集めることになれば対象は学士・待制・三司副使に及び、さらに他の官僚を集めることになれば対象は諸司三品・武官二品に及び、各々本司の長官に付き従って並んだのであった。）

とある。「在朝叙職」・「入省叙官」という語について説明すると、『宋会要』儀制三-一「朝儀班序」や『宋史』巻一六八・職官志八「合班之制」には、朝儀の際の官僚の序列が、六尚書等の寄禄官名とともに三司使等の差遣名が混在する形で記されており、これらの差遣を帯びる者は寄禄官ではなく差遣によって序列が決められる。在朝叙職とはこのことを指す。一方、入省叙官とは尚書省内では本官である尚書省の官名、つまり寄禄官による序列が原則であることを指す。これらを両立しようとすると朝儀の序列と本省の序列に齟齬が生じる場合があり、よって、従来は尚書省官議に帯職官は参加せず、これらの官僚も招集して集議を行う際には別に指定していた。以上のことから明道二年詔は認めがたいというのが趙良規の主張である。

さらに趙良規は、帯職官を尚書省官に含めない理由として、

又按故事、尚書省官帯知制誥者、並中書省奏班簿、即於尚書省・御史台、並不著籍。故有絶曹之語。今若復綴本官班、亦是有紊典故。（『宋会要』儀制八-五「集議」景祐四年三月二十三日）

（さらにまた故事を按ずるに、尚書省官で知制誥を帯びる者は全て中書省が班簿を奏し、尚書省・御史台の班簿には

ば、これまた典故を乱すことになる。）

載っていない。よって「絶曹」という語があるのである。いま、もし再び本官〔である尚書省〕の班に組み入れるなら

と述べている。「絶曹」とは、中書舎人の職掌を行う知制誥となると本官である尚書省の班簿から削除されると

いう規定である。彼は、明道二年詔はこの規定に抵触するとして帯職官の尚書省官集議不参加を主張している。(27)

これを受けて、太常礼院・御史台に詳定が命じられ、両者は次のように答申した。まず太常礼院（『宋会要』儀

制は明記しないものの、『長編』巻一二〇によると発言者は判礼院馮元）は、

会議之文、由来非一、或出朝廷別旨、或徇官司旧規。故集本省者、即南省官、集学士・両省・台官者、容有

内制・給舎・中丞、集学士・台省及諸司四品以上者、容有卿監、集文武百官者、容有諸衛。蓋謀事有大小、

集官有等差、率繫詔文、乃該余職。段少連以太常易名之細、考功覆議之常、誤謂群司普会集、特為具奏、嬰

以厳科。遂使絶曹清列、還入本行、分局常員、略無異等。請臣僚擬謚、止集南省官属、或事縁体大、臨時勅

判、兼召三省・台寺、即依旧例。

（集議に関する規定は、その由来は一つではない。あるいは朝廷の別旨から出て、あるいは官司の旧来の規定に従っ

ている。よって、本省官を集めることになれば尚書省官のみを対象とし、学士・両省・台官を集めることになれば内

制・門下給事中・中書舎人・御史中丞を含み、学士・台省及び諸司四品以上を集めることになれば卿監を含み、文武

百官を集めることになれば諸衛大将軍を含む。思うに議題には大小があり、招集対象も差等があり、おおむね詔に

よって尚書省官以外の者を招集している。段少連は太常が行う儀礼における名称変更といった細務や、考功が行う再

審議といった通常業務を、誤って群司があまねく集まるべきものと見なして上奏を行い、〔違反者を〕厳罰に処すべし

と言っている。その結果絶曹という清要な官僚のための序列を本官の列に戻してしまっては、尚書省の各部局の官員

と異なるところがなくなってしまう。臣僚の諡を決める集議には尚書省官だけを招集し、議題が重大であればその都

度勅判で三省・台寺の官僚を招集して、旧例に従うようにしていただきたい。）

と答申している。集議の重要度により招集者に段階を設けるのが通例であり、臣僚の諡を決める際には尚書省官と礼官のみで集議を行い、帯職官を招集する場合は勅判で指定すべきという見解である。また絶曹についてもこれを積極的に容認している。

一方、御史台は趙良規の見解を否定する。その主張は以下の三点に集約される。第一に、絶曹規定を集議に援用することへの反論である。

今尚書省官任内制者、係台省之籍、無坐曹之実。論職官之言、正為絶曹者設。豈可受禄則繋官定俸、議事則絶曹為辞。

（いま、尚書省官で内制に任命された者は台省の班簿に載せられていながら本省の部局にいるという実態はない。職・官を論ずる言は、まさに絶曹の者のために設けられたものである。どうして俸禄を本官によって定めながら議事の際に絶曹を理由に辞退することができようか。）

絶曹は外制に適用される一方で内制は台省（三省）の班簿に記載されるのであり、矛盾している、「論職官之言」（在朝叙職と入省叙官併用の不可を説く趙良規の言）は、絶曹（を根拠に集議参加を拒否する者）のために設けられたものであり認めがたいというのが御史台の主張である。

第二の点は国初以来、王旦・王化基等の名臣が率先して集議に参加した先例があるという点である。第三は、この点が最も重要なのだが、

又議大事、僕射・御史大夫入省、惟僕射至庁下馬、於今行之。所以重本省也。

（さらにまた、大事を議論する際に左右僕射・御史大夫が尚書省に入るにあたって、左右僕射だけが庁前まで行って下馬することを許されており、現在に至るまでこれが行われている。これは本省を重んずるためである。）

とある。御史台の本省(尚書省)重視の姿勢について、『宋会要』儀制八-一〇「集議」には、

古人創議、稽於本不稽於末。公朝立法、期於遠不期於近。且中台設官、其来尚矣。……秦漢而下、台閣増峻、首之以令僕、次之以尚書丞轄、又次之以侍郎・郎中・員外、列為六曹、析為二十四司、位有著定、職有統維。歴祀寖深、尋原不紊。皇朝凝命、立極垂八十年、振起前規、正在今日。如曰未暇、則其旧事之体、固可存而勿失。

（古人が議論をする際には根本を考え末端は考えなかった。朝廷が制度を設ける際には長期的展望に基づき短期的な効果は望まなかった。なおかつ尚書省の官職の来源は古い。……秦漢以降、台閣は規模が拡大し、首班は令・僕射で、尚書・左右丞がこれに次ぎ、さらに侍郎・郎中・員外郎が続き、六曹に配列され二十四司に分割され、官位・職務ともに統制が取れていた。時を経て制度が行われなくなって久しいが、その本源を尋ねると乱れてはいない。本朝が天命を受け立極して八十年に垂んとするいまこそ、前代の制度を復活させる時だ。その暇がないと言うのであれば、もとより旧制を残しておき失ってはならない。）

とある。この言は御史台の答申の冒頭に見られ、趙良規への反論の主旨が集約された部分である。つまり御史台は、帯職官と尚書省官が集議において別のカテゴリーとされてしまうことが「振起前規」(尚書省の復活)の妨げとなることを危惧し、いますぐ官制の改革を行いえないのであれば、趙良規の主張を否定することで「旧事之体」を保っておくべきと考えているのである。

こうして集議官論争は、宋代に定められた朝班の序列を重んじる趙良規と、唐制の象徴である尚書省の存在を重んじる御史台の対立という様相を呈することとなった。ここで先に見た至和二年(一〇五五)の改革論を提議することになる同知太常礼院呉育が両論の折衷を主旨とする上奏を行った。彼はまず両説の問題点を次のように指摘する。

両奏各有未安。⑴尚書制度雖崇、亦天子之有司。在朝廷既殊班列、(入)有司輒易尊卑、是以朝・省為彼我、官・職分二事也。⑵①両制近職、若有事議而云絶班不赴、非所以求至当。②且知制誥、中書省奏班簿[28]、是謂絶班、翰林学士亦知制誥、不絶班簿。此因循之制、未為確拠。縦絶班有例、而絶官無聞。③一人命官、三省連判、而都無所係、止為俸銭、豈命官之理。（（ ）内は『宋史』巻一二〇・礼志二三・賓礼五「朝省集議班位」により補う）

（両者の上奏には各々問題点がある。⑴尚書省の制度は貴ぶべきであるけれども、あくまで天子の有司に過ぎない。朝儀においては班列を別にしていて、有司に入ればみだりに尊卑を入れ替えるということは、朝儀と省司、官と職を別物にすることである。⑵①両制は近侍の職であり、もし議論すべきことがあって「絶班」を理由に参加しなければ、至当を求めることにならない。②なおかつ、知制誥は中書省の班簿に記載されており、これを「絶班」と言うのであるが、翰林学士で知制誥も帯びる者（＝内制）は班簿から削除されない。これは因循の制であって、いまだ確たる根拠はない。たとえ絶班に例があっても、絶官というのは聞いたことがない。③一人の官僚を任命すれば三省が連署するのに、本省と全く関係がなくただ俸給だけを支給するのであれば、官僚を任命することの道理が成り立たない。）

⑴は御史台の見解への反論で、朝廷における序列を優先すべきであるとの指摘である。一方⑵は趙良規の見解の問題点を指摘したもので、①両制は抜擢を蒙った侍従の職なのに集議に参加しないというのは集議本来の意図を損なう、②御史台と同様に絶班（絶曹）の矛盾を指摘した上で、たとえそうした例があったとしても絶官（本省との関係の完全な断絶）は認められない、③辞令書には三省が連署するのに本省とつながりがないと言うことはできない、以上の三点を挙げる。

ところで、御史台に対する呉育の反論を『宋会要』儀制八―一二で見ると、次のような点も指摘されている。

官・職之名、本非二体、官正其号、職供其事、名実相繫、豈有殊途。……分官・職為両事、蓋自唐室以来、臨事雑置、遂有別帯職事之名、厥後因循、未帰本務。必欲振復、則当一概更張。

（官・職の名称は本来別のものではなく、官とはその称号を正し、職とはその職務に供し、名実が互いにつながるものであって、どうして互いに異なるものであってよかろうか。……官・職が分かれて二つの事柄となっているのは、思うに唐朝以降、事ごとに使職を雑置した結果本官とは別に職事の名称を帯びる事態が生じ、その後も因循して本来の職務に戻っていないからである。必ず旧制を復活させようと思えば、全てを改めなければならない。）

官・職の分離という状況は将来解消すべきであるとの点においては御史台と同じ認識なのであるが、続いて、

若即今而言、須以隷名為軽、供職為重、儻云入朝叙職・入省叙官、則是官・職相離、遂有限絶。推之於古、益紊源流。

（もし現在について言えば、隷名を軽んじ供職を重んずべきであり、朝儀では職に従い、尚書省内では本官に従うと言うのであれば、これは官・職が互いに離れ隔絶することになってしまう。これを古の制度に推し量ってみると、源流を乱すことになる。）

とあり、官・職の完全な分離を防ぎ官制改革への道を残すには、いまのところは隷名（実体を伴わない名称、寄禄官を指す）より供職（差遣・館職を指す）を重んじるべきという点で御史台と意見を異にしているのである。

一方、職を重視しながらも、絶曹を理由に本官を軽視する趙良規の見解に呉育が賛同していないことは前述の通りであるが、同じく『宋会要』によって彼の発言を見ると、前引『長編』(2)の③に関して、

凡搢紳遷次、所主者官名。俸給尽従本省、居常既不復止。会議又不一来、則是自絶其官帯之。何謂仲尼不去餼羊、粗存告朔之礼。若并羊一去、寄礼無地、則台省之制、自此益隳。縦以絶班皆不可赴、若有詔両制・台省百司畢会、則座次又如何為定。（『宋会要』儀制八－一四「集議」）

（およそ官僚の叙遷は、主とするものは本官である。俸給は全て本省に依っており、これは日常の事であって止める

ことはできない。集議に全く参加しないということであれば、これは自ら本官との関係を断ち切って職を帯びるということになる。どうして孔子が生贄の羊をやめずに告朔の礼を残すべきだと言ったことを思わないのか。もし生贄の羊がひとたびやめられれば、礼を行う寄る辺はなくなり、台省の制度はますます廃れてしまう。たとえ絶班を理由に集議に参加しないことになっても、詔によって両制・台省百司の官をみな招集することになったら、席次はどのようにして決めればよいのか。)

とあり、絶曹を集議に適用することが絶官につながり台省の制の崩壊を招くこと、また集議に関しては絶官を認めてしまうと百官対象の集議の際の席次が決められなくなることが懸念されている。ここには古礼を存続させようとする孔子の姿勢を引用し尚書省復活の道を閉ざすまいとする彼の姿勢が窺える。つまり、呉育は趙良規・御史台双方の見解に対して、将来行うべき官制改革への道を閉ざすものだと言っているのである。そして彼が台省の制を保持すべきとする意図は、自身が再三指摘している官・職分離の解消にあると見てよいであろう。[29]

しかし、呉育の理念は初期改革論のように復古一辺倒であったわけではない。最終的に彼は帯職官を集議に参加させた上で別に席次を設けるという案を提示している。これについて『宋会要』儀制八-一四「集議」には、「須至折衷古今、断以大体、用朝廷為重、取著定為常」(古今を折衷し、制度の要点を考えて判断し、朝廷を重んじ著定〈朝儀での序列〉を恒常的なものとすべきである)とあり、「古今の折衷」を図っての提案であると彼は述べている。唐制復古一辺倒の初期改革論や、王旦のような宋制のみを重視する立場とは異なると言うべきであろう。また、提案の最後に、「若遇国家尽復正官、各従本務、則不仮復議、自有尋倫」(本朝が正官を復す際に各々が本来の業務に従えば、あらためて議論せずとも自然と秩序を求めることができるだろう)と、将来の正名の必要性に言及することも忘れていない。

以上、景祐四年(一〇三七)の集議官論争における呉育の見解を追うことで、彼が正名の必要性を認識していたことを指摘した。ここで前項の終わりに提示した問題に立ち返ると、こうした認識を持っていたとすれば至和二年(一〇五五)の改革論における尚書省復活は正名のための手段として唱えられたのであり、五代の否定といった視点からは懸け離れた提議であると考えられよう。

ちなみに集議官論争の結末について付言しておくと、一連の議論を受けて出された詔は、

尚書省議事、応帯職官三司副使以上並不赴、如遇集議大事令赴、別設坐次。(『長編』巻一一〇)

(尚書省での集議には、およそ三司副使以上の帯職官は全て参加せず、大事の集議に参加させる場合は別に席次を設ける。)

と、帯職官三司副使以上は尚書省集議に参加の義務なしとするものであった。これは帯職官を「尚書省官」に含めないことを意味しており、明道二年(一〇三三)七月以前の状態に戻り、それを明文化したということになる。

三　嘉祐年間の改革論

ここまでは至和二年(一〇五五)の呉育の改革論について、先行する集議官論争における彼の発言の分析を通じ、正名に主眼が置かれていたと考えられること、唐制を重要視する姿勢が国初ほど徹底していないことを指摘した。この背景には宋人の唐朝に対する認識の変化を想定しうるわけであるが、このことをいまひとつ、具体例を挙げて見ていきたい。

嘉祐年間(一〇五六〜六三)に、当時翰林学士であった韓絳の提案をきっかけに官制改革が検討された[30]。『長編』巻一八八・嘉祐三年(一〇五八)十二月辛亥によると、韓絳の提言を受けて翰林学士胡宿・知制誥劉敞に詳定を命じ、両名は「改正・裁損・申明すべきこと十事」を条上したが、結局施行を見なかったという。しかしこの記事

は繫年に疑義を生ぜしめる史料が存在するばかりでなく、[31] 事実関係についても判然としない点がある。以下、考証を加えつつ事の推移を追っていきたい。

『長編』は韓絳の提言について、

翰林学士韓絳言、「中書門下、宰相所職、而以他官判省、名不相称、請更定其制。百司常務、多白二府、請詳其軽重、移付於下、使大臣不為細故攖慮、得以専講政事。又章服所以別尊卑、今走吏与公卿不殊、請依唐制以品数為等、其因年考及階品合服者、須未嘗犯徒罪乃聴。又台閣省寺、典章所由出也。今独存勅条文案而已。本朝故事、名臣遺範、無所伝録、請依周礼・唐六典著為一書」。

（翰林学士韓絳が言った、「中書門下は宰相が職務を行うところであるが、他官を以て省務を判すると、名称が（実体と）つり合わないので、名称の更定をしていただきたい。百司の常務は多くが二府に上申されるが、これらの軽重を調べ、（軽いものは）下に任せ、大臣に細務に煩うことなく政事に専念させていただきたい。さらに、章服は尊卑を区別する手段であるが、いまは走吏も公卿も異ならないので、唐制に依拠して官品で等級を決め、年考や階品によって章服を着用すべき者は、徒罪を犯したことのない者のみ許すこととしていただきたい。さらに、台閣省寺は典章の出る所である。いま、ただ勅条文案が保管されているだけである。本朝の故事、名臣の遺範を伝えるものがない状態である。『周礼』『唐六典』に依拠して一書を著していただきたい」と。）

と記す。これによると、①宰相職の名称の更定、②各官庁の通常業務の裁量権確立と二府の負担軽減、③章服の制定、④『周礼』『唐六典』に倣って一書を成すことが韓絳の提言の内容である。ただ、①については劉攽『彭城集』巻三五・行状「故朝散大夫給事中集賢院学士権判南京留司御史台劉公（＝敞）行状」には、

翰林学士韓絳上言、「国朝官制未立、如中書門下為宰相、職号令、乃以近臣兼判両省、例已重。諸如此類、宜加裁定、正其名体、他官典領、一用旧例」。

（翰林学士韓絳が言った、「本朝の官制はいまだ確立しておらず、例えば中書門下の大臣は宰相であり、号令の発布を職務としているが、近臣に両省を兼判させており、これは通例となって甚だ重いものとなっている。およそこのような事柄に裁定を加え、名称と実体を正し、他官の典領も全て旧例を用いていただきたい」と。）

と、中書のことは「官制未だ立たず」の一例として挙げられたに過ぎず、上言は中央政府全般にわたる正名を求める内容であったとされている。また、『宋朝諸臣奏議』巻六九・百官門・官制「上仁宗論詳定官制」には、

臣等昨奉勅、為翰林学士韓緯上言「国家奄有四海、承平百年、官制未修、方苦其陋。欲望討論唐百官制及本朝官制品秩事件、量加裁定、正其名体」等事、奉聖旨差臣等同共詳定。

（私達は先頃勅を承り、翰林学士韓絳が「本朝は四海を治め、太平を保つこと百年、しかし官制はいまだ修まらず、その卑賤であることに苦労している。どうか唐の百官の制度と本朝の官制・品秩を比較検討し裁定を加え、名称と実体を正していただきたい」などと上言したこれらの事について聖旨を奉じたところ、私達がともに詳定せよとのことであった。）

とあり、やはり唐制と宋制を比較検討し、中書に限定せず官制全体の名体を正すことを韓絳は求めたようである。『長編』では続いて胡宿・劉敞に詳定が命じられ彼らが十事を条上したとするが、この点に関して李燾は割註で、「『実録』謂宿等以為不足行、誤也。宿等固嘗条列、当是議不合遂罷、更須考詳」（『実録』には胡宿等は行うに足りないと考えたとあるが、これは誤りで、胡宿等は改革案を条列したのであるから、その後の議論が合わずに止められたのであろう。更に考察する必要がある）と述べ、胡宿等が官制改革のことを施行の価値なしとしたとする『実録』の記事を否定する。一方、一連の経緯について『彭城集』巻三五「劉公行状」には、

天子以為可行、召公与翰林胡宿受詔同詳定。公以謂、「此帝王能事、朝廷大務、必将損益沿革、成一朝之制、不独空言而已。当得其人、乃能成事。……」。凡再辞、不許。既受命、公乃奏請、未置局、先条可改正・裁

損・申明数事、送中書門下参詳可否、然後刪定。詔許焉。未及上、明年三月、韓再奏趣行之。公乃与胡公詣政事堂、略条一二事、諮丞相曰、……丞相久之、度不能行、曰、「然。此誠難事、業已行、姑徐徐為之」。居月余、韓以中丞言事、出知蔡州。又数月、公帥長安。然胡公猶在朝、而朝廷亦不復問官制云。

（仁宗は行うべきであるとし、公（劉敞）と翰林学士胡宿を呼んで詔を受けてともに詳定させることとした。公は言った、「これは帝王のみが成せる事業であり、朝廷の大事であるので、必ず損益沿革を以て朝廷全体に関わる制度を作るべきである。ただの空言に終わってはならない。適した人材を得てはじめて事を成し遂げることができる。……」と。二度辞退したが許されなかった。命令を受け、公は担当部局を設置する前にまず改正・裁損・申明すべきいくつかの事柄を箇条書きにして中書門下に送って可否を参詳させ、その後に刪定したいと申し上げた。詔があってこれが許可された。ところが条上する前に、翌年三月、韓絳が再び上奏して改革の速やかな施行を願い出た。公はそこで胡宿とともに政事堂に行き、一二の事を略条し、宰相に諮った。……宰相はしばらく考え、すぐには施行できないことを悟り、「卿等の言う通りだ。これは大変な難事業だ。すでに着手されているが、当面は徐々に行っていくこととしよう」と言った。一月あまり経って、韓絳は御史中丞の言事に遭って出外して知蔡州となった。さらに数ヶ月後、公は知永興軍となった。胡宿だけがなお中央にあったが、官制の事が再び議論されることはなかった。）

とある。事の大きさと自らの不才を理由に劉敞は二度辞退したが受け入れられず[32]、続いて詳定のための部局を設置する前に改正・裁損・申明すべき事を中書に条上し、可否を参詳した上で制定するという手続きを要請し、これが許可されたとする。ところが条上する前に韓絳が再び速やかな施行を願い出たという。この記述によるとすれば劉敞等の検討結果は中書に達していないことになる。さらに注目すべきは、事態を知った劉敞が胡宿を伴って政事堂を訪れ、宰相に改革の困難さを説いたとされている点である（この言の詳細については後に触れる）。そしてこれを聞いた宰相は徐々に行っていくと答えたものの、関係者の出外によって計画は消滅したとする。以上の記述から、劉敞等は当初から韓絳に非協力的であり、改革そのものに対しても積極的であったとは言えないと思われる。少なくともその拙速な施行に対して反対の立場を取っていたことは事実であろう。

しかしそのことを認めた上でなお、劉敞等がまとめた案と政事堂での発言が、彼らの官制に対する認識を示していることには変わりない。そこで以下に「条上」の内容と政事堂での発言を見ていきたい。

まず、韓絳は唐制に依拠した正名を想定していたようであるが[33]、このことに対し劉敞はどう考えていたのであろうか。『宋朝諸臣奏議』巻六九・百官門・官制「上仁宗論詳定官制」[34]により「条上」の内容を箇条書きにすると次のようになる。

改正すべき事

①宰相府の設置　②御史大夫の復置　③枢密院廃止　④三司廃止と尚書省二十四司の復活　⑤検校官・勲爵・実封等の廃止

裁損すべき事

①審刑院廃止　②審官院廃止　③群牧司・提挙司・観察《(糾)》[35]司等の廃止

申明すべき事

①左右史官による皇帝の言動記録　②中書起草・門下封駁・尚書施行の遵守　③諸学士の定員設定　④中書舎人による尚書六曹の分判　⑤九寺の職権回復　⑥近臣による中書・門下省兼判を不可とする言者（＝韓絳）への反論[36]　⑦唐制にない武官名の中央からの排除　⑧官制を記した書を成す

全体的に唐制の導入を基調としたものであるが、必ずしも唐制に拘泥する姿勢を取っているわけではない。例えば「改正」①宰相府については、

漢置丞相、其後改置三公官、皆公府辟召掾属。唐制以尚書・門下・中書三省長官為宰相。尚書令・僕射・侍

中・中書令是也。官品未至者同中書門下三品、今平章事即其比也。参知政事、唐初亦是正相、崔温等嘗為之、国朝之制、下宰相一等。若用唐制正其名体、則四輔之任当悉用平章、依漢制、即須立丞相府。

（漢は丞相を置き、その後三公を置いたが、みな公府が属僚を辟召した。唐制では尚書・門下・中書三省の長官を宰相とした。尚書令・僕射・侍中・中書令がこれにあたる。官品が達しない者は同中書門下三品とし、現在の平章事はこれに比定される。参知政事は唐初には宰相であり、崔温等がかつてこれに任ぜられたが、本朝では宰相を下ること一等の扱いとなっている。もし唐制を用いて名称と実体を正すのであれば四輔の任には平章事を用いるべきであり、漢制に依拠するのであれば丞相府を設置するべきである。）

とあり、漢の丞相府か唐の平章事の制度どちらかを採用するよう提言している。また、②御史大夫については、

唐制、御史大夫一人、中丞三人。国朝之制、大夫不置、以中丞為台長、它官或以給事中・諫議大夫権之。若欲改正官制、置丞相府、則大夫当復、軽重乃等。

（唐制では御史大夫一人、中丞三人が置かれていた。本朝の制度では大夫は置かず、中丞が御史台の長官となっており、他官が給事中・諫議大夫の本官を以て仮に務めている。もし官制を改正するにあたって丞相府を設置するならば、大夫もともに復活させるべきであり、そうすれば軽重は等しくなるだろう。）

とあり、唐制で御史大夫一名を置いていることを挙げているが、「丞相府」とともに復すべきという言は、明らかに御史大夫が副宰相として国政の枢要を握った漢制を念頭に置いたものである。これらの点において、唐制への復帰によって正名を行おうとする韓絳との見解の相違が窺える。

次に、政事堂での発言であるが、これは前述の通り拙速な施行を求める韓絳の上奏に抗議してのものである。『彭城集』巻三五「劉公行状」によると、政事堂で一二事を「略条」したとあり、先の「条上」の要点を陳述しているが、最後に、

当開元時、官有定員、職有常守、故李林甫之為六典也易。然猶僅成一書耳、卒之不能行也。本朝随事建官、取便事而已、有司奉法守職可矣。苟不能爾、恐雖成書、猶且復廃。宇文之周官、唐之六典是也。

（開元の時には、官には定員があり職には職務が定められていた。だから李林甫が『唐六典』を編纂することは容易であった。しかしそれでも一書を成したに過ぎないのであり、とうとうこれを施行することすらできなかった。本朝は事に従い官職を設け、便宜的に行っているだけであり、有司が法を遵守し職務を遂行すればそれでよかった。もしこのように〔政事堂での劉敞・胡宿の意見の通りに〕することができなければ、おそらく書を成したとしてもまた廃れるだけだろう。宇文〔北周〕の周官、唐の『六典』もそうだったのだから。）

とある。ここでも施行の前の十分な検討を必要とする考えが示されているとともに、『唐六典』に対して、実際に用いることができなかったものだったのであり、現段階で書を成しても『唐六典』のように廃れるだけだと述べている。この発言は『唐六典』に記載された三省六部制及びそれへの回帰という意見を否定するに等しい。唐制への回帰そのものを目的とする国初改革論とはかなり異なった理念に基づく発言と言えよう。

以上見てきたように、劉敞も呉育同様、唐制のみにとらわれない改革論を展開したわけであるが、再三述べているようにかかる論調の背景には唐代への執着をある程度捨てるに至った当時の時代観の変化があると考えられる。唐の象徴としての尚書省そのものの復活を目指す国初の論調とは大きな隔たりがあると言えよう。

ところで、こうした「正名」論とは別に、官制の運用実態に関する意見が仁宗朝には顕在化してくる。それらは主に二府そのものや、二府と他の行政機関の関係を論じたものであり、『周礼』にその論理的根拠を求めたり、あるいはその影響を強く受けたと思しき構想を持っている。例えば范仲淹は、後に挙げることになる官制改革論において、宰執が各官庁の監督権を掌握することを正当化する論拠として、遠く『周礼』の記事を引くとともに唐代後期に行われた宰相による六部兼判という『唐六典』の規定から逸脱した事例を挙げている。また、司馬光は総計使を置き宰相が財政を監督するという案を持っていたようであるが、そこでも『周礼』冢宰に加え、唐代の宰相が塩鉄・度支・戸部を領する使職を帯びたという事例に自己の案の根拠を求めている。こうした『周礼』重用傾向の一つの要因として、これまで見てきた時代観の変化があるが、これに加えて、二府のあり方に関する当時の議論を見る必要がある。節を改めて論じていきたい。

第四節　仁宗朝の改革論(二)――「宰執」論

仁宗朝における、官制の運用について論じた改革論には、その根拠を『周礼』に求めるものが見られる。『周礼』が理念として持ち出された背景には、先に述べたように宋人が唐を絶対視せず、宋朝に対する自負心を持つに至ったことが考えられる。それに加えて、政治の現状に問題意識を持ち、これを是正して自己の抱く理想の秩序を実現するための論理的根拠として、その理想に合致する『周礼』が援用された。本節ではこれらの現実的改革論における構想について考察していきたい。

はじめに北宋初期、太宗朝に確立された政治構造を一瞥しておこう。太宗朝の政治体制の特色は、皇帝への権限集中と各官庁間の権限分割にある。既に第三章で触れたように、財政機関である三司については、その業務は皇帝に直結する形で処理され、中書が財政に関与しうる体制ではなかったし、二府と併称される中書・枢密院の関係においても分権の原則は遵守されていた。例えば覆奏については淳化元年(九九〇)に、政事は中書、機事は枢密院、財貨は三司が覆奏した後施行するという規定が設けられ、中書・枢密院の覆奏は、忠実に実行されたかはともかく、以後原則として存在し続けた。[37] また、本章第一節で述べたように太宗は燕雲十六州の回復を目指し

て積極的に軍事行動を起こしたが、その際の官僚との議論について、『長編』巻二七・雍熙三年(九八六)六月戊戌には、

初議興兵、上独与枢密院計議、一日至六召、中書不預聞。及敗、召枢密院使王顕、副使張齊賢・王沔謂曰、「卿等共視朕、自今復作如此事否」。上既推誠悔過、顕等咸愧懼、若無所容。

(太宗は軍事行動を議論する際にはただ枢密院にのみ諮り、一日に六度も呼び出し、中書は関与できなかった。敗れるに及んで、枢密使王顕と副使張齊賢・王沔を呼び出して言った、「卿等はみなで朕を注視せよ、今後再びこのようなことになるか否か」と。太宗は既に心から過ちを悔い、顕等はみな恐れ慎み、身の置き場のない有様であった。)

とあり、軍事行動に際して中書に謀らず、枢密院とのみ協議していたという。この点、従来の「君主独裁制」説の描く、あらゆる国家機構を統括する存在としての皇帝のイメージに太宗はよく合致する(38)。

ところが、真宗朝に入るとこの厳格な分権化に修正が加えられる。例えば軍糧調達策について中書から三司に命令が下ったり、茶法に関して二府の主導による見直しが行われた例がある(39)。さらに、真宗は遼との関係悪化に対応するため、二府に対して協力して辺事に当たることを求めている。その後、対外関係が比較的安定した時期においても辺事や文武官人事に関して中書・枢密院の相互通知を義務付ける措置が取られた。『長編』巻六五・景徳四年(一〇〇七)閏五月丁丑には、

詔、「自今中書所行事関軍機及内職者、報枢密院、枢密院所行事関民政及京朝官者、報中書」。時中書命秘書丞楊士元通判鳳翔府、枢密院命士元監内香薬庫、両府不相知、宣・勅各下、遂有此詔。

(詔した、「今後、中書は軍事や内職〔諸司使副・大使臣〕の人事に関わる事は枢密院に通達し、枢密院は民政や京朝官の人事に関わる事は中書に通達せよ」と。中書が秘書丞楊士元を通判鳳翔府に任命し、一方で枢密院が彼を監内香薬庫に任命し、両府が互いに知らず宣・勅がそれぞれ下ってしまった。その結果、この詔を降すこととなった。)

とある。ただし、この詔は日常業務が二府で別個に処理されることが前提とされており、二府の合議を義務付けたものではない点には注意を要する。二府間の文書往来については次のような史料がある。

及〔寇〕準為枢密使。中書有事関送枢密院、礙詔格、準即以聞。上謂〔王〕旦曰、「中書行事如此、施之四方、奚所取則」。旦拝謝曰、「此実臣等過也」。中書吏既坐罰、枢密院吏皇恐、告準曰、「中書・枢密院日有相干。旧例止令諸房改易、不期奏白而使宰相謝罪」。既而枢密院有事送中書、亦礙詔格、吏得之、欣然呈之旦、旦令却送与枢密院。吏白準、準大慙、翌日謂旦曰、「王同年大度如此耶」。旦不答。(『長編』巻八四・大中祥符八(一〇一五)年四月壬戌)

(寇準が枢密使となった。ある時、中書が枢密院に通達すべき事があって関〔文書〕を送付したところ、その内容が詔格に抵触していたので、寇準がすぐに上奏した。真宗は宰相王旦に言った、「中書が政務を行うことがこのようであれば、これを四方に行おうとしても模範とすることなどできないではないか」と。王旦は謝罪して言った、「これは全く私達の罪です」と。中書の胥吏が処罰されたので、枢密院の胥吏は〔報復を〕恐れて寇準に言った、「中書・枢密院の間では毎日業務におけるやりとりがあります。旧例では〔ミスがあると〕ただ諸房に修正させるだけで、皇帝に上奏して宰相に謝罪させることなど求めませんでした」と。しばらくして、今度は枢密院が中書に事を送付したところ、また詔格に抵触しており、中書の胥吏がこれを得て、嬉しそうに王旦に差し出すと、王旦は枢密院に返送させた。枢密院の胥吏が寇準に報告すると、寇準は大いに恥じ入り、翌日王旦に、「王同年はなんと度量の広い方であることよ」と言った。王旦は答えなかった。)

「中書・枢密院は日に相干する有り」という言から、日常業務に関する二府間の文書往来が頻繁に行われていた一方で、中書・枢密院の「諸房」が相手に通知せずに改めるのが常態であったことが窺える。

一方、『長編』巻八〇・大中祥符六年(一〇一三)正月庚子には、詔、「自今凡更定刑名・辺防軍旅・茶塩酒税等事、並令中書・枢密院参詳施行」。以上封者言二府命令互出、或有差異故也。

（詔した、「これより刑名の変更・辺境の防備・茶塩酒税等の事は、全て中書・枢密院に参詳・施行させる」と。上封する者が、二府の命令が互いに出て、差異が生じる場合があると言ったためである。）

とあり、真宗朝後期には重要案件について中書と枢密院の合議体制が取られるようになった。しかし、これについても合議の対象は「更定刑名・辺防軍旅・茶塩酒税等の事」に限定されており、専売法（茶塩酒税）については実際に真宗朝において中書・枢密院の合議に基づく政策決定が行われていたかは確認することはできない(40)し、後述するように対西夏関係が悪化した時期には再び二府の連携不足が問題となっている。真宗朝における二府の関係は、必ずしも連携が十分ではなかったと言えよう(41)。

こうした状況のもと、仁宗朝には対西夏問題を契機として財政状況等の様々な問題が顕在化するが、これらの一つとして、現行官制の運用実態についての議論が見られる。熊本崇氏は、こうした改革論のうち慶暦新政期における范仲淹のものに注目し、二府の一元化と各官庁に対する輔臣の指導力強化を求める点において、彼の改革論は後の熙寧・元豊以降に見られる特定宰相への権限集中の先駆的構想であったとする(42)。しかし、慶暦以前の政治の実態との関係、あるいは他の官僚の認識との共通性に注目すると、むしろ彼の構想は、皇帝を頂点とする一方で皇帝・宰執への過度の業務集中を避けつつ、各官僚・官庁が上下の職分を遵守する体制を求める当時の共通認識を具体化したものと解釈するべきであろう。以下、この点について考えてみたい。

まず、仁宗朝においては、初期政権構造の特色である皇帝への一極集中体制を問題視する意見が出てくる。既に真宗朝からかかる体制の弊害は指摘されており、例えば『長編』巻六六・景徳四年（一〇〇七）七月壬午には、

知制誥周起言、「諸司定奪公事、望令明具格勅・律令・条例以聞。或事理不明、無条可援者、須件析具事宜

従長酌中之道取旨、不得自持両端、逗留行遣。如挟情者、望許人論告、重行朝典。或止是畏避、亦量加責罰」。従之。

（知制誥周起が言った、「諸司が公事を定奪する際には、関連する格勅・律令・条例を明記して上奏させるようにしていただきたい。あるいは事の道理が明らかでなく援用すべき条文が見当たらない場合は、案件ごとにより良い方、あるいは折衷案を書き添えて決裁を仰ぎ、勝手に二つの方法を併記して行遣を遅らせてはならない。もし私情を差し挟む者がいれば人が論告することを許し、重く処罰していただきたい。あるいはただ責任回避をしてきちんと上奏しない者も罪を量って処罰していただきたい」と。これに従った。）

とある。有司が自己判断に基づく案件処理を行うことができていない状況が読み取れる。

こうした状況について張方平は、宝元元年（一〇三八）、星変に応じて奉った上疏において次のように言う。

今夫津官亭吏一命之微、米塩貨利毫杪之細、莫不関決衡石、煩黷天衷。三公不修其職、而猥侵群有司之事、群有司苟謀期課、莫安所守。上下姑息、習以為常、偸慢懐安、風俗益弊。臣愚以為方今国体所繋、政府而下、分職之重、台省備矣。而豸冠乏匪躬之士、蒲規鮮替否之言。当衡鑑者、循資格而無賢愚之別、絶勧賞澄清之義、運計籌者、張空簿而責錐刀之末、無斂散軽重之権。政失其本、事忘其旧、其所召弊、由来漸矣。臣愚伏願陛下少運神智、詳思世務、諸如此弊、宜有興改。撮其機要、謹其関梶、莫若択任三吏、切摩治本、使夫総百揆者則謀用庶官之長、列庶長者則各選衆職之任、付之柄而責其効、尽其才而要其成、官守典司、無相侵紊、有廃厥職、必正于罰。（『楽全集』巻一九・論事「上疏一道」）

（いま、そもそも一地方官の人事から銭穀の細務まで、宰相の決定に委ねたり陛下まで煩わせたりしないものはない。三公〔宰相〕がその職務を修めず、みだりに有司のことを侵犯しており、有司の方も計画をおろそかにし事務の処理ばかり気にかけて、職務を遂行することがない。上下が姑息な行為ばかりして常態となり、その場しのぎで安逸を貪り、風俗がますます廃れている。私が思うに、現在の国体の頼りとするものは、政府〔二府〕以下の職務分担を行い中央官庁を完備することとである。御史には忠義の士が乏しく、諫官には直言が少ない。賞罰を決定する〔人事担当の〕者は資格に従い賢愚の別を判断せず、善行を勧めて世を清める義を絶ち、計画を立てる〔財政担当の〕者は中身のない帳簿を広げわずかな利益を責め立てるだけで、軽重を斂散する権限もない。政治がその根本・旧制を失い、弊害を生じることが徐々に甚だしくなってきている。陛下には少しく神智を運用し詳しく世務を考え、この弊害を改めていただきたい。機要を取り関梶〔機関。政治の枢要の比喩〕を謹むには、三吏〔三公〕を選任し政治の根本を正し、百揆を総べる者〔宰相〕に各官庁の長官を選ばせ、各官庁の長官に属僚を選ばせ、権限を委任して業績を求め、才能を尽くして成功を求め、各官の職務を互いに犯さないようにしてこの職務を損なう者がいれば必ず処罰していただきたい。）

張方平は、一地方官の人事から銭穀の細務まで宰相の決裁に委ねるという体制が生む弊害を指摘し、こうした初期政権的構造に代わって「総百揆者」(宰相)が「庶官之長」(各官庁の長官)を選び、さらに長官が「衆職之任」(属官)を選任することが必要であると述べている。このように官僚選任を通じて上司―下僚関係を明確にすることで、職務の侵奪を防ぐことができると言うのである。

また、第三章でも挙げたが、内降文書による皇帝と諸司の関係についても張方平は否定的見解を示している(『楽全集』巻二五・論事「請止中使伝宣諸司」)。皇帝と諸司は内降文書を通じて直接意志疎通を行うべきではなく、命令は二府を介して伝達されるべきであるという彼の意見は、二府は諸司の上司であるという認識に基づいている。これら張方平の意見は、官僚機構内における上下秩序見直しの必要性を指摘したものと言えよう。

こうした構想を張方平が持っていたとすれば、彼が提唱する二府統合論や、財政問題への二府介入を求める意見も、権限の集中というよりむしろ輔臣に対して本来の責務を果たすことを求めるものとして捉えることができる。対西夏関係が悪化していた康定元年(一〇四〇)、それまで辺事が中書に報告されていなかったため、宰相・

参知政事に辺事を枢密院と合議せよとの命令が相次いで下され、枢密院の南に聚議のための建物が設けられた。[43]張方平はこの二府合議体制をさらに進めて、中書による枢密院併合を主張する。『長編』巻一三七・慶暦二年(一〇四二)七月壬寅には、

知諫院張方平言、「朝廷政令之所出在中書。若枢密院、則古無有也。蓋起於後唐権宜之制、而事柄遂与中書均、分軍民為二体、別文武為両途。為政多門、自古所患。……特廃枢密院、或重於改為、則請併本院職事於中書、其見任枢密使副不才者罷之、諸房吏史且皆如旧、亦足以一政事之本、通賞罰之権、省冗濫之費、塞僥倖之望。……」。

(知諫院張方平が言った、「朝廷の政令は中書から出る。枢密院のようなものは古にはなかった。思うに後唐の権宜の制度から始まり、権限が中書と等しくなり、軍政・民政を二つに分けてしまい、文官・武官の人事を二つに分けてしまった。政令の出処が複数になることは、古から憂慮すべきことであった。……ただ枢密院を廃止するべきであるが、あるいは改変しがたいというのであれば、枢密院の職務を中書に併合し、現任の枢密使副の不才の者は罷免し、諸房の胥吏は従来通りにすれば、この方法もまた政事の根本を一つにし、賞罰の権限を通じさせ、冗費を削減し、僥倖の望みを塞ぐに十分だろう。……」と。)

とある。政令の出所はあくまで中書であるべきで、二府の並立には弊害が多いため、これを一つにまとめるべきであると言う。しかし彼の構想は宰相による枢密使兼判という不十分な形でしか受け入れられず、[44]しかもこの体制も慶暦五年(一〇四五)に解消されてしまい、[45]辺事は合議すべしという原則は残るものの、実際には有効に機能していなかったようである。[46]

このように張方平の二府統合論は対西夏問題を契機として、辺事に柔軟に対処することを目的として提議されたものであったが、一方で、第三章で見た二府と三司の関係についての彼の認識を見れば、二府が辺事に限らず

あらゆる分野においてその責任を果たすというのが彼の描く構想であったと言える。冗費削減を図った減省所設置の際に張方平は二府主導による削減策の検討を求めていたことは第三章で見た通りであるし、慶暦七年（一〇四七）、三司使時代に奉った上奏においても、財政問題解決のために二府の積極的関与を求めている。『楽全集』巻二三・論事「論国計出納事」には、

置兵有策、則辺費可省、辺費省、則兼幷之民不能観時緩急、以侵利権、然後有司可以制軽重矣。臣以不才、謬当大計、職憂所切、心如焚灼。推諸利害至於根本、則関棙動静、臂指伸縮、乃繫二府、非有司所預。謹具大略、乞下中書・枢密院審加図議、裁於聖断。

（軍隊の配備に策があれば辺境の軍事費は省くことができるし、辺境の軍事費が省ければ兼併の民は経済動向に乗じて国家の利権を侵すことができなくなり、その後に有司は軽重を統制することができる。私は不才の身でありながら財政を担当し、職務上の心配事は多く、心は焼けるようだ。諸々の利害の根本を推し量ってみると、関棙の動静、腕や指の伸縮（のような財政の運用という行為）は二府に関わることであって、有司の与る所ではない。謹んで大略を書き記すので、中書・枢密院に下して詳しく審議させ、陛下自ら判断していただきたい。）

とあり、原則上は枢密院の専管事項であるはずの冗兵問題を、中書と枢密院の協力によって解決すべきと述べているとともに、三司は単なる「有司」であって、問題の根幹である冗兵問題に関与する権限はないとしている。彼の理念は、二府の統合が受け入れられないことを認めた(47)上でなお、民政・軍政の区別にとらわれずに、輔臣としての責務を果たすことを二府の大臣に求めたものと言うことができよう。

このように張方平の構想は、単に二府の統合にとどまるものではなく、二府の大臣に民政・軍政の枠組みを超えた協力を求めるものであった。この点においては「更定刑名・辺防軍旅・茶塩酒税等事」における二府の合議を定めた真宗朝の大中祥符六年詔と変わらないように見えるが、張方平はさらに上司―下僚関係についても構想

を持っており、日常的に生じる業務を処理するのはあくまで有司の役目であって、宰執はそれら細務から解放された上でなお重要案件について決裁を与えるというのが、彼の描く二府あるいは官僚機構全体の理想像であった。まとまった官制改革論として具体化こそしなかったものの、二府を頂点とした上下秩序の再編こそが、彼の目指す構想だったのである。

二府の大臣に輔臣としての責務を果たすことを求めるとともに、彼らを煩雑な庶務から解放し、これを属僚に委ねるべきとする見解は、張方平に限らず多くの官僚が共有していた。例えば欧陽脩は中書・枢密院に属官を置いて「常行事目」を一任し、執政は「廟謀」に専念させるべきであると言う(欧陽脩『欧陽文忠公集』巻一〇六・奏議巻一〇・諫院「論中書増官属主文書箚子」「論大臣不可親小事箚子」)。熊本崇氏はこれを、執政を「廟謀」に専念させることで二府の指導力を強化するものであり、また短期的には当時枢密院に在籍していた杜衍・韓琦等の発言権を強化し、慶暦新政反対派である章得象を頂点とする中書に対抗する意図があったとするが[48]、見方を変えれば「小事」を属僚に委任することは宰執の職務を限定することにつながり、ひいては官僚機構における上下秩序を明確にする意図があったと捉えることも可能であろう。また、慶暦以降のことに属するが、范鎮は中書・枢密院による財政状況把握の必要性を求めた上奏においてやはり二府を三司の上司として規定しているし[49]、本章第三節で見た韓絳の官制改革論においても、宰執を細務から解放することが求められている。

このように当時において一般的に見られるこうした認識を明確な官制改革論という形で具現化したのが、慶暦新政期における范仲淹であった。彼の改革論(范仲淹『范文正公政府奏議』上「奏乞両府兼判」「再奏乞両府兼判」)を、権限を特定個人に集中させる構想を持つと捉える見方もあるが[50]、必ずしもそうとは言い切れない部分もある。以下にその内容を見ていこう。

范仲淹はまず、改革案の主眼である輔臣による各行政機関の兼判について、その根拠を周の三公・六卿に求め、三公・六卿の説明をした後に次のように述べる。

各帥其属、以佐王理邦国。大事従其長、小事則専達。亦以三公兼六卿之職、取其重也。周用此制、而王道大興、世祚緜久、至八百年。我国家有周之天下、未能行周之制。亦当約而申之、以治天下、則可卜長世之業矣。今中書乃天官冢宰之任、枢密院乃古夏官司馬之任。其地官・春官・秋官・冬官之職、各散於群有司、皆無六卿之正、又無三公兼領之重。而両府間惟進擬差除、多循資級、評論賞罰、各遵条例之外、上不専三公論道之職、下不専六卿佐王之業。雖庶政不修、天下不理、咎将安帰。臣請朝廷於百職中選其務之重者、命輔臣兼領其綱要、体周之三公下兼其六卿、法周之六卿各帥其属、以佐理邦国。唐貞元中、詔宰相齊映判兵部、李勉判刑部、劉滋判吏部、崔造判戸部・工部。又嘗命宰相兼諸道塩鉄・転運使。是宰相下兼其職、以重其事也。

（「奏乞両府兼判」）

（周の六卿は各々が属僚を率い、王を助け国家を治めた。大事は長官が決め、小事は属僚が独断で裁決した。また三公に六卿の職務を兼ねさせ、より重要な職務の権限を持たせた。周はこの制度を用い、王道は大いに興り王位は代々受け継がれ八百年に達した。本朝は周の天下を治めながら周の制度を行うことができていない。取り決めを設けてこれを明らかにして天下を治めれば、長世の業を定めることができる。いま、中書は天官冢宰の任務を担い、枢密院は夏官司馬の任務を担っている。しかし地官・春官・秋官・冬官の職務はそれぞれ有司に散じ、六卿の正しさや三公兼領の重さもない。両府の間では、ただ人事を資序に従って行い、また賞罰を条例に従って行う以外は、上は三公が行っていた政治の原理を論ずる職務も果たさず、下は六卿が行っていた王を助ける職務も果たしていない。これでは政治が上手くいっておらず天下が治まっていなくても、誰を責めればよいのだろうか。次のようにしていただきたい。百官の職務の中から重要なものを選んで輔臣に命じてその綱要を兼領させ、周の三公が六卿を兼任した制度を体現し、周の六卿が属官を統率した制度に則り、統治の助けとする。唐の貞元中、宰相齊映に兵部を、李勉に刑部を、劉滋に吏部を、崔造に戸部・工部を兼判させたことがあった。さらに、宰相を諸道塩鉄・転運使に任命したこともあった。これは宰相が下級官庁の職務を兼任してその職務に重きを加えた事例である。）

周の三公は六卿の職を兼ねていたのに対し、現在の中書は天官、枢密院は夏官の任しか行わず、その他の職務に責任を負っていないことを范仲淹は問題視している。そして輔臣兼判の先行事例として唐の貞元中に行われた宰相による尚書省各部の兼判や、宋初の宰相による諸道塩鉄・転運使兼任を挙げる。范仲淹の求める兼判の内容は、例えば三司については、

臣請命輔臣兼判、此当今之急務。毎至歳終、尽其減省冗費之数、増息財利之数、蠲放困窮之数、具目進呈。（同右）

（輔臣に命じて兼判させていただきたい。これは現状で最も急を要することである。毎年の終わりに、冗費を省いた額、財利を増加した額、困窮する者に対して行った税の減免の数を集約して費目ごとに書き記して上奏させる。）

とある通り、恒常的に行う業務としては年の終わりに財政状況を皇帝に報告することが挙げられるのみであるが、これに加えて、

其創置新規・更改前弊・官吏黜陟・刑法軽重、事有利害者、並令兼判輔臣与奪。其大体者、別具奏呈、令中書・枢密院更従僉議、然後奏取勅裁。其逐司常務、即主判官員、依旧施行。（同右）

（新しい規定の制定、以前からの弊害の更改、官僚の黜陟、刑法の軽重の検討など、利害のある事柄は全て兼判の輔臣に判断させる。より大きな事柄については別に書き記して上奏し、中書・枢密院にさらに議論させ、その後に上奏して陛下の決裁を仰ぐ。各官庁の通常業務については主判の官員が従来通り施行する。）

と、兼判の輔臣には担当機関の職務に対する一定の裁量権が付与されていた。この裁量権はあくまで兼判対象となる機関に限定されており、皇帝の裁決を仰がねばならない重大案件については輔臣全体で議論するとされてい

るのであるから、この改革案が実行に移されたとしても、二府の統合こそ実現はするが、重大事項については輔臣が集団で意志決定を行うことになる。特定個人に権限が集中する状態を范仲淹が想定していたかは疑問である。真宗朝以降の政治の実態、仁宗朝における官僚の問題意識の延長にこの改革論を位置付けるならば、むしろ百官の長としての責務を果たしていない二府の大臣に各行政機関を兼判させることで、官僚機構内部の上下秩序を明確化することにその主眼はあったように思える。范仲淹のこの構想の意義は、唐の三省六部制のような各官庁間の明確な統属関係を規定しない北宋前期的官制に対し、輔臣による兼判を通じて上下秩序を付与することにあったのである(51)。

また、『周礼』を援用して改革を論じたものとして、司馬光による、総計使を置き宰相が兼判することを求める上奏がある。司馬光『温国文正司馬公文集』巻二三・章奏八「論財利疏」(四庫全書本『伝家集』等によると嘉祐七年(一〇六二)七月)に、

夫食貨者、天下之急務、今窮之如是、而宰相不以為憂。意者以為非己之職故也。臣願復置総計使之官、使宰相領之。凡天下之金帛銭穀隷於三司、及不隷三司如内蔵・奉宸庫之類、総計使皆統之。小事則官長専達、大事則謀於総計使而後行之。歳終則上其出入之数於総計使、総計使量入以為出。若入寡而出多、則総計使察其所以然之理、求其費用之可省者、以奏而省之。必使歳余三分之一以為儲蓄、備禦不虞。凡三司使・副使・判官・転運使及掌内蔵・奉宸等庫之官、皆委総計使察其能否、考其功状、以奏而誅賞之。若総計使久試無効、則乞陛下罷退其人、更置之。議者必以為宰相論道経邦、燮理陰陽、不当領銭穀之職。是皆愚人不知治体者之言。昔舜挙八愷、使主后土、奏庶艱食、貿遷有無、地平天成、九功惟叙。周礼冢宰以九職・九賦・九式・九貢之法治財用。唐制以宰相領塩鉄・度支・戸部。国初亦以宰相都提挙三司・水陸発運等使。是則銭穀自古及今、皆宰相之職也。

（そもそも食貨は天下の急務であり、現在このように財政が窮しているのに宰相はこれを心配していない。自分の職務ではないと思っているからである。総計使を再び置き宰相に兼領させていただきたい。全て天下の金帛銭穀の三司が管轄するものも三司が管轄しない内蔵庫・奉宸庫の類も、総計使がみな統轄する。小事は諸官庁の長官が独断で裁決し、大事は総計使に諮ってから施行する。毎年の終わりに出入の額を総計使に報告し、総計使は歳入を量って歳出を計画する。歳出過多であれば総計使がその原因を調べ削減できるものを探し、上奏して削減する。毎年の余剰分の三分の一を備蓄すれば辺境防備費は心配がない。およそ三司使・副使・判官・転運使及び内蔵庫・奉宸庫等の官僚は、総計使がその能力・業績を調べ、上奏して賞罰を行う。もし総計使に実効がなければ、陛下がその人物を更迭し、あらためて別の人物を置いていただきたい。議者は必ず、宰相の役目は政治の原理を論じ国家を経営して陰陽を調和させることであって、銭穀の職務を兼領すべきではないと主張するだろう。しかしこれは政治の何たるかを知らない愚者の言である。昔、舜は八愷を挙げて后土をつかさどらせ、人々に農業を教え、有無を相通じさせ、土地は平らかになり天は成り、九つのはたらき（六府＝水火金木土穀・三事＝正徳と利用と厚生）が整った。『周礼』によると冢宰は九職・九賦・九式・九貢の法を用いて財用を治めたとある。唐制では宰相が塩鉄・度支・戸部を兼領した。本朝でも国初に宰相を都提挙三司・水陸発運等使としたこともあった。これは古より現在に至るまで銭穀は宰相の職務であったことを物語っている。）

とある。『周礼』を挙げている点のみならず、宰相は百官の長として銭穀のことにも責任を負うべきであるとする点、唐代における宰相による六部兼領や宋初の宰相による財政差遣兼領等を挙げる点までも、范仲淹の改革論と酷似している。

こうした構想と、『周礼』が引用されていることの関係について付言しておきたい。王安石は新法施行にあたって『周礼』冢宰邦計の説を採って自己の政策を正当化し、このことが後に『周礼』に否定的な風潮を惹起した(52)のであるが、本来『周礼』の理念とは、王を頂点とした階層構造にあり、范仲淹も引用しているように「大事は其の長に従い、小事は則ち専達する」ことを原則としていた。かかる点に留意するならば、逐司の常務は従来通り主判の官員が、事の利害有るものは兼判の輔臣が、大事は輔臣全体の評議の上で皇帝の決裁を仰ぐという彼の構想は、一極集中的傾向を有していた初期政権構造に対し、『周礼』に依拠して見直しを迫るものだったのである。そしてこうした構想は、小林義廣氏が言う、階梯的秩序を理想とする「皇帝機関説」的国家像に基づくものだったと言うことができよう[53]。官制改革論における『周礼』の重用は、前節で見た唐朝に対する認識の変化に加えて、仁宗朝の官僚が実際の政治運営に対して抱いていた問題意識や、理想として描く国家像の現れでもあったのである。

おわりに

本章では、まず元豊官制改革以前の官制改革論について、その言説の変化に注目しつつ考察を行った。国初（太宗朝〜真宗朝初期）には、唐朝の継承者であることを顕示することで正統王朝としての権威付けを行う必要から、先行する五代王朝否定のために尚書省という唐制への復帰そのものを直接的に目的とする改革論が多く見られた。太宗朝においては燕雲十六州回復の断念とともに改革論が顕在化しており、このことは官制の改革が北方の失地回復に代わる新たな正統性顕示の手段として捉えられていたことを示している。真宗朝後期には、宋朝の制度を五代の沿襲と見る批判的思考は影を潜め、尚書省復活論も一旦は沈静化した。ところが仁宗朝に入ると官と職の不一致という問題が意識されるようになり、この問題を解決する手段として再び官制改革が求められるようになり、尚書省復活が提議されたこともあったが、初期改革論と異なり唐制への無条件の復古を求めるものではなく、理念としては漢制や『周礼』に根拠を求めるものが見られた。こうした変化の背景には、曲がりなりにも統一を維持してきた現状を肯定的に捉え、唐制への復帰に借りるまでもなく宋朝の正統性に自信を持ちうるようになった当時の人々の認識があった。唐の尚書省は、確かに『周礼』の理念を継承しているのではあるが、一方で彼ら宋人にとっての「近代」の制度でもある。仁宗朝の改革論は「近代」に仮託するのではなく、より根源的な周制を意識しつつ宋朝独自の事業としての官制改革への欲求を表明したものであった。

次に第四節では、官制の運用実態に関する改革論を通じて、仁宗朝期の官僚が描く国家像について考察を加えた。この時期の官僚の輿論を「皇帝機関説」的国家像と形容する研究があるが、それは彼らが描く理想の君主観や、諫諍における階梯的秩序観念の顕現を指摘するにとどまっていた。本章における検討を通じて、後者の階梯的秩序観念が、二府の実態や行政機関との関係をめぐる議論に反映されていたことが明らかとなった。また、階梯的秩序を理論的に裏付けるために『周礼』が范仲淹の改革論において参考にされたが、このことには先に述べた時代認識の変化が影響していると思われる。『周礼』は、宋朝が唐の後継者としての性格とは異なる道を模索する動きの中で、新たな秩序を形成するために重用されたのであった。

では、こうした認識に基づく官僚の輿論は、唐制の象徴とも言える三省六部制の復活をもたらした元豊官制改革の施行過程においていかなる作用を及ぼしたのであろうか、章を改めて見ていきたい。

(1) 宮崎市定「宋代官制序説——宋史職官志を如何に読むべきか」(原載一九六三、のち『宮崎市定全集』一〇、岩波書店、一九九二所収)。
(2) 梅原郁『宋代官僚制度研究』(同朋舎、一九八五)の「序論——宋代官制の推移」。
(3) 熊本崇「慶暦から煕寧へ——諫官欧陽修をめぐって——」(『東北大学東洋史論集』七、一九九八)の「結語にかえて(i)」。
(4) 張復華「宋神宗元豊改制之研究」(原載一九八八、のち『北宋中期以後之官制改革』文史哲出版社、一九九一所収)、龔延明「北宋元豊官制改革論」(『中国史研究』一九九〇-一、一九九〇)。

(5)　註(2)前掲梅原郁『宋代官僚制度研究』の「第一章　宋代の官階――寄禄官階をめぐって」。
(6)　小島毅『宋学の形成と展開』(創文社、一九九九)の「Ⅲ　道」。
(7)　冨田孔明「宋二府の沿革に関する考察――その起点と転換点を明確にして――」(『東洋史苑』三七、一九九一)、同「宋二府の沿革に関する考察(続)――五代宋における二種の相質について――」(『東洋史苑』四〇・四一、一九九三)、同「宋代における君主独裁制説に対する再検討」(『小田義久博士還暦記念東洋史論集』龍谷大学東洋史学研究会、一九九五)、同「宋代史における君主独裁制説に対する再検討(続)――張邦煒氏の論を参考にして――」(『東洋史苑』四八・四九、一九九七)。
(8)　註(3)前掲熊本崇「慶暦から熙寧へ――諫官欧陽修をめぐって――」。
(9)　三司は唐中期以降に設けられた財政使職に淵源を持つが、唐代に三司という形で独立した官庁があったわけではないので、ここで羅処約が言う「三司」は実際には塩鉄使等の財政使職を指す。唐から五代・宋に至る財政使職の沿革については礪波護「三司使の成立について――唐宋の変革と使職――」(原載一九六一、のち『唐代政治社会史研究』同朋舎、一九八六所収)参照。また、宋代の三司については周藤吉之「北宋における三司の興廃」(原載一九六六、のち『宋代史研究』東洋文庫、一九六九所収)、同「北宋の三司の性格――節度使体制と関聯させて――」(原載一九六六、のち『宋代史研究』所収)、見城光威「宋初の三司について――宋初政権の一側面――」(『集刊東洋学』八六、二〇〇一)及び本書第三章。
(10)　註(4)前掲張復華「宋神宗元豊改制之研究」。
(11)　註(6)前掲小島毅『宋学の形成と展開』の「Ⅲ　道」。
(12)　雍熙三年(九八六)に曹彬の軍が岐溝関において大敗を喫して以来、宋朝はそれまでと一転して辺境の防備を重視する消極的姿勢に変化していった。端拱二年(九八九)正月、太宗が群臣に対して備辺禦戎の策を求めたのに対し、張洎、王禹偁、田錫等が上奏を行った。その内容を見ると、張洎は「来則備禦、去則勿追」という防御重視を基調とした意見を述べ、将来的には親征し燕薊の地を回復すべきであるが、そのためには「内修政経、外勤戎略」すべきであると内政重視の必要性を述べている。また、田錫は「欲理外、先理内、内既理則外自安」と、やはり内政を優先すべき旨の発言を行っている(『長編』巻三〇・端拱二年正月癸巳)。また太宗の治世に対する後世の評価として、『長編』巻四七・咸平三年(一〇〇〇)十二月丙寅に見える知兗州韓援の言には、「先帝福祚延洪、享国長久、孜孜勤倹、未嘗一日曠於万機、自端拱已来、益励精為理」とある。対外積極策から内政重視への路線変更が、「端拱以降ますます政務に励んだ」という評価を生んだのであろう。
(13)　羅処約の改革論(1)は、『長編』では内政重視への転換点である端拱二年(九八九)の前年、端拱元年末に繋年されているが、彼が言っている十二名の判官が実際に三司に置かれたのは淳化四年(九九三)のことであり、李燾が割註で述べるようにこの上疏が提出された時期ははっきりせず、端拱元年のものである可能性が最も高いことまでしか分からない。『宋史』巻四四〇「羅處約伝」は直史館就任(『長編』によれば端拱元年正月)の後、太宗の正言を求める詔(同じく『長編』では端拱元年三月)を受けてのこととしている。なお、羅處約は淳化三年(九九二)に没している。

(14) ただ、尚書省復活と併せて提言された五事のうち、「懲貪吏」については、転運使副と知州が協議して県令・主簿・県尉の勤務評定を行うという王化基の提案が実行に移されている。『長編』巻三三・淳化三年(九九二)十月戊寅、『宋会要』職官五九-四「考課」淳化三年十月十六日参照。

(15) 註(2)前掲梅原郁『宋代官僚制度研究』の「序論——宋代官制の推移」。なお、梅原氏は至道二年(九九六)、三司のありかたについて太宗が塩鉄使陳恕に諮問し、彼の答申により三司の現状を維持すべきと太宗が判断し、このことが尚書省復活論沈静化の要因となったとする(『長編』巻四〇・至道二年閏七月癸未)。しかし太宗の諮問と陳恕の答申は三司の子司(監査等を行う付属機関)に内容が限定されており尚書省復活論とは関係ない。実際には本文中で触れたように、同二年二月のものとされる王炳の改革論(3)が施行の是非を問うために集議に付され、官僚の集議を経た後に太宗が施行を断念するという経緯をたどる。

(16) この改革が単なる名称の変更に過ぎないことは、孫何自身が明言している。上疏には「今莫若謹択戸部尚書一人、専掌塩鉄使事、俾金部郎中・員外分判之、又択本行侍郎二人、分掌度支・戸部使事、各以本曹郎中・員外分判之。則三使泊判官、雖省猶不省也」とあり、人員の削減等の機構改編を伴わない改革を想定していることが窺える。

(17) 同じものが楊億『武夷新集』巻一六・奏状五「次対奏状」にも見える。

(18) 宋代における「祖宗の法」概念については、鄧小南「趙宋〝祖宗之法〟的提出与詮釈——以北宋時期為中心」(『中国の歴史世界——統合のシステムと多元的発展——』東京都立大学出版会、二〇〇二)、同『祖宗之法——北宋前期政治述略』(生活・読書・新知三聯書店、二〇〇六)参照。鄧氏は、宋初において漢・唐を模範とする言説が主流であったのに対し、仁宗朝には理念を三代(夏・殷・周)に求め具体的な内容を論じる際に漢・唐の制度を参照するという言説が増えてくることを指摘している。そして、こうした変化の背景には宋は漢・唐を超越したという宋人の意識があると言う(『祖宗之法——北宋前期政治述略』の「第五章　「祖宗之法」的正式提出」)。後述する仁宗朝における官制改革論もかかる意識の現れと捉えることができよう。

(19) 入閤とは、唐代において皇帝が前殿に出御(正衙と言う)しない朔望の日に常朝を受けることで、本来は便殿である紫宸殿で行われた。唐末五代に正衙が廃れた後は入閤が前殿で行われるようになり、正衙に取って代わることとなった。宋代には太祖朝に崇元殿で五度行われた（『玉海』巻七〇・礼儀・朝儀「祥符入閤図」）ほか、大明殿で一度行われたことが確認でき（『宋会要』儀制一-二一「文徳殿視朝」乾徳四年（九六六）四月一日）、太宗・真宗朝にも文徳殿で三度ずつ行われたという（『玉海』巻七〇）。『宋会要』儀制一-一九「文徳殿視朝」、葉夢得『石林燕語』巻二等参照。

(20)「新定儀制」とは、大中祥符五年（一〇一二）十月に進呈された『閤門儀制』を指す。『閤門儀制』とは朝儀の際の式次第・班列等を記すほかに、大宴・曲宴における官僚の序列（『宋会要』儀制八-五「集議」「又按閤門儀制、大宴、学士座殿上与僕射同行、知制誥亦座殿上与尚書丞郎同行。若曲宴、則三司副使預坐、即在知制誥之後、重行異位」）、上殿奏事に関する規則（『長編』巻一五四・慶暦五年（一〇四五）二月乙巳「右正言銭明逸言、閤門儀制、毎日上殿不得過三班。……」）等を記載したもののようである。

(21) 詳細については『宋会要』儀制三-一「朝儀班序」参照。

(22) この時の真宗の言を見ると、尚書省復活のことはかなり以前から彼の念頭にあったらしい。『長編』によると、「言事者屢請復二十四司之制、楊礪嘗言、「行之不難、但以郎中・諸司使同領一職、則漸可改作」」とある。楊礪は『宋史』巻二八七に伝があり、真宗の襄王時代の「藩邸旧僚」であり、咸平二年（九九九）に死去している。「言事者屢請復二十四司之制」というのがいつ頃の事態を述べた言かは知る術もないが、少なくとも真宗が即位前あるいは即位直後の楊礪の言葉を記憶していたことだけは確かである。

(23)「御史中丞趙安仁言、「三院御史、自今望並給御宝印紙歴、録弾奏事」。又請修国朝六典。並従之。居数月、安仁卒、六典不及成。〈卒在五月己卯〉」。

(24) 註(2)前掲梅原郁『宋代官僚制度研究』の「第一章　宋代の官階――寄禄官階をめぐって」。

(25) 平田茂樹「宋代政治構造試論――対と議を手掛かりにして――」（『東洋史研究』五二-四、一九九四）。

(26)『宋会要』儀制八-四「集議」景祐四年（一〇三七）三月二十三日「集賢校理・兼宗正丞趙良規言、……旧来議事、除別詔三省悉集、則中書舎人・知制誥与常侍・給諫至左右正言皆赴、若内朝官悉集、則学士・待制・三司使・副使皆赴、若更集他官、則諸司三品・武官二品、各在本司長官之次、若止是集尚書省官、其帯職者並合不赴」、同八-九の太常礼院の上言「臣等謹詳会議之文、由来非一、或出朝廷別旨、或徇官司旧規。故言集本省者、即南省官也。集学士・両省・台官者、容有内制・給舎・中丞之類也。集学士・台省及諸司四品以上者、容有卿監之類也。集文武百官者、容有諸衛之流。故謀事有大小、則集官有等威(差)」。

(27) なお、趙良規は帯職官を尚書省官に含めない理由として三司副使の地位を定めた咸平六年勅や、宮中の宴席における席次等を挙げており(『宋会要』儀制八-四「集議」)、後の御史台の言でもこのことに言及があるがここでは触れない。

(28) 『長編』には「一人命書」とあるが、『宋会要』儀制八-一三、李攸『宋朝事実』巻九「官制」により改める。

(29) 本文引用の『宋会要』にある「仲尼不去餼羊、粗存告朔之礼、若弁羊一去、寄礼無地」という文言は、『論語』八佾に、「子貢欲去告朔之餼羊、子曰、賜(子貢)也、爾愛其羊、我愛其礼」とあるのに因む。

(30) このことに関しては註(2)前掲梅原郁『宋代官僚制度研究』の「序論――宋代官制の推移」にも言及がある。

(31) 本文中でも触れるが、劉敞の弟攽による行状(『彭城集』巻三五・行状「故朝散大夫給事中集賢院学士権判南京留司御史台劉公行状」)によると、胡宿・劉敞に詳定が命じられた際、劉敞はこれを辞退しようとしたが許されず、ついで担当部局設置の前に胡宿と劉敞が改正・裁損・申明すべき事を検討し、それを中書に送り施行の是非を検討させるよう願い出て、これが裁可された。しかし、「明年三月」韓絳が改革を速やかに行う旨の上奏を行ったため、両名は政事堂を訪れ事の困難さを訴えたという。その後「居ること月余にして」韓絳は知蔡州として(『長編』巻一九一・嘉祐五年(一〇六〇)五月戊申)、「又数月して」劉敞も知永興軍として出外した(同巻一九二・嘉祐五年九月丁亥)という。これが正しいとすれば明年は嘉祐五年であり、遡って韓絳案は同四年中のものであった可能性がある。

(32) この時に奉ったとされる上奏が劉敞『公是集』巻三三にある(「辞不受詳定官制勅」「再奏」)。

(33) 前引『宋朝諸臣奏議』。また范純仁『范忠宣集』巻一五「司空康国韓公墓誌銘」には、「又請采唐制以正官名、差九品以定章服、百司常務不関二府、依倣六典以定官令。以近臣異議、不果行」とある。

(34) ほかに胡宿『文恭集』巻七・奏議「論詳定官制」、『公是集』巻三三・奏疏「条上詳定官制事件」。

(35) 註(34)前掲史料による。

(36) 『宋朝諸臣奏議』巻六九・百官門・官制「上仁宗論詳定官制」には、「准昨来言者称、近臣判省権太重」とある。この言者は、本文引用の『彭城集』巻三五「劉公行状」に「翰林学士韓絳上言、国朝官制未立、如中書門下為宰相、職号令、乃以近臣兼判両省、例已重」とあることから、韓絳であると判断できる。

(37) 本書第三章第一節。ほかに註(9)前掲見城光威「宋初の三司について――宋初政権の一側面――」。

(38) さらに太宗と中書・枢密院の関係を示すものとして、『涑水記聞』巻二が伝える次のエピソードを挙げておこう。「保安軍奏獲李継遷母、太宗甚喜。是時寇準為枢密副使、呂端為宰相、上独召準与之謀。準退、自宰相幕次前過不入、端使人邀入幕中、曰、「嚮者主上召君何為」。準曰、「議辺事耳」。端曰、「陛下戒君勿分言於端乎」。準曰、「不然」。端曰、「若辺鄙常事、枢密院之職、端不敢与知、若軍国大計、端備位宰相、不可以莫之知也」。準以獲継遷母告、端曰、「君何以処之」。準曰、「準欲斬於保安軍北門之外、以戒凶逆」。端曰、「陛下以為何如」。準曰、「陛下以為然、令準之密院行文書耳」。端曰、「必若此、非計之得者也。願君少緩其事、文書勿亟下、端将覆奏之」。即召閤門吏、使奏宰臣呂端請対。上召入之、端見、具道準言且曰、「昔項羽得太公、欲烹之、漢高祖曰、願遺我一盃羹。夫挙大事者、固不顧其親、況継遷胡夷悖逆之人哉。且陛下今日殺継遷之母、継遷可擒乎。若不然、徒樹怨讐而益堅其叛心耳」。上曰、「然則奈何」。端曰、「以臣之愚、謂宜置於延州、使善養視之、以招徠継遷、雖不能即降、終可以繫其心、而母死生之命在我矣」。上撫髀称善曰、「微卿、幾誤我事」。即用端策」。ただ、このエピソードについては疑わしい点がある。『長編』巻二五・雍熙元年（九八四）九月に李継遷の母を捕らえたことは事実であるものの、寇準と呂端、呂端と太宗のやりとりの真偽については疑わしい点がある。『長編』巻二五・雍熙元年（九八四）九月に李継遷の母を捕らえたことが見え、続けて李燾はこのエピソードを、呂端の孫の誨の手になる『正恵公補伝』に拠って割註に引いているものの、その信憑性に疑問を呈している。確かに割註にある通り、雍熙元年の時点で寇準・呂端は枢密副使・宰相の地位になく、その後も寇準が枢密院に、呂端が中書に同時に在籍したことはない。李燾は、淳化五年（九九四）四月にかつて李継遷に賜った姓名を剝奪し九月に寇準が参知政事に就任した後か、あるいは至道元年（九九五）に再度継遷の姓名を剝奪した時のことであれば、両者はともに中書に在籍しており、史実との食い違いも少ないと述べている。しかし、少なくとも司馬光にとっては太宗という人物や太宗朝の政治構造はこのようなものとして認識されていたことだけは間違いない。

（39）本書第三章第二節。

（40）本書第三章第二節。

（41）真宗朝・仁宗朝における辺事に関する二府合議の存在を以て宰相権力分割策の放棄と見なし、ひいては「君主独裁制」説を否定する見解がある（註（7）前掲冨田孔明「宋二府の沿革に関する考察――その起点と転換点を明確にして――」、同「宋二府の沿革に関する考察（続）――五代宋における二種の相質について――」）が、こうした見解を筆者が首肯しないことは本書第一章でも述べた通りである。

（42）註（3）前掲熊本崇「慶暦から熙寧へ――諫官欧陽修をめぐって――」の「結語にかえて（i）」。

（43）『長編』巻一二六・康定元年（一〇四〇）二月丁酉に、「詔枢密院自今辺事並与宰相張士遜・章得象参議之、即不須簽検。国朝旧制、以中書制民、枢密主兵。故元昊反、辺奏皆不関中書。翰林学士丁度嘗建言、「古之号令、必出於一。今二府分兵民之政、若措置乖異、則天下無適従、非国体也。請軍旅重務、二府得通議之」。知諫院富弼又言、「辺事系国安危、不当専委枢密院、而宰相不与。乞如国初、令宰相兼枢密使」。上参取其言、而降是詔」とあり、同三月庚辰に、「詔参知政事同議辺事、仍書検。従知枢密院事晏殊之請也」とあり、また同月癸未に、「詔中書別置庁与枢密院議辺事。遂置庁於枢密院之南」とある。

(44)『長編』巻一三七・慶暦二年(一〇四二)七月戊午「右僕射兼門下侍郎・平章事呂夷簡判枢密院、戸部侍郎・平章事章得象兼枢密使、枢密使晏殊同平章事。初、富弼建議宰相兼枢密使、上曰、「軍国之務、当悉帰中書、枢密非古官」。然未欲遽廃、故止令中書同議枢密院事。及張方平請廃枢密院、上乃追用弼議、特降制命夷簡判院事、而得象兼使、殊加同平章事、為使如故」。

(45)『長編』巻一五七・慶暦五年(一〇四五)十月庚辰「罷宰臣兼枢密使。時賈昌朝・陳執中言、「軍民之任、自古則同、有唐別命枢臣専主兵務、五代始令輔相亦帯使名、至於国初、尚沿旧制。乾徳以後、其職遂分、是謂両司対持大柄、実選才士、用講武経。向以関陝未寧、兵議須一、復茲兼領、適合権宜。今西夏来庭、防辺有序、当還使印、庶協邦規、臣等願罷兼枢密使」。既降詔許之、又詔枢密院、凡軍国機要、依旧同商議施行」。

(46)王明清『揮麈録』後録巻一には、「自是(慶暦五年十月の二府兼判廃止の際の張方平の上奏を指す)常事則密院専行、至渉辺事而後聚議、謂之開南庁。然二府行遣、終不相照」とあり、合議が十分に行われていなかったという。また、『長編紀事本末』巻八三「种諤城綏州」治平四年(一〇六七)九月にも、「中書・枢密院議辺事多不合、趙明与西人戦、中書賞功而密院降約束。郭逵修堡塞、密院方詰之而中書已下褒詔。御史中丞滕甫言、「戦守大事也。安危所寄。今中書欲戦、密院欲守、何以令天下。願勅大臣、凡戦守除帥、議同而後可下」。上善之」とある。

(47)『楽全集』巻二〇・論事「請不罷両府聚庁商量公事」に、「今疆場雖即漸寧、戍守未能解備。御北国如御虎、飢則噬人、養西戎如養鷹、飽且颺去。両相既罷去此職、退朝必更不聚庁、便如路人、往来杜絶。今雖有処分、凡干軍国機要及辺陲事宜、令依旧同共商量施行、又縁朝廷挙動惜体中外、人情易揺、三辺忽有小虞、両地即須聚議、便是非常之事、遠動四方之疑。合固易離、離則難合。今聖恩已聴昌朝等解罷使名、即密院文書自不通署、諸房事務亦罷呈稟。臣愚以為其辺防奏報・軍馬機宜依旧常且聚庁、毎事並皆同議。於後或有警急、庶務得以周知、儻値有事商量、亦免動人視聴」とあり、二府の並立を認めた上で上奏を行っている。

(48)註(3)前掲熊本崇「慶暦から熙寧へ——諫官欧陽修をめぐって——」の「五、「改革」から新法へ」。

(49)本書第三章第四節参照。

（50）　註（3）前掲熊本崇「慶暦から熙寧へ――諫官欧陽修をめぐって――」の「結語にかえて（ⅰ）」。
（51）　ただ、宰相と諸司の間に階梯的秩序を設けるという点では共通しているものの、宰相そのものの有り様に対する理念においては范仲淹と欧陽脩の間には差異があったことを看過してはならない。熊本崇氏は、范仲淹と欧陽脩の間に、明確な合意が存在した証拠はないものの、台諫をめぐる欧陽脩の構想と、輔臣兼判を求める范仲淹の改革論の間には相互補完的関係が存在すると述べる（註（3）前掲熊本崇「慶暦から熙寧へ――諫官欧陽修をめぐって――」）。しかし輔臣については、大事は合議で決定する原則はあるものの各行政機関ごとに担当の輔臣を決め一定の裁量権を付与するという范仲淹の構想に対し、欧陽脩は、「百官の長」たる輔臣にいかなる形でも職権の制限を加えるべきではないという認識を持っていた。その根拠は欧陽脩の撰した『新唐書』に見える次の言である。「宰相事無不統、故不以一職名官、自開元以後、常以領他職、実欲重其事、而反軽宰相之体。故時方用兵、則為節度使、時崇儒学、則為大学士、時急財用、則為塩鉄転運使、又其甚則為延資庫使。至於国史・太清宮之類、其名頗多、皆不足取法、故不著其詳」（『新唐書』巻四六・百官志一）。宰相は本来「事統べざる無し」という存在なのだから節度使・塩鉄転運使等を兼任した唐開元以降の制度は則るに足りずとする欧陽脩の宰執観は、自己の案の根拠を唐代の宰相による六部兼判、宋初の宰相による諸道塩鉄・転運使兼判に求める（「唐貞元中、詔宰相齊映判兵部、李勉判刑部、劉滋判吏部、崔造判戸部・工部。又嘗命宰相兼諸道塩鉄・転運使。是宰相下兼其職、以重其事也」）范仲淹とは大いに異なると言えよう。
（52）　王安石と『周礼』の関係については吾妻重二「王安石『周官新義』の考察」（小南一郎編『中国古代礼制研究』京都大学人文科学研究所、一九九五）や山田勝芳『中国のユートピアと「均の理念」』（汲古書院、二〇〇一）参照。
（53）　小林義廣「『五代史記』の士人観」（原載一九七九、のち『欧陽脩　その生涯と宗族』創文社、二〇〇〇所収）、同「欧陽脩における歴史叙述と慶暦の改革」（原載一九八三、のち『欧陽脩　その生涯と宗族』所収）。

第五章　元豊官制改革の施行過程について

はじめに

本章は、北宋第六代皇帝神宗の治世中、主に元豊三年から五年(一〇八〇〜八二)にかけて行われた元豊官制改革について、その施行過程を検討することを目的とする。元豊官制改革は次に述べる二つの段階に分けることができる。すなわち、第一段階は「正官名」と称される、有名無実化した唐職事官に代え新寄禄官階を制定する作業である。周知の通り『唐六典』に記載される如き三省六部制は、唐中期以降の使職の出現により形骸化し実体を失ってしまった。しかし、官名(唐職事官)だけは位階と俸禄を示す指標として宋代にも継承されたため、官僚が帯びる唐職事官名と実際に行っている職務が一致しないという事態が問題視されるようになった。これを改めるため、神宗は元豊三年六月に詳定官制所を設け、同九月に、唐職事官に代えて文散階を以て寄禄官とする「以階易官寄禄新格」が制定された。これが「正官名」である。第二段階は、位階・俸禄の指標としての役割を終えた唐職事官に再び実職を表す役割を与え、中央官庁の職務を三省六部制を基本とした形に改編する作業であり、これを「新官制」という。本章では、熊本崇氏の表現に借り、「新官制」によって新たに構築された中央政府の

構造を「新職事官体系」と称する。(1)
さて、日本においては、元豊官制改革については宋代官制の概括的叙述においてその経緯がごく簡単に触れられるに過ぎない状況であった。(2)近年には、改革が後世にもたらした影響として、三司と尚書省戸部の比較検討を行った見城光威氏の研究(3)や、元豊官制改革の背景にある神宗の構想や、改革を画期とした宰執集団の有り様の変化を明らかにした熊本崇氏の研究等が見られる。(4)しかし、改革の施行過程については、中国・台湾の研究はいくつかあるもの(5)の日本においてはあまり触れられていない。とりわけ、従来は改革における神宗の主導性は指摘されているものの、改革に対する官僚の反応についてはあまり注意が払われていない。本章ではこの官僚の認識を探ってみたいと思う。

元豊官制改革の施行過程を考察するにあたって、筆者が抱いている問題意識と、官僚の認識を探ることの意義を述べておきたい。前近代中国において、官制とは統治の具体的手段であると同時に、世界の秩序の具現化であり、また正統性顕示の手段という象徴性を持っていた。前者の例としては、『周礼』の六卿が天地四時に比定されることが挙げられるであろうし、後者の事例としては、唐の尚書省が『周礼』六卿に根拠を求めたことは言うまでもなく、隋・煬帝の官制改革には、漢制を採用することで南北朝分裂期を乗り越え統一を回復した正統性を顕示する意図があったとする内田昌功氏の指摘も参考となろう。(6)かかる視点に立つならば、唐制を基本とする改革に対し官僚が示した反応を分析することは、宋人が唐という「近代」をいかに捉えていたか、また宋朝自身の正統性に対しいかなる認識を持っていたかを知る手がかりとなろう。この点について、小島毅氏は、思想史的見地からこうした同時代における意識に目を向け宋学の展開について述べているが、(7)本章も氏と同様な視点から「唐宋変革に対する当事者意識」を探る試みとして官制改革を取り上げるということである。

本章では、元豊三年から五年の各年において、改革の節目となった出来事に焦点を当てて論を進めていく。第一節では、神宗による改革の「所信表明」とも言うべき「改官制詔」の背景に考察を加える。考察の結果、改革の基本方針である唐制の採用に対する神宗と官僚の認識の相違が明らかとなろう。第二節では、元豊四年十一月に行われた「進呈官制」の意味について考察する。従来、三年の「正官名」と五年の「新官制」の狭間にある元豊四年という年にはあまり注意が払われてこなかった。本節では、改革の推進をめぐる神宗と官僚の見解の齟齬が元豊四年という年に見出しうることを明らかにしたい。第三節では、改革の最大の焦点である三省制の導入について、その経緯を記す史料の検討を行いたい。改革によって成立した三省制の是非は、旧法党政権に移行した哲宗朝以降において問題とされるのであるが、新旧法党の党争の影響から三省制の成立過程についても様々な説が併存するに至った。本節ではそれら諸説について検討を加えていきたい。

第一節　元豊三年八月「改官制詔」

前述のように、元豊官制改革は詳定官制所（以下「官制所」と略記）なる機関が設置された元豊三年（一〇八〇）六月を以て本格的に開始された。しかし実際にはこれ以前から改革に向けた動きが見られる。(8)『宋会要』職官一―七五「中書門下省」所引の『神宗正史職官志』には、

熙寧末、上欲正官名、始命館閣校唐六典。元豊三年、以摹本賜群臣、遂下詔命官置局、以議制作。

（熙寧の末、神宗は官名を正そうとして、まず館閣に命じて『唐六典』を校勘させた。元豊三年、摸刻本を群臣に賜り、詔を降して官僚を任命して部局を設置し、官制改革を議論させた。）

とあり、官制所設置に先駆けて『唐六典』の校勘と摸刻本の頒下が行われている。これが官制改革を念頭に置い

た施策であることは間違いない。これについて『玉海』巻五一・芸文・典故会要「唐六典」の項には、

宋朝、熙寧十年九月、命劉摯等校六典。元豊元年正月成、上之。三年、禁中鏤板以摹本賜近臣及館閣。

（宋朝は、熙寧十年九月、劉摯等に命じて『唐六典』を校勘させた。元豊元年に完成し上呈した。三年、宮中で版木を作製して印刷し、摸刻本を近臣・館閣に賜った。）

とあり、熙寧十年（一〇七七）九月に『唐六典』の校勘が開始され、元豊元年（一〇七八）には終了していたというから、かなり早い段階から官制改革に向けての準備が行われていたことが分かる。また、摸刻本は近臣以外に館閣にも頒下されたようである。また、元豊二年（一〇七九）五月には、右正言・知制誥李清臣が、差遣・官・職の一致を図るため官制を改革すべき旨を上奏している(9)。

改革に先立ち『唐六典』の校勘を命じていることから、神宗が唐制への復帰を念頭に改革を構想していたことは疑いを容れないのであるが、官制所設置の二ヶ月後の詔（「改官制詔」）では唐制に関する言及がない。この詔の文言を『長編』巻三〇七・元豊三年（一〇八〇）八月乙巳によって見ると、

詔中書、「朕嘉成周以事建官、以爵制禄、小大詳要、莫不有叙、分職率属、而万事条理、監於二代、為備且隆。逮於末流、道与時降、因革雑駁、無取法焉。惟是宇文造周、旁資碩輔、準古創制、義為可観。国家受命百年、四海承徳、豈兹官政、尚愧前聞。……」。

（中書に詔した、「朕は、成周が事に応じて官を建て、爵位で俸禄を決めて、大小・繁簡なく秩序が保たれ、職務を分けて属僚を統制して、万事に道理があり、夏・殷の二代に鑑みて、制度が備わりなおかつ隆盛を誇っていたことを嘉する。しかし時代が下るにつれて周の制度は改変され蕪雑なものとなり、後世に手本となるようなものは見られない。ただ北周が賢良な輔臣に頼って古に則って制度を創設しようとしたのは、義として見るべきものがある。本朝は命を受けて百年、四海は徳沢を蒙っているが、どうして官制だけがいまなおこれまでに聞いてきた諸王朝の制度にす

ら劣るものでよかろうか……」と。）

とある。ここでは唐職事官の代わりに寄禄官を設け「正官名」を行うことが改革の目的として掲げられているとともに、周制に対する賞賛と、それが時とともに損なわれてきたことが述べられている。こうした修辞自体は普遍的に見られるものであるが、注目すべきは、後世の王朝の中で周制に則ろうとしたとして肯定的な評価を受けているのが、唐朝ではなく北周だということである。つまり神宗は『唐六典』を頒下しておきながら、所信表明とも言うべき詔において唐制に言及していないということになる。

この理由として考えられるのは、王朝にとって一大事業である官制改革にあたって前代の単純な模倣を方針として据えることの不適切さである。このことに関連して、第四章において元豊官制改革以前における官制改革論の言説の変化について考察し、国初には唐朝の後継者たる地位を顕示する手段として尚書省の復活が提言されたものの、仁宗朝期には改革の理念を、宋人にとっての「近代」である唐制ではなく、さらに遡って唐制の根源でもある『周礼』に求める改革論が多く見られる、との結論を得た(10)。かかる傾向の延長に元豊という時代を位置付けるならば、神宗は輿論に配慮し、所信表明において唐制を前面に出すことをしなかったと考えられないだろうか。

この推定を裏付けるためには、官僚達の認識を知る必要があるが、改革期に官制改革に関して官僚が述べた意見を記した史料は意外に少ない。新職事官体系移行後、断片的に言及したものはあるが、まとまった文章が残っているのはこれから挙げる曾鞏ぐらいであろう。彼の文集である『元豊類藁』には、この頃に奉った奏状・箚子が数編残されているので、以下その内容について見ていきたい。

まず、曾鞏の意見は神宗にある程度重視されたと推測される。やや時期は下るが、『長編』巻三一五・元豊四年（一〇八一）八月壬戌に曾鞏の意見が見える(11)。内容は後述するが、神宗はこの箚子を官制所に送り改革の参考にさせた。またその文言の一部がほとんど同じ形で『宋会要』所引の『神宗正史職官志』[12]に引用されていることから、曾鞏の箚子は官制改革の重要史料として『神宗正史』編纂の材料とされたのであろう。

さて、曾鞏は『唐六典』が近臣・館閣に頒下されたことを知り、自分にも賜与して欲しいと願い出ている。その時に奉ったのが「乞賜唐六典状」(『元豊類藁』巻三四・奏状)である。その中で、彼は『唐六典』に対し、唐虞三代から開元年間までの制度を簡便かつ詳細に記した書との評価を与えているが、唐制の実態との関係について次のように述べている。

而開元十四年、張説罷中書令、為尚書右丞相、不知政事、自此政事帰中書、而尚書但受成事而已。亦其書之所記也。則当是之時、尚書已不得其職、其所著者、蓋先代之遺法也。

(しかるに唐の開元十四年、張説が中書令を罷免され尚書右丞相となり政事に関与しなくなってから、政事は中書省に帰し、尚書省はただ決定された事項を受け〔て施行す〕るだけとなった。これもまた『唐六典』に記載されている。つまりこの時点で尚書省は既にその職務を失っていたのであり、従って記載されていることは先代の遺法なのである。)

曾鞏は『唐六典』の書物としての価値を認めながらも、開元十四年(七二六)に張説が尚書右丞相となり政事に関与しなくなったことが記されていることから、成書の時点で既に尚書省はその職務を失い、中書省に権限が集中していたと言う。つまりそこに記載されている事柄は「先代の遺法」であり、既に行われていなかったことを強調しているのである。同様の見解は、元豊三年十一月のものとされる「乞登対状」[13](『元豊類藁』巻三四)においても示されている。

窃以先王之治天下、必有典籍、以為当世之法、伝之後嗣、使永有持循。……則周之治天下之書、曰周礼也。三代以後、時君所為、務在苟簡、紀綱憲度、闕而不図。蓋遠莫盛於漢、而孝文之世、賈誼欲定官名、議寝不用。中莫懿於後周、雖分六府之位以儀刑経礼、而典籍無所伝聞。近莫美於唐初、以尚書六職本天下之治、而不能修列其法論著於書。開元之際、始造次旧章、以為六典、而尚書已失其職。然三代之後、治天下之書、有此而已。

（ひそかに思うに、先王が天下を統治した時には必ず典籍が作られ、当時の法を後継者に伝え、永久に遵守させようとした。……周の天下統治の書は『周礼』である。三代以後、時の君主はかりそめの行いに務め、紀綱憲度は欠損して顧みられなかった。思うに遠くは漢より盛んな時代はなかったが、文帝の治世において賈誼が官名を制定しようとしたけれども議論は途中で止められた。中間は北周より立派な時代はなかったが、六府の位を分けて規範としたけれども典籍が後に伝わらなかった。近くは唐初より素晴らしい時代はなかったが、尚書省六部を天下の統治の根本としたけれどもその法を列挙して書に著すことはできなかった。開元になってからようやく旧章を慌ただしくまとめて『唐六典』を作成したが、尚書省は既にその職務を失っていた。しかし三代以後、天下を治める書はこれ以外にないのが現状である。）

三代には「典籍」（天下を治めるための書）があったが、それ以降はそうした書はほとんどなく、唯一残る『唐六典』も成書の時には尚書省はその職務を失っていたと述べている。

こうした『唐六典』に対する評価はこの時期の前後においても共通している。前章でも見たが、劉攽『彭城集』巻三五「劉公行状」には、仁宗・嘉祐年間（一〇五六～六三）に、官制改革の拙速な施行に反対した劉敞が政事堂を訪れた際の発言が見え、そこで彼は「当開元時、官有定員、職有常守、故李林甫之為六典也易。然猶僅成一書耳、卒之不能行也」（開元の時には、官には定員があり職には職務が定められていた。だから李林甫が『唐六典』を編纂することは容易であった。しかしそれでも一書を成したに過ぎないのであり、とうとうこれを施行することすらできなかった）と述べている。また元豊以降においても范祖禹が「大唐六典、雖修成書、然未嘗行之一日」（『唐六典』

は編纂されたものの、その制度は一日として行われなかった)(『長編』巻四三三・元祐四年(一〇八九)九月乙酉)と述べている。

ところで、『唐六典』は尚書省が職権を失った後に旧章をまとめた書であると述べる曾鞏の論法は、唐朝に対する当時の一般的な理解とはやや異なった印象を受ける。宋人が尚書省あるいは唐の三省六部体制の崩壊について述べる時、まず言及されるのは使職の出現とそれによる尚書省の職務の侵奪である。(14) 一方で曾鞏は尚書省「失職」の契機を、前述のように開元十四年、張説が中書令を辞任し尚書右丞相に就きながらも政事に関与しなかったことに求めている。このことは『大唐六典』巻一「尚書都省」に見えるが、(15) これは尚書左右丞相が宰相としての実体を失ったこと、つまり「尚書都省」の変質を語った記事に過ぎず、これを以て尚書省全体の「失職」とするのは、牽強付会の感を免れない。こうした論法を曾鞏が用いた理由は、『唐六典』が成書の段階で既に「旧章」をまとめた書になってしまっていたことを主張する意図が彼にあったからではないだろうか。そしてその根底には先に述べたように唐朝を必ずしも絶対視しない時代認識があったと思われる。かかる認識を持つ彼とすれば、唐制への回帰以上に説得力を持つ理念が改革に必要であると考えるはずであり、当然の結果として遠く『周礼』の理念に立ち返って改革を行うべきという主張を曾鞏は展開するのである。ここでは全てを挙げることはしないが、曾鞏は上奏の中で、理念の根源として『周礼』を、制度の詳細の参考材料として『唐六典』を用いて改革を推進する神宗を再三にわたって賞賛している。(16) 多分に修辞的であるとはいえ、先に見た『唐六典』に対する「先代の遺法」の書という評価と併せ考えると、『唐六典』の官制すなわち唐朝の三省六部体制の単純な模倣を懸念する彼の認識の現れと考えることができよう。(17)

以上、元豊三年八月「改官制詔」の背景として、官僚の官制改革及び唐朝に対する認識について考察を加えた。史料上の制約から曾鞏の認識に焦点を絞らざるをえなかったわけであるが、前後の時期における認識と共通性を持つことから、当時の輿論をある程度代表したものとして捉えた。彼は唐制を必ずしも絶対視しない思考を持っており、従って『唐六典』に対してはその価値を認めつつもあくまで改革の参考材料として扱うべきであるという考えであったと言えよう。「改官制詔」において神宗が唐制に言及しなかったのは、こうした官僚の輿論に配慮してのことであったと思われる。

第二節　元豊四年十一月「進呈官制」

元豊三年(一〇八〇)九月十六日、「以階易官寄禄新格」が上呈され、従来有名無実化しほとんど位階と俸禄の指標としての意味しか持たなかった唐職事官に代わり、新たに寄禄官階が制定された。この措置は官名の読み替えという比較的単純な作業であったため、官制所設置からほぼ三ヶ月という短い時間で行われた[18]。これに対し、位階・俸禄の指標としての役割を終えた唐職事官に再び実職を与え新職事官体系を構築する作業は、結果的に同五年(一〇八二)五月までかかり、導入後も多くの追加・改変措置を必要とする難事業であった。本節では、五年五月の新職事官体系運用開始に至る過程について考察を加えたい。結論的に言えば、この過程において神宗と官僚の改革に対する認識の相違が顕在化することとなる。

本章末尾に付した、元豊官制改革に関わる事項をまとめた年表によって改革の過程を追ってみよう。三省六部制を基本とした新職事官体系への移行準備は、新寄禄官階制定以前、既に三年八月の段階から行われている。選人の人事を担当する吏部流内銓が「尚書吏部」と改称されているのは、将来の尚書省吏部への人事権移行を想定してのことであろう[19]。また、新寄禄官階制定の翌日、九月十七日には、武官への加恩に、新たに寄禄官となった銀青光禄大夫とともに検校国子祭酒・兼監察御史を用いるべきではないとの官告院の言が裁可された[20]。「国子祭酒・監察御史乃職事官、皆不合用為加恩」(国子祭酒・監察御史という名称は職事官のものであるから、加恩に用いるべきではない)という官告院状の文言に明らかなように、御史としての実体を伴っていた監察御史はともかく、改革以前においては常置されることのなかった国子祭酒の不使用を官告院が求めた理由は、それが実職を示す肩書きとして用いられることを想定していたからにほかならない。同十月九日に、「実有妨礙」(大きな支障がある)という官制所の言に従って訳経僧官に試卿・試少卿を授けることをやめた[21]のも同様の理由によるであろう。

そのほかに元豊三年末から四年にかけては新尚書省建設のための準備が進められ[22]、また職事官と寄禄官の対応関係を示す「行・守・試」の規定が定められ[23]、三省で用いる官印が作成される等の準備が進む。そして五年一月の文武散階廃止、二月一日の「三省枢密院六曹条例」(後述)による三省の文書作成・行下手続きの制定等を経て、四月二十三日、翌月一日より新職事官体系に移行することが宣言され、新人事発表を経て五月一日に三省六部体制すなわち新職事官体系が施行される。

ところで、五月一日より実行された宰執以下新職事官の人事は、神宗と輔臣が天章閣で決定したようであるが[24]、実はこれ以前にも天章閣が開かれたという記録が残っている。それは四年十一月十五日のことである。『長編』巻三一九及び『宋会要』職官五六-七「官制別録」によると、十一月八日に「丁酉(十五日)に天章閣を開き、官制を進呈せしむ」との詔が中書に降り、十五日に輔臣を天章閣に召見し、「官制を行うを議」したものの「中輟」したという。一体何が、なぜ途中でやめられたのであろうか。

『宋会要』を見ると、十一月八日と十五日に挟まれる形で、次のような記事がある。

九日、手詔、「官制所分撥事類、已見次第。已得旨減省官吏、縁使臣・吏人中、其有昨編修内諸司勅式所取到之人。其本司(『長編』は「本局」に作る)已令釐正、編修勅式已経取会、未能了当事務不少。宜令元編修官張誠一等比前占之数、量行裁減、精選可用者、依旧置局結絶」。

（九日、手詔があった、「官制所は事類を分撥〔分配〕し、既に次第を見た〔目処がついた〕。既に旨を得て官吏を減省しているが、使臣・吏人の中には、先頃編修内諸司勅式所〔「内」は衍字?〕が取到した者がいる。本司は既に釐正させており、編修勅式も既に取会〔チェック〕が終了したが、未了の事務が少なくない。元の編修官張誠一等に命じ、以前に占有した〔使臣・吏人の〕数と比べて裁減を行い、用いるべき者を精選し、従来通り局を置いて結絶せよ」と。）

手詔は諸司勅式の編修に携わる人員の削減について言っているようであるが、問題となるのは前半に見える官制所が行っていた「分撥事類」に目処がついたということ、また年表を見ても明らかなように官制改革はこの後も継続しているにもかかわらず、この時点で一旦人員を削減していることの持つ意味である。

「分撥事類」については、これに近い表現が曾鞏の上奏に散見する。「再乞登対状」（『元豊類藁』巻三四）は、その文言から元豊四年のものであろう。(25) その中に次のような言が見える。

臣又嘗言陛下方上稽周礼、旁参六典、以更定官制。臣於経営之体・損益之数、願有毛髪之補。伏聞百度已成、万務已定、而臣曾不能吐一言陳一策。庶得因国大典、託名不泯。今条分類別、宣布有期。臣誠不自揆、以謂更制之日、新旧革易之初、彌綸之術、固不可不有所素具。……然事有本末、理之詳悉、宜得口陳、伏望特出聖慈、許臣上殿敷奏。

（私はかつて陛下に、上は『周礼』に則り、傍らに『唐六典』を参照し、官制を改革すべきことを申し上げた。私は改革の計画の形態、損害と利益の数について、わずかばかりの補足をしたいと思う。聞くところによると諸々の規則・事務は既に定まったということであるが、私はこれまで一言・一策も述べることができなかった。改革の内容が国家の大典に基づき、定められた名分に依拠して亡びることがないように願う。いま、改革の内容は箇条書きにして分類され、宣布を待つばかりとなった。私は改革のことを自ら計画したのではないが、思うに、新制度に移行する日は新旧の制度を入れ替える最初の日にあたるので、業務を総括する方法を定めておかなければならない。……しかるに事には本末があり、これを処理する方法を詳細に知るには、直接申し上げるのが一番良いので、どうか聖慈をもって私に上殿して上奏することを許可していただきたい。)

ここでは、官制改革に関わる何事かが終了し間もなく宣布されるという状態であることが示唆されている。そして、登対を求める理由について「新制度に移行する日は新旧の制度を入れ替える最初の日にあたるので、業務を総括する方法を定めておかなければならない」と述べていることから、この後に登対して奉ったのがおそらく『長編』巻三一五・元豊四年八月壬戌に節略が収載されている「請改官制前預選官習行逐司事務」(『元豊類藁』巻三一・箚子)(以下「逐司事務箚子」と表記)と思われる。この「逐司事務箚子」では、「分撥事類」の内容がより詳細に記されている。

臣伏以陛下稽古正名、修定官制、今百工庶務、類別以明。其於講求経画、皆出聖慮、彌綸之体、固已詳尽。……今百司庶務、既已類別。若以所分之職・所総之務、因今日之有司、択可属以事者、使之区処、自立叙名分。憲令版図・文移案牘・訟訴期会・総領循行・挙明鈎考、有革有因、有損有益、有挙諸此而施諸彼、有捨諸彼而受諸此、有当警於官、有当布於衆者。自一事已上、本末次第。使吏制之前、習勒已定、則命出之日、但在奉行而已。

(私が思うに、陛下は古の制度を考え名分を正そうとして官制を修定された。いま、百司の事務は明確に分類された。改革の全体的な計画は陛下自ら考えられ、業務を総括する方法ももとより既に詳細を尽くしている。……いま、百司の事務は既に分類された。分配・統合した職務を、現在の(改革前の)有司の職務に基づいて帰属先を選んで区別して処理させれば、自然と名分の秩序が保たれる。憲令版図・文移案牘・訟訴期会・総領循行・挙明鈎考といった諸業務は、改められるものもあれば従来通りのものもあり、削減されるものもあれば増加されるものもあり、こちらからあちらに移すものもあれば、あちらで削除したものをこちらで引き継ぐものもあり、官僚に戒めるべきものもあれば民衆に周知すべきものもある。一つの事柄にさえも本末次第というものがある。もし新官制施行の前に官僚が新たな業務について厳しく訓練を積めば、新官制施行の命令が下された日には、ただそれを実行すればよいだけになる。）

神宗の手詔の「分撥事類、已見次第」とは、おそらくここで言われている「百工庶務、類別以明」（百司の事務は明確に分類された）や「百司庶務、既已類別」（百司の事務は既に分類された）と同じ内容を指すであろう。つまり、官制改革後の各官庁への職務の分配が決定したということなのである。(26) 官制改革に携わっていない（「臣誠不自揆」）と自らも言っている曾鞏がこのことを知っているということは、この四年八月の段階で職務分配が終了（したと神宗が認識）していることが広く官界の知るところとなっていたことを推測させる。

ところが曾鞏のこの上奏は、題目からも明らかなように職務分配が決定したにもかかわらずなお改革施行後への懸念を表明し、神宗にさらなる措置を求めるものである。その措置とは、改革後の事務の混乱を避けるためにあらかじめ官吏を選び新官制における職務に習熟させることである。彼は吏部を例に挙げて次のように言う。

蓋吏部、於尚書為六官之首、試即而言之。其所総者選事也。流内銓・三班・東西審官之任、皆常（当）帰之。誠因今日之有司、択可属以事者、使之区処。自令・僕射・尚書・侍郎・郎・員外郎、以其位之升降為其任之煩簡、使省書審決。某当属郎・員外郎、其（某）当属尚書・侍郎、其（某）当属令・僕射、各以其所属、預為科別。如此則新命之官、不煩而知其任矣。（（　）内は『長編』による）

（思うに、吏部は尚書省六部の筆頭であるので、これを例に論じたい。その総括する職務は人事である。流内銓・三班院・審官東西院の任務は、みな吏部に帰属する。現在の有司の職務に基づいて帰属先を選んで区別して処理させるとはまさにこのことである。尚書令・左右僕射・六部尚書・侍郎・郎中・員外郎は、その地位の上下で任務の繁簡を定め、都省に審査・決定内容を書かせる。某事は郎中・員外郎に属し、某事は尚書・侍郎に属し、某事は令・僕射に属すという具合に各々属する所をあらかじめ区別しておく。このようにすれば新たに任命された官僚も簡単にその任務を知ることができる。）

旧官制の流内銓・三班院・審官東西院の職務を参考に、新官制における尚書省吏部の職務を分担すれば、新命の官は惑うところがないと言う。また、引用部分に続いて胥吏の異動を最小限にとどめること、「憲令版図・文移案牘・訟訴期会・総領循行・挙明鈎考」に関わる新出の政を官民に周知することが必要であり、これら吏部に関わる措置を百工に敷衍すれば改革は円滑に施行できると述べている。

このように、曾鞏は改革による新官庁への職務移行に懸念を抱き上殿奏事に及んだわけであるが、次に見る「請改官制前預令諸司次比整斉架閣版籍等事」（『元豊類藁』巻三一）（以下「架閣版籍箚子」と表記）も同様の懸念を表明したものであるから、日付は付されていないもののおそらく同時期かそれ以降のものと見て差し支えあるまい。

臣伏以陛下発徳音、正官号、法制度数、皆易以新書。太平之原、実在於此。今論次已定、宣布有期、四方顒顒跂足而望。臣切恐施行之際、新旧代易之初、庶工之間、或吏属因循、或簿書縁絶。其於督察漏略、検防散逸、彌綸之体、不可不早有飭戒。欲乞明諭有司、架閣有未備者備之、版籍有未正者正之。凡憲令図牒・簿書案牘、皆当次比整斉、斂蔵識別、以至於官寺什器。凡物之属公上者、亦皆当鈎考、詳於簿録、庶於新旧更易之間、得無漏略散逸之弊。

（私が思うに、陛下は徳音を発し官号を正され、法制度数はみな新書のものに変えられる。太平の源はまことにここにある。いま議論は既に定まり、宣布を待つばかりとなり、天下の者はこれを待ち受けている。しかし私は、新官制を施行して新旧制度を入れ替える際に、諸官庁の業務において胥吏が因循し、また帳簿が紛失してしまうのではないかと恐れている。遺漏のないように監督し散逸を防ぐためには、業務を総括する方法を速やかに戒飭すべきである。どうか明らかに有司に諭して、架閣が備わっていないものには備えさせ、版籍が正されていないものは正させていただきたい。およそ憲令図牒・簿書案牘は、順序立てて整理し、官庁の什器に至るまで新官庁に収めて識別する。およそ政府の所有であるものは全てチェックしてリストに掲載すれば、新旧制度入れ替えの時に、遺漏散逸の弊害はなくなるだろう。）

ここでも新官制移行にあたって架閣・版籍を備え、憲令図牒・簿書案牘や官寺の什器を整頓すべきことを述べており、「逐司事務箚子」同様、改革にあたっての具体的準備の必要性が訴えられている。

このように、「分撥事類」が行われたことが四年十一月以前にすでに官界に知れ渡り、一方で少なくとも曾鞏は「逐司事務箚子」「架閣版籍箚子」によってさらなる追加措置の必要を神宗に訴えていたわけであるが、こうした状況のもと、先に見たように十一月九日手詔において「減省官吏」が行われていることが示されている。これを官制所の官吏の削減と見るか「分撥事類」に伴う各官庁の官吏削減と見るか判断に迷うところであるが、いずれにせよ神宗が官制改革に一定の目処がついたと判断していたことは間違いない。そうした認識が十五日の「進呈官制」を決意させたのであろう。

では「進呈官制」とはいかなる意味を持つのであろうか。これについて島田正郎氏は、夙に十一月十五日における「進呈官制」に注目して、「官制」とは『唐六典』のような官制の書を指し、天章閣に進呈された成書がこの時に発布され、五年五月一日に施行されたと述べている(27)。確かに曾鞏は「乞登対状」において、官制が成った暁には「典籍」を編纂すべき旨を進言しており(28)、また先に見た「架閣版籍箚子」においても「新書」の存在が示唆されている(29)。しかしながら、先に述べたように五年四月二十三日に輔臣を天章閣に召見した際には新人事が決定されているし、また『玉海』巻一一九・官制・官名「元豊新定官制」には、

〔元豊〕四年十一月丁酉、開天章閣、対輔臣呈官制除目。

（元豊四年十一月丁酉〔＝十五日〕、天章閣を開き、輔臣と面対して官制除目を上呈させた。）

と「除目」(人事案)を呈せしめたとある。よって、成書が進呈された可能性は完全に消えるわけではないが、やはり「進呈官制」とは新人事案の上呈を意味すると考える方が自然なように思われる。

一方で、「進呈官制」から五年五月までに行われている決定事項は、次節で見る「三省枢密院六曹条例」等いずれも新官制施行に欠くべからざる重要事項ばかりであり、曾鞏が再三にわたって表明した懸念と、十一月以降に重要事項の決定が多くなされていることを考えると、「中輟」とは、改革の施行を急ぐ神宗と輔臣の意見の不一致の結果、新人事決定が中止されたことを指すと見るべきであろう。島田氏の言う四年十一月進呈の書がそのまま五年五月に施行を見たとは考えにくい。

以上、新職事官体系移行の準備が行われた元豊三年九月頃から五年五月に至る過程について概観し、四年十一月の「進呈官制」とその「中輟」の意味について考察した。元豊四年、おそらく八月頃の段階で新官制における職務分担の大枠が決定しており、このことを以て神宗は官制改革に一定の目処がついたと判断し、十一月の「進呈官制」すなわち新人事の進呈に及んだが、施行準備の不十分さから輔臣の反対に遭い「中輟」した、というのが筆者の描く経緯である。

第三節　元豊五年六月詔──「元豊三省制」成立過程

一　「三省枢密院六曹条例」と「五年六月詔」

元豊官制改革によりもたらされた最大の変化は、中書・門下・尚書省の三省制の復活と、それに伴う宰執集団の肩書きの変更であろう。言うまでもなく元豊官制改革によって神宗が復活させようとした三省制（唐代や元祐以降のそれと区別するために以下「元豊三省制」と称す）は、唐朝のそれを模範とするものであった。『唐六典』に記載される三省制は、中書省が起草（取旨）、門下省が審査（覆奏）、尚書省が施行（奉行）を担当するという体制である。しかし各省の職務は主に中書舎人・給事中・六部尚書以下が担当し、三省の長官は各省を経由する文書に署名はするものの、実質的には宰相であった[30]。

一方、宋におけるそれまでの宰相府である中書（以下、混乱を避けるために「旧中書門下」と表記）には同中書門下平章事・参知政事が置かれた。これが三省制の復活により、首相を尚書左僕射兼門下侍郎が、次相を尚書右僕射兼中書侍郎が務め、参知政事に代わって門下侍郎・中書侍郎・尚書左丞・尚書右丞が執政となった[31]。つまり宰執の肩書きだけを見れば、旧中書門下が門下省（首相＋門下侍郎）・中書省（次相＋中書侍郎）・尚書省（＝尚書都省、宰相＋尚書左右丞）に分割されたことになり、後人にもこのように認識している者が多い。

神宗が構築した「元豊三省制」の特色を、後人の評価に基づいて整理しておこう。『長編』巻三五八・元豊八年（一〇八五）七月戊戌に見える呂公著の言は元豊三省制を改めることを求めたものである。

臣伏覩周官、三公・三少掌論道経邦、寅亮天地、然皆分治卿職、蓋進則坐而論道、退則作而行之。此三代之明法也。唐太宗用隋制、以三省長官共議国政、事無不総、不専治本省事。国朝之制、毎便殿奏事、止是中書・枢密院両班。昨来先帝修定官制、凡除授臣僚及興革廃置、先中書省取旨、次門下省審覆、次尚書省施行、毎各為一班。雖有三省同上進呈者、蓋亦鮮矣。此蓋先帝臨御歳久、事多親決、執政之臣大率奉行成命、故其制在当時為可行。今来陛下始初聴政、理須責成輔弼。況執政之臣、皆是朝廷遴選、安危治乱、均任其責、正当一心同力、集衆人之智、以輔惟新之政。……伏望聖慈留神省察、明降指揮、応三省事合進呈取旨者、並令三省執政官同上奏稟、退就本省、各挙官制施行。

（私が見るに、周の官制では三公・三少が政治の原理を論じて国家を経営し、天地を恭しく信奉し、しかもみな六卿の職務を分担して治め、王の前に進んでは座して政治の原理を論じ、王の前を退いては各々の職務を遂行した。これが三代の明法である。唐の太宗は隋の制度を用い、三省の長官が国政を協議し、事は統轄しないものはなく、本省の事だけを行うというものではなかった。本朝の制度は、便殿で上奏するのはただ中書・枢密院の二班だけであった。先頃神宗陛下は官制を修定され、およそ官僚の人事と制度の興廃に関してはまず中書省が取旨し、門下省が審覆し、尚書省が施行することとされたが、これでは事あるごとに各省が一班を成して上奏することとなる。三省が共同進呈するものもあるが非常に少ない。このような制度になっていたのは、神宗陛下が長く帝位にあって政事の多くを自ら決定されたので執政の臣〔ここでは宰執〕はおおむねこれを承って実行すればよかったためであり、従って〔三省の職務分担が厳格に行われる〕この制度は、当時にあっては不都合がなかった。いま、陛下が聴政を開始されたばかりであるから、道理として輔弼の臣に責務を果たさせるべきである。ましてや執政の臣はみな朝廷から選抜され、安危・治乱は等しくその責任であるので、心を一つにして力を合わせて衆人の才智を結集して新たな政治を補佐しなければならない。……どうか聖慈でもって心に留めて検討され、明らかに指揮を降して、全て三省が進呈して取旨すべき事は三省の執政官に共同で上奏させ、退朝して本省に帰ってから各々が官制の通りに職務を行うようにしていただきたい。）

これによると、唐代の三省長官は本省のことを専治せず、また国初以来の宰執も上殿奏事の際には旧中書門下・枢密院がそれぞれ一班（グループ）を形成したのに対し、元豊官制改革以降は中書省取旨・門下省審覆・尚書省施行という各省の職掌が遵守され、従って上殿奏事も各々が一班を形成して行われたという。つまり元豊三省制の特色は、各省の長官レベルまで厳格に三省の分割を適用しようとしたことにあると言ってよかろう。

では元豊三省制は、いつの時点で成立したのであろうか。このことは改革において神宗の意向がいかに官僚層に受け入れられていったかを推し量る指標となりうるであろう。このことに立ち入る前に、既に指摘されていることではあるが、元豊官制による新職事官体系移行は必ずしも円滑に行われたわけではないことを確認しておこう。新職事官体系移行の翌日、五月二日には早くも新任官僚が職務を遵守しない場合の弾劾規定が示され[32]、また、新設の官庁に関して報告すべき案件がいまなお多いという理由により李清臣以下官制所の官僚の新ポストへの転任が見送られた[33]。さらに翌三日の神宗の手詔には、

手詔、「朝廷議更官制、本欲覈正吏治、非徒膠古希奇而已。比命官置司、修講逾年、迨今頒行、尚爽条理、若自爾去分撥事類、仍前糾紛、不免啓侮四方、貽譏来世。事繁（繫）国体、二三執政可不究心。其詳定官、恐須益得深暁文法之人。如頃所論体統、令以此意著為式令」。（（　）内は『長編』巻三二六による）（『宋会要』職官五六－九「官制別録」元豊五年（一〇八二）五月三日）

（手詔があった、「朝廷が官制改革を議論したのは、官庁の業務を正すことに目的があり、いたずらに復古を行い奇を衒ったのではない。最近官僚を任命して部局を設置し、改革を検討させること一年余り、いまに至って施行し、さらに条理を明らかにしているのに、もしその後の職務分配が以前同様に混乱していては、四方に侮られ、後世の笑いものになる。事は国体に関わるのに、二三の執政が心を尽くさないでよかろうか。詳定官にはさらに法律・制度に通暁した者を加えなければならない。近頃論じた体統は、この手詔の意図を酌んで著して式令とせよ」と。）

とあり、改革がうまくいっていないことに対する神宗の焦燥感が看取できる。

　これに加えて、『長編』巻三二六・元豊五年五月辛卯には、国子監・太僕寺・軍器監の新任官の着任が間に合わないので、起居舎人蔡卞を兼権国子司業に、枢密都承旨張誠一を兼権太僕卿に、東上閤門使曹誦を兼権軍器監に任ずるとある[34]。また、新尚書省建設は新職事官体系移行時には間に合わず、尚書省の各官は旧三司等への仮寓を余儀なくされている[35]。

　さて、はじめて三省の職権を明文化したのは、新職事官体系移行に先立ち発せられた元豊五年二月一日の詔である（『長編』巻三二三）。『長編』割註によれば『新紀』はこの詔を「三省枢密院六曹条例」と称しており、ここ

でもその呼称に従う。行論上必要な部分を引用する。

中書省面奉宣旨事、別以黄紙書、中書令・侍郎・舎人宣・奉・行訖、録送門下省為画黄。受批降若覆請得旨、及入熟状得画事、別以黄紙亦書、宣・奉・行訖、録送門下省為録黄。枢密院準此、惟以白紙録送、面得旨者為録白、批奏得画者為画旨。門下省被受録黄・画黄・録白・画旨、皆留為底、詳校無舛、繳奏得画、以黄紙書、侍中・侍郎・給事中省・審《（審・省）》・読訖、録送尚書省施行。三省被受勅旨、及内降実封文書、並注籍。門下・中書省執政官兼領尚書省者、先赴本省視事、退赴尚書省。……諸称奏者、有法式、上門下省、無法式、上中書省、有別条者、依本法。辺防・禁軍事、並上枢密院。応分六曹寺監者為格、候正官名日施行。

（中書省が皇帝と直接面会して宣旨を奉じた案件は、別に黄紙に書き、中書令・侍郎・舎人がそれぞれ宣・奉・行と書いてから副本を作って門下省に送り画黄を作成する。批降を受けたもの、あるいは再上奏して裁可を受けたもの、及び熟状を進入して裁可を受けたものは、別に黄紙に書き、宣・奉・行と書いてから副本を作って門下省に送り録黄を作成する。枢密院もこれに準じ、白紙を使って副本を作って送り、直接面会して裁可を受けたものは録白を作成し、批奏して裁可を受けたものは画旨を作成する。門下省は録黄・画黄・録白・画旨を受ければ、それらを留めて底本として、詳細に点検して誤りがなければ再上奏して裁可を受け、黄紙に書き、侍中・侍郎・給事中がそれぞれ省・審・読〔正しくは「審・省・読」〕と書いてから副本を作って尚書省に送り施行する。三省がともに勅旨を受けたもの、及び内降実封文書は全て帳簿に記録しておく。門下・中書省の執政官で尚書省を兼領する者は、まず本省に出勤して政務を執り、その後尚書省に出勤する。……およそ奏と称すもので、その内容に該当する法式があるものは門下省に送り、該当する法式がないものは中書省に送り、別条のあるものは本法に依拠する。辺防・禁軍の事は全て枢密院に送る。これらを六曹・寺監に頒布して格とし、官名を正す〔ここでは新職事官体系移行を指す〕の日を待って施行せよ。）

画黄・録白等の文書を、中書省・枢密院取旨→門下省覆奏→尚書省施行という手順で作成すべきとする前半は、唐の三省制を適用したものであり、後半において示された、官僚の上奏は該当する法令があるものは門下省に、ないものは中書省に送るという規定も、中書省造令、門下省審覆という職掌を忠実に反映したものである。そしてこれらは「格」として六曹・寺監に頒布され、新職事官体系移行の日より施行するとされた。ところが、新職事官体系移行後一ヶ月余り経った六月五日には次のような詔が降されている。『長編』巻三二七・元豊五年六月乙卯には、

詔、「自今事不以大小、並中書省取旨、門下省覆奏、尚書省施行。三省同得旨事、更不帯三省字行出」。（詔があった、「今後、事の大小なく全て中書省が取旨し、門下省が覆奏し、尚書省が施行せよ。三省が共同で裁可を受けた案件も、あらためて「三省」の文字を付して施行してはならない」と。）

とあり、あらためて三省の職務分担が規定されているのである。「三省枢密院六曹条例」の規定が再度確認されているということは、それまでの状況に問題があったことの現れにほかならない。そこで五月一日から六月五日までの三省について見てみると、いくつかの問題が生じていたことが分かる。『長編』巻三二六・元豊五年五月己丑には、

王珪言、「故事、中書進熟・進草、惟執政書押。今官制、門下省給事中、独許書画黄、而不得書草、舒亶疑之、因以為請」。上曰、「造令・行令、職分宜別。給事中不当書草、著為令」。（王珪が言った、「故事では、中書の進熟（日常業務の施行案に皇帝の裁可を得るための文書）・進草（急を要する案件を施行した後に皇帝へ事後報告するための文書）は執政だけが署名していた。いま、新官制では門下省給事中はただ画黄に署名することのみ許可され、進草に署名することはできない。舒亶はこれを疑い要請した」と。神宗は言った、「命令の作成と実行は職務として別のものでなければならない。給事中は進草に署名してはならない。著して令とせよ」と。）

とある。当時給事中であった舒亶が、給事中は「書画黄（書黄）」つまり中書省が作成した録黄等を給事中が審査し「読」と書くことのみが認められ、「書草」つまり原案への署名権を持たないことに疑問を呈し、王珪がこれを代弁して神宗に伝えたところ、神宗は「造令」と「行令」は別であるとして要求を斥けた。舒亶は、門下省は旧中書門下が分割されたものであると見なし、ゆえに「執政」（この場合は宰執）のみに認められていた書草権を給事中にも求めたのである。つまり、神宗の設けようとした権限分割原則に反して、首相や門下侍郎は書草権を持つ存在として舒亶には認識されていたことになる。(36)

また、三省を経由する文書作成規定も遵守されていなかった。『長編』巻三二六・元豊五年五月辛丑には、

給事中舒亶言、「吏房前後発李規・王務民奏鈔、令臣書読、侍郎王珪已書省審、坐違式挙行、門下省但勘罰。今縁奏鈔皆王珪書名、自合省問、豈容但称不知、帰罪令史。自非執政大臣怙権擅事、軽蔑朝廷、即是吏史憑附大臣、沮壊法令。陛下新正官名、而上下横厲如此、不治其微、実恐陛下復古建事之意或成虚名、為天下後世所議」。詔承行吏人送門下省別加重罰。

（給事中舒亶が言った、「吏房が前後して発した李規・王務民の奏鈔は、私が書読を行う時には門下侍郎の王珪が既に省・審を行っていた。これは式に違反した行為で処罰の対象であるが、門下省は勘罰を行ったのみであった。いま見てみると、奏鈔は全て王珪自身が署名しており、自ら問い質すべきであるのにどうして自分は知らないと言って罪を令史に帰してよかろうか。執政大臣が専擅して朝廷を侮っているのでないとすれば、胥吏が大臣に憑附して法令を沮壊しているのである。陛下が官制を一新されたのに、上下の官僚がこのように横暴で微細な業務もまともに行わないのであれば、陛下の復古建事の意図が虚名となり天下後世の議〔譏り?〕となることを恐れている」と。詔して奏鈔のことを行った胥吏を門下省に送って重罰を加えた。）

とある。唐代には「奏鈔」とは下級官僚の任命等に用いられた文書形式で、(37)これらの文書は給事中・侍郎・侍中

の順に回覧され、それぞれ「読」「省」「審」と書す原則であり[38]、宋代・元豊官制改革以降には侍中は置かれなかったので門下侍郎が「省審」と書していた。ここでは李規・王務民の任命に関わる奏鈔を給事中舒亶が受け取ったところ、既に門下侍郎王珪が「省審」を済ませていたことが問題とされていて、これに対し舒亶は王珪の不正への関与の可能性をも示唆している。

次に見る事例も文書手続きが遵守されていないことを示している。『長編』巻三二七・元豊五年六月癸丑には、

吏部尚書李清臣言、「嘗奏論門下・中書省全録画黄直付所司事。今又於詳定官制所受到前批無押字画黄四件、雖著門下・中書省官及名、即無首尾可顕何処送到門下省進呈。在格、『当録其事目留本省、以画黄付下』。既以書名、則体不当押字、而所承受官司各有付受歴照験、豈得不知来処」。

（吏部尚書李清臣が言った、「以前、門下・中書両省は画黄を全て記録し所司に直接送付すべきであると上奏した。いままた、詳定官制所において前批し押字のない画黄四件を受領した。そこには門下・中書両省の官・名が書いてあるが、どこから門下省に送られ進呈されたものかを示す証拠がどこにもない。格には『その事目を記録して本省に留め、画黄を下級官庁に送付しなければならない』とある。既に署名したからには押字する必要はないが、受領した官司には各々受け取り記録があって照会することができるはずであって、来歴が分からないなどということがあってよかろうか」と。）

とある。来歴不明の画黄が発給され、文書行政に混乱が生じていたことが分かる[39]。

このように、五年五月一日の新職事官体系移行後も、「三省枢密院六曹条例」記載の三省分権は徹底されていなかったと思われ、さればこそ六月五日に再度三省の職権を規定する詔を降す必要が生じたのであろう。つまり、神宗の描く「元豊三省制」は当初は十分に機能しなかったのである。

二　「蔡確陰謀説」の検討

さて、先に見たように呂公著は「元豊三省制」の問題点を長官レベルでの分権にあるとしてその是正を求め、また哲宗朝に侍御史劉摯は蔡確に対する弾劾の中で、「三省分治之後」に尚書右僕射兼中書侍郎であった蔡確が人事を恣にしたことを批判している。(40) 確かに「元豊三省制」は取旨(進擬)権を中書省にのみ与える制度であったため、次相蔡確がこれを悪用して専権を謀ったという批判が、旧法党が政権を握った哲宗朝前期に出てくるのである。しかし、これをさらに敷衍し、官制改革の過程において蔡確が神宗に働きかけて自己の専権の素地を作ったとまで言う説がある。以下これを「蔡確陰謀説」と呼ぶことにするが、この説は本節の目的である「元豊三省制」成立過程の解明に関わる問題であるので、その是非について検討してみたい。

先ほどから問題にしている「五年六月詔」を伝える『長編』巻三二七・元豊五年(一〇八二)六月乙卯は、詔に関わる複数の説を併記している。長文であるが、ここに掲げておく。

詔、「自今事不以大小、並中書省取旨、門下省覆奏、尚書省施行。三省同得旨事、更不帯三省字行出」。①是日、輔臣有言中書省独取旨、事体太重。上曰、「三省体均、中書省揆而議之、門下省審而覆之、尚書省承而行之。苟有不当、自可論奏、不当縁此以乱体統也」。先是、官制所雖倣旧三省之名、而莫能究其分省設官之意、乃釐中書門下為三、各得取旨出命。既紛然無統紀、至是、上一言遂定体統也。〈已上拠墨本、已下拠朱本〉

②初、上欲倣唐六典修改官制、王珪・蔡確力賛之。官制、以中書造命、行無法式事、門下審覆、行有法式事。尚書省奉行。三省分班奏事、各行其職令、而政柄尽帰中書。確先説珪曰、「公久在相位、必拝中書令」。故珪

不疑。一日、確因奏事罷留身、密言、「三省長官位高、恐不須設。只以左僕射兼門下侍郎、右僕射兼中書侍郎、各主両省事可也」。上以為然。已而確果独専政柄、凡除吏、珪皆不与聞。後累月、珪乃言、「臣備位宰相、不与聞進退百官。請尚書省官及諸道帥臣許臣同議」。上許之。〈此拠蔡興宗官制旧典、当考。神宗職官志、「門下省受天下之成事、凡中書省・枢密院所被旨、尚書省所上法式事、皆奏覆審駁之。中書省、凡事干興革増損而非法式所載者、論定而上之」〉

③三省並建、政事自以大事出門下、其次出中書、又其次出尚書、皆以黄牒付外、衆以為当然。王安禮初不預官制事、乃為上言曰、「政畏多門。要当帰於一、特所経歴異耳。今也別而為三、則本末不相見。是何異秦・斉二王教与詔勅雑行、安所適従。臣以謂事無巨細、宣於中書、奉於門下、至尚書行之、則尽善矣」。詔従之。蔡確既為右僕射且兼中書侍郎、欲以自大、乃議尚書省関移中書、当加上字以重之。王安禮争曰、「三省、天子攸司、政事所自出、礼宜均以一。確乃欲因人而為軽重、是法繇人変也、非所以敬国家」。已而正色問上曰、「陛下用確為宰相、豈以材術卓異有絶人者、抑亦叙次遷陟、適在此位耶」。上曰、「適在此位」。又曰、「固適在此位」。安禮顧謂確曰、「陛下謂適在此位、何得自大如此」。……〈四事並拠田晝行状附此、更須考詳〉

（詔があった、「今後、事の大小なく全て中書省が取旨し、門下省が覆奏し、尚書省が施行せよ。三省が共同で裁可を受けた案件も、あらためて「三省」の文字を付して施行してはならない」と。①この日、輔臣に、中書省だけが取旨するのでは中書省の権限が大きすぎると言う者があった。神宗は言った、「三省の権限は等しい。中書省が立案し、門下省が審査し、尚書省が施行するのである。不当なことがあれば自ら上奏すればよいのであって、このことによって官制の体統を乱してはならない」と。これより先、詳定官制所は、旧制の三省の名称に倣って改革を進めたが、分省設官の意図をよく理解していなかったので、旧中書門下を三つに分割しただけで各々が取旨・命令発布することができるようにしてしまった。その結果混乱が生じ統制が取れなくなったが、ここに至って神宗の一言で官制の体統が

定まった。〈以上は『墨本』による。以下は『朱本』による〉

②以前、神宗は『唐六典』に倣って官制を改革しようとし、王珪と蔡確はこれに賛成した。新官制では、中書省は造命して法式のない事を担当し、門下省は審覆して法式のある事を担当し、尚書省がこれらを施行することとなっていた。三省は分班奏事し、各々がその職令を行い、その結果権限は中書に集まっていた。蔡確は先に王珪に、「公は久しく宰相の位にいるから、きっと中書令を拝命するだろう」と言った。そこで王珪は疑わなかった。ある日、蔡確は上奏が終わると留身し、密かに神宗に言った、「三省の長官は位が高く、設けるべきではないと思われる。ただ左僕射に門下侍郎を兼ねさせ、右僕射に中書侍郎を兼ねさせ、各々が両省の事をつかさどればそれでよい」と。神宗はこれを認めた。その後、蔡確は権限を独占し、人事には王珪は関与できなかった。数ヶ月後、王珪は言った、「私は宰相の地位にあって、百官の人事に関与できない。どうか尚書省官と諸路の帥臣の人事には関与できるようにしていただきたい」と。神宗はこれを許可した。〈これは『蔡興宗官制旧典』によるが、別途考察すべきである。『神宗正史職官志』には、「門下省は天下の成事〔法式のある事〕を受け、およそ中書省・枢密院が裁可を受けた事や尚書省が送った法式を奏覆・審駁する。中書省はおよそ興革増損に関わりかつ法式のない事を論定して上奏する」とある〉

③三省が設置され、政事の大事は門下省から出て、次いで中書省から、次いで尚書省から出て、みな黄牒で発布し、多くの者はこれを当然と見なしていた。王安禮は官制改革には全く関与していなかったが、上言して次のように言った、「政治に多くの出所があるのは憂慮すべきである。出所は一つにして、ただ外部へ発布する際の経路が異なるだけという形がよい。いまは三省に分かれていて、本末が分からない状態である。これでは秦王・斉王の教〔命令〕が詔勅と入り混じって発布されていたのと同じではないか[41]。どこに従えばよいというのか。私は思うに、事の大小なく中書省が宣し、門下省が奉じ、尚書省が行えば最善であろう」と。詔してこれに従った。蔡確は既に右僕射兼中書侍郎となっており、自己の権限拡大のため、尚書省が中書省に関〔文書の形式〕を用いて通達する際に「上」〔たてまつる〕の一字を加えて中書省を重んずるべきであると提言した。王安禮はこれと争って言った、「三省は天子の有司であって、

政事のよって出る所であり、礼遇は均等にすべきである。蔡確はなんと人に依拠して〔自分が中書省にいるからといって〕軽重を決めようとしているが、これでは制度が人によって変えられることになり、国家を敬う行為ではない」と。しばらくして色を正して神宗に尋ねた、「陛下は蔡確を宰相に登用したが、どうして彼に傑出した才能があるだろうか。それとも序列に従って昇進して、たまたまこの地位にあるのか」と。神宗は言った、「たまたまこの地位にあるのだ」と。さらにまた言った、「当然たまたまこの地位にあるのだ」と。王安禮は蔡確の方を振り向いて言った、「陛下がたまたまこの地位にあると言うのだから、このように自己の権限拡大を図ってよいわけがなかろう」と。……〈以上の四事は全て田畫の書いた行状によって付け加えた。さらに考察すべきである〉

「蔡確陰謀説」とは、②にある蔡惇（元道）『紹興祖宗官制旧典』[42]の伝える説である。これによると、宰相の官名決定に際して自己の専権を謀った蔡確が神宗にひそかに進言して首相＝左僕射兼門下侍郎・次相＝右僕射兼中書侍郎という形を実現し、中書省の進擬権独占が成ったという。そして首相王珪が人事に関与できない状態がしばらく続き、本人の訴えにより尚書省官・諸路帥臣の人事への関与が許された。以上が「蔡確陰謀説」である。これに対し①③が記す経緯はいずれも、三省長官の職務分担が遵守されていなかった状態を六月詔で神宗が是正したというものである。①は割註から『墨本』すなわち旧法党的立場に立つ元祐初修『神宗実録』からの引用である。要点を記すと、官制所が神宗の意図を理解せず旧中書門下を三省に分割し各々に進擬権を与えたため混乱が生じ、輔臣の中には中書省が進擬権を独占することに懸念を表明する者もいたが、神宗は門下省には審覆権が、尚書省には施行権が与えられるのであるから、各省の長官は審覆・施行の際に異議を唱えればよいとして輔臣の反対を斥け詔を発した、というものである。また、③は引用の末尾にある割註によると「王安禮行状」に依拠したものである。三省が設置され、大事は門下省より出で、次いで中書省、次いで尚書省より出でることを当然とする衆論が存在した。王安禮（この時尚書右丞）は官制改革に全く関与していなかったが、命令の出所が「別而為三」となっている現状を懸念して上言し、これを受けた神宗が詔を降した。以上が「王安禮行状」の伝える内容である。なお、②の前の割註には、「已上拠墨本、已下拠朱本」とある。『朱本』は紹聖重修『神宗実録』のことであり、新法党的立場から編纂されたと言われる。しかし②は次の割註の記載と記事そのものの内容からも『紹興祖宗官制旧典』であることに疑いの余地はない。旧法党的言論が主流を占めた紹興年間(一一三一～六二)の書が新法党寄りの『朱本』を引用するとも考えにくい。ここではひとまず『朱本』の記事は『長編』が伝わる過程で脱漏したものと考えておく。

次に、引用史料の性格等を踏まえて各説の妥当性を考えてみたい。まず①については、三省の職権分担に混乱が見られたことを記しているが、この点はこれまで見てきた三省経由文書が正規の手続きを経ないで処理されていた状況と一致している。問題は、ともに蔡確が登場する②と③である。②の『紹興祖宗官制旧典』については、趙希弁『郡斎読書志附志』職官類に、

祖宗官制旧典三巻。右、東萊蔡元道所編也。其子興宗叙於後云、「追記祖宗旧典、凡設官任職・治民理財之要与夫分別流品・謹惜名器之道、合七十七門」云。

(『祖宗官制旧典』三巻。右、東萊の蔡惇(字元道)が編纂した。その子興宗が後序で次のように書いている、「祖宗の旧制を記録し、およそ官の設置、職務の担当、民衆の統治、財政運用の要点と、流品の分別、名器の謹惜の方法を合わせて七十七門とした」云々と。)

とあり、この書は祖宗の旧典を追記することを目的としたものであるという。さらに、『玉海』巻一一九・官制・官名「紹興祖宗官制旧典」には、

三巻。紹興間蔡元道纂。以元豊改制、号為名正、爵位浸軽、品流淆雑、故著是書。毎官先述旧典、而後及新官得失、以存祖宗制官之意。

（三巻。紹興年間に蔡元道が編纂した。元豊官制を、名分を正すと称して爵位を侵し軽んじ、品流が混淆する原因を作ったと見なして、この書を著したとある。官ごとにまず旧制を述べ、その後に新官制の得失に言及し、祖宗の制における官制の意図を残しておくことを目的とした書である。）

とあり、元豊官制に対して必ずしも高い評価を与えているわけではない。また、書名が示す通りこの書は南宋紹興年間のものである。紹興年間とは『哲宗実録』（新録）編纂に象徴されるように宣仁太皇太后の弁誣と蔡確の追貶が盛んな時期であり[43]、この時期の書における蔡確に関する記事がどれほど事実に近い形で記されているか疑問である。よって、蔡確の「陰謀」により首席の王珪が門下相に祭り上げられたことから次席である中書相蔡確の専権が開始されたという『紹興祖宗官制旧典』の説には一定の留保が必要であろう。

一方、③についてであるが、先に触れたように『長編』はこの記事と、引用を省略した王安禮に関する三つの記事を合わせた四事を王安禮の「行状」に拠ったとしている。その一つには、前掲引用にある通り、蔡確が「自大」を欲して尚書省が中書省に関で通達する際に「上」の字を加えんと謀ったことに王安禮が反対し、神宗の面前で蔡確を批判したとある。このように「行状」は蔡確に批判的な見地から書かれているものであり、中書省すなわち蔡確の進擬権独占を招く進言を尚書右丞である王安禮が行ったことを「行状」がわざわざ記録しているということは、却ってこの記事の信憑性を物語っていると言えよう。

これらの検討から、中書省の進擬権独占に至る過程について、これを蔡確の「陰謀」とする説よりも、「官制所の不手際」や「衆論」が原因となって三省分権が遵守されていなかった状況があり、これを神宗が六月五日詔によって「是正」したという経緯の方がより妥当性を有していると考えられる。

また、六月五日詔は、「三省同得旨事、更不帯三省字行出」（三省が共同で裁可を受けた案件も、あらためて「三省」の文字を付して施行してはならない）と、三省が共同で取旨するケースが例外的に想定されているとともに、それを文書化する際には「三省」名義での行下を禁じている。現実には既に三省と皇帝との間で合意がなされているにもかかわらず、成文化する段階において三省取旨の形跡を残さぬよう設けられたこの規定は、あくまで三省分権を貫徹しようとする神宗の強い意向の現れと言うことができよう。

以上、「元豊三省制」の成立過程について検討を加えた。「元豊三省制」は各省長官レベルまで厳格に三省の分権を適用しようとする制度であり、その意味で唐制を厳格に採用しようという神宗の意図の反映と捉えられよう。また、その結果中書省が進擬権を独占し、このことが哲宗朝に問題とされ、後には蔡確追貶の動きと相俟って「蔡確陰謀説」が登場するに至る。しかし実際の三省制をめぐる状況を見てみると、五年二月の「三省枢密院六曹条例」は五月一日の新職事官体系移行後も遵守されず、六月五日詔によって神宗が異論を排して三省の職権を「是正」することで「元豊三省制」の徹底が図られたのであった。その後の三省の地位について付言すると、元豊五年（一〇八二）九月、神宗不豫の際には本来面奏すべきことは中書省のみが文書で進擬するとされていること[44]からすると、中書省のみ進擬権を持つという原則は遵守されていたと思われる。

おわりに

本章では、元豊官制改革の施行過程について、元豊三年から五年にかけて、それぞれの年において改革の節目となる出来事に焦点を当てて考察を加えた。改革の過程を通じて看取しえたのは、重要局面において頻繁に現れる神宗と官僚の見解の相違であった。三年「改官制詔」において、それまでに行った『唐六典』の校勘・頒下等の準備作業とはうってかわって、唐制に言及しない「所信表明」を行ったことは、殊更に『唐六典』を「旧章」をまとめたに過ぎず用いられなかった書と評価する曾鞏に代表されるような、仁宗朝から続く唐制を必ずしも絶対視しない官僚の輿論に対する配慮の現れであった。しかし、唐制を復活させるという神宗の欲求は押さえがたいものであったと思われ、四年の「進呈官制」とその「中輟」の背景には、改革の大略が決定したに過ぎない段階で施行に踏み切ろうとする神宗と、なお細部に検討すべき課題があることから拙速な施行に反対する輔臣の対立があったと推測される。また、五年の新職事官体系移行後も、文書の停滞など様々な問題が噴出した。その中で改革の象徴とも言える三省制が当初は十分に機能せず、旧中書門下が三分割されたかの如き状態であったのを、神宗が六月五日詔で再び三省の職権を規定することで自己の構想を押し通したのであった。この経緯の背景には、改革以前の宰執の有り様や文書行政上の手続きとあまりにも異なる「元豊三省制」が、実際にその中で職務を担う官僚にとっては受け入れがたいものであったことに加えて、長官レベルにおける三省の職権分割という唐制の原理主義的適用に対する官僚の拒絶があったと考えることもできよう。元豊官制改革施行過程における神宗と官僚の認識の相違は、彼らにとっての「近代」である唐朝に対する認識の違いの現れだったのである。

最後に、元豊官制改革に対する後世の人々の評価に触れておきたい。南宋にあっては、旧法党的思考が主流であったことも影響してか、元豊官制改革に対する彼らの評価は手厳しい。一つは元豊官制改革により三司は消滅するが、先行する王安石新法期に既に三司が財政全般を総覧する国初以来の良法が損なわれていたとする理解(45)である。かかる理解が日本における研究の、王安石新法体制と元豊官制改革の関連性を重視する傾向の要因となっているのかも知れない。しかしここではそのことには深く立ち入らない。

もう一つは、元豊官制改革を論じた次の言である。「蓋周之六卿、統於大臣、故若分而実合。唐之六部、紊於寺監、故雖繁而実曠。元豊以前、名雖未正、而事権帰一、実有得於周。元豊以後、制雖尽復、而冗員未併、未免類於唐。……今六部星分、誠有周人六典之美。然事権不一、脈絡不通」(周の六卿は大臣によって統轄され、分かれているようで実は統合されていた。唐の六部は寺監によって職権が乱され、行き届いているようで実はおろそかだったのである。元豊以前は名分は正しくなかったが権限は一つにまとまっており、周の制度を体現していた。元豊以後は制度は復したが冗員は併せられず、唐制のようである。……いま、六部が設けられ周人六典の美は備わっているが、権限は一つにまとまっておらず、脈絡が通じていない)(『古今源流至論』続集巻五「六部」)。唐制を周の六卿の理念を形だけ模倣したものと見て、その唐制に依拠した元豊官制を、正名は達成したものの「事権帰一」という祖宗の制を損なう結果を招いたと否定的に見ている。[46] 周制を模範とする言は既に仁宗朝から見られるとともに、第一節で見た、元豊官制を唐制の形式のみの模倣として批判する范祖禹のような見方も哲宗朝元祐期に見られる。唐制を絶対視しない見方は仁宗朝以降、南宋までも継承されていると言えよう。

以上の二つは元豊官制改革に対する否定的評価であるが、改革に対する肯定的評価として徽宗朝における元豊官制顕彰の動きが挙げられる。周知の通り、徽宗及び彼の治世において専権体制を確立した蔡京は、「紹述」(神宗の政治路線の継承)を標榜していた。このことは官制をめぐる諸政策においても当てはまるのであるが、では徽宗、蔡京及び他の官僚はどのような意図を持って官制における「紹述」を行おうとしていたのであろうか。章を改めて見ていきたい。

(1) 熊本崇「宋元祐三省攷――「調停」と聚議をめぐって――」(『東北大学東洋史論集』九、二〇〇三)。

(2) 宮崎市定「宋代官制序説――宋史職官志を如何に読むべきか」(原載一九六三、のち『宮崎市定全集』一〇、岩波書店、一九九二所収)、梅原郁『宋代官僚制度研究』(同朋舎、一九八五)の「序論――宋代官制の推移」。ほかに南宋代の類書に依拠して官制の推移を述べたものに中嶋敏「宋代」(和田清編『支那官制発達史』(上)、中央大学出版部、一九四二)がある。また、梅原郁氏は「中国法制史雑感――元豊の官制改革をめぐって」(比較法史学会編『歴史と社会のなかの法』比較法制研究所、一九九三)の中で、元豊官制改革を、皇帝が施行機関である尚書省を直接支配する体制を生むきっかけとなったとしている。確かに氏も指摘するように元代には門下省が、明代には中書省が消滅し、皇帝が六部を直接支配する体制へと移行していくのであるが、一方で本章で述べるように、元豊官制改革を実行した神宗自身は三省制を遵守すべきであるという理念を持っていた。長期的な視点で見れば梅原氏の言う皇帝一元支配への流れは存在するが、本章ではより短期的な視点から元豊官制改革そのものの意義を考察することを目的とする。

（3）見城光威「北宋の戸部について――神宗・哲宗朝を中心に――」(『集刊東洋学』八二、一九九九)。

（4）註(1)前掲熊本崇「宋元祐三省攷――「調停」と聚議をめぐって――」、同「宋神宗官制改革試論――その職事官をめぐって――」(『東北大学東洋史論集』一〇、二〇〇五)、同「宋執政攷――元豊以前と以後――」(『東北大学東洋史論集』一一、二〇〇七)。

（5）張復華「宋神宗元豊改制之研究」(原載一九八八、のち『北宋中期以後之官制改革』文史哲出版社、一九九一所収)、龔延明「北宋元豊官制改革論」(『中国史研究』一九九〇-一、一九九〇)。

（6）内田昌功「隋煬帝期官制改革の目的と性格」(『東洋学報』八五-四、二〇〇四)。

（7）小島毅『宋学の形成と展開』(創文社、一九九九)。

（8）『神宗正史職官志』は、熙寧年間(一〇六八～七七)における制置中書条例司(編修中書条例司のこと)・制置三司条例司等の設置や、新法施行のため遊休化していた司農寺を復権させたこと等を元豊官制改革の前段階として叙述しているが、本章ではこの時期については触れない。

（9）『長編』巻二九八・元豊二年(一〇七九)五月己丑、『宋会要』職官五六-一「官制別録」元豊三年(一〇八〇)六月十五日。

（10）本書第四章第一節～第三節。

（11）『長編』は、この上奏を曾肇のものとして記録しているが、『宋会要』職官五六-六「官制別録」元豊四年(一〇八一)八月八日及び曾鞏『元豊類藁』巻三一・箚子「請改官制前預選官習行逐司事務」によると曾鞏のものであることに間違いない。

（12）『宋会要』職官一-七五「中書門下省」表八行目～裏一行目。

（13）本章で用いた元・大徳八年・丁思敬刻本『元豊類藁』にはこの奏状の日付はないが、宋刻本とされる『曾南豊先生文粋』(『北京図書館古籍珍本叢刊』所収)巻九・状「乞登対状」には「元豊三年十一月十八日進入」とある。

（14）具体例については本書第四章参照。

（15）『大唐六典』巻一「尚書都省」に、「左右丞相、掌総領六官・紀綱百揆、以弐令之職。令闕則専統焉。初亦宰相之職也。開元中、張説兼之、罷知政、猶為丞相。自此已後、遂不知国政」とある。

(16) 例えば「乞登対状」には、「今陛下以法制度数宜有所自、故上稽周礼、以官儀注措宜参近事、故旁求六典、則又質諸当世之宜、裁以聖慮」とある。

(17)『元豊類藁』巻三四・奏状「再乞登対状」(文言から元豊四年(一〇八一)のものと思われる)の以下の言には、かかる認識がより鮮明に現れている。「陛下躰生知之質、起日新之政、揆之以道、以易漢唐五代之卑、本之於身、以追堯舜三代之盛」。

(18) もっともこの措置により、従来の叙遷体系に変化が生じ、そのことがいくつかの不都合を生ぜしめた。詳細は註(2)前掲梅原郁『宋代官僚制度研究』の「第一章　宋代の文階」。

(19) 最終的に新職事官体系移行に伴って、人事権は尚書省吏部に移管され、尚書左選(京朝官担当)・侍郎左選(選人担当)・尚書右選(上級武官担当)・侍郎右選(下級武官担当)に再編された。註(2)前掲梅原郁『宋代官僚制度研究』の「第一章　宋代の文階」。

(20)『宋会要』職官五六-三「官制別録」元豊三年(一〇八〇)九月十七日には、「中書言、「拠官告院状、『諸班直都知・押班・長行等、諸軍使副、指揮使、軍使副、都兵馬使、都頭・副都頭、于(如)未曾受加恩者、遇大礼、授銀青光禄大夫・検校国子祭酒・兼監察御史・武騎尉。縁見今台・省・寺・監之官、易之以階、則所授銀青光禄大夫、正為階、而国子祭酒・監察御史乃職事官、皆不合用為加恩。今明堂諸如此類未加恩者、並乞加武騎尉』。欲送官告院照会施行」。従之」(( )内は『長編』巻三〇八・元豊三年九月丙子による)とある。

(21)『長編』巻三〇九・元豊三年(一〇八〇)十月丁卯に、「詳定官制所言、「訳経僧官、有授試光禄鴻臚卿・少者、今除階・散已罷外、其帯卿・少官名、実有妨礙。欲乞以授試卿者、改賜訳経三蔵大法師、試少卿者、改賜訳経三蔵法師、其師号及請俸之類、並依旧」。詔試卿者、改賜六字法師、試少卿者四字、並冠訳経三蔵。余依旧」とある。

(22) 元豊三年(一〇八〇)十二月に、新尚書省建設準備のため、都大経制熙河路辺防財用事李憲が兼専切提挙本路採買木植に任ぜられ(『長編』巻三一〇・元豊三年十二月乙酉)、経制司の息銭二十万緡が採買木植司に支給され、翌年には通遠軍に材木調達のための兵士一指揮が配備された(同巻三一一・元豊四年正月丙辰)。しかし西辺の情勢悪化により、あらためて知汝州李承之に材木調達が命じられた(同巻三一六・元豊四年九月丙午)ものの、李承之の陝西都転運使への転任に伴い、彼に後任の挙官が命じられた(同巻三一八・元豊四年十月己卯)。その後の経緯は不明であるが、材木調達に関わるこうした混乱が、五年五月の新職事官体系運用開始時における尚書省の仮寓という状況の要因となった可能性はある。

(23) 除授される職事官が寄禄官より一品高い場合は職事官名の上に「行」の字を、一品低い場合は「守」、二品低い場合は

「試」を付けた。

(24) このことは『長編』巻三二五・元豊五年(一〇八二)四月甲戌に、「朝奉郎・検正中書戸房公事呉雍守左司郎中、通直郎・館閣校勘・検正中書礼房公事王震試右司員外郎。於是開天章閣、初用官制除拜、詔震及雍従輔臣執筆入記聖語、面授以左右司、仍使自書、時論栄之」とあることによって分かる。

(25)「再乞登対状」の冒頭には、「臣去冬再蒙聖恩賜対」とあり、これは元豊三年(一〇八〇)十一月二十一日に垂拱殿に召見され、箚子五道を奉ったことを指す。この時の箚子は『元豊類藁』に収録されている。

(26)「分撥事類」の語は、新職事官体系移行の後に出された手詔においても用いられている。『宋会要』職官五六-九「官制別録」元豊五年(一〇八二)五月三日には、「手詔、「朝廷議更官制、本欲覈正吏治、非徒膠古希奇而已。比命官置司、修講逾年、迨今頒行、尚爽条理、若自爾去分撥事類、仍前糾紛、不免啓侮四方、貽譏来世」」とあり、ここでの「分撥事類」とは従来の諸官庁の職務を三省六部に分配したことを指していることは明らかである。

(27) 島田正郎「北宋元豊の官制改革と元豊官志について――台湾採訪新資料研究その一――」(『法律論叢』三四-二、一九六〇)。

(28)『元豊類藁』巻三四・奏状「乞登対状」には、「至夫大法既具、然後条分類別、以陛下之所指授、勒成一代之典、明示四方、使知出自聖作、豈独以之彌綸当今之務、固当蔵之金匱、為万世法」とある。

(29) 曾鞏には官制改革の成果をまとめた書の作成を神宗に勧めた「請以近更官制如周官六典為書」(『元豊類藁』巻三一・箚子)もあるが、この箚子の進呈時期は不明である。

(30) 唐代の三省の概要についてはさしあたって礪波護「唐の官制と官職」(原載一九七五、のち『唐代政治社会史研究』同朋舎、一九八六所収)参照。なお、最近は唐における門下省の封駁権を過大評価すべきでないとする見解が主流であるが、本章は宋人の認識する三省の有り様を考察対象としており、唐における三省の実態に言及することはあまり意味を持たないので、そうした見解には敢えて言及していない。

(31)「執政」という語は、元豊官制以前には宰相も含んだが、元豊官制以降、両省侍郎・尚書左右丞・枢密院長弐のみを指す語へと変化していく(註(4)前掲熊本崇「宋執政攷――元豊以前と以後――」参照)。ここでは枢密院長弐を含まないものとして用いる。

(32)『長編』巻三二六・元豊五年(一〇八二)五月壬午には、「詔、「……新除省・台・寺・諫・監官、詳定官制所已著所掌職事、知被選之人不徇循守法、敢有僭紊、其申論中外。違是令者、執政官委御史台弾奏、尚書以下聴長官糾劾以聞」」とある。

(33)『宋会要』職官五六-九「官制別録」元豊五年(一〇八二)五月二日には、「手詔、「詳定官制所曰、有応報新置官司事件不少。其李清臣已下、応新除職事官之人、並令依旧」」とある。

(34)「起居舎人蔡卞兼権国子司業、枢密都承旨張誠一兼権太僕卿、東上閤門使曹誦兼権軍器監。以手詔「近縁差除罷主判処、新官未到、如太学之類、可速差官権領、恐無官総治官局廃事」也」。

(35)龐元英『文昌雑録』巻一には、「尚書新省兵部未畢、凡寓治四所。一曰旧三司、為僕丞都堂、而吏部・戸部寓焉。二曰旧司農寺、戸部右曹寓焉。三曰旧尚書省、兵部・刑部・工部寓焉。四曰三司使廨舎、礼部寓焉」とある。なお、新尚書省は元豊六年(一〇八三)十月二十八日に竣工している。

(36)趙升『朝野類要』巻四・文書「書黄」に、「凡事合経給事中書読并中書舎人書行者、書畢即備録黄、過尚書省給箚施行」とある。

(37)『新唐書』巻四七・百官志二「門下省」に、「下之通上、其制有六。一曰奏鈔、以支度国用・授六品以下官・断流以下罪及除免官用之」とある。

(38)『宋史』巻一六一・職官志一「門下省」に、「凡中書省画黄・録黄、枢密院録白・画旨、則留為底。及尚書省六部所上有法式事、皆奏覆審駁之。給事中読、侍郎省、侍中審、進入被旨画聞、則授之尚書省・枢密院」とある。

(39)『長編』では、この言を受け神宗は李清臣に調査を命じるが、李清臣は後に罰銅十斤を被ったとされる(「詔清臣分析以聞。其後罰銅十斤」)。これについて李燾は割註で、李清臣が請対して中書省(次相=尚書右僕射兼中書侍郎)の進擬権独占の弊害を述べたところ「執政」(おそらく蔡確)の怒りを買い出外させられそうになったところを神宗が贖金させたというエピソードを付している(「清臣伝云、「清臣為翰林学士、詳定官制、遷吏部尚書。故事、除官、宰相与参知政事同進擬。官制行、独中書省取旨、而尚書・門下不預。持権者病之、数奏以迂回為言。清臣請対、具為上指陳尚書・門下所以不便之意。仍命清臣仍領官制、有疑就質之。執政怒、摘前奏中語、謂清臣有不当議者、欲出之。詔俾贖金」。清臣伝、蓋因晁補之行状載贖金事、与実録不同、附注当考」)。割註にあるようにこのことは晁補之『雞肋集』巻六二・行状「資政殿大学士李公行状」に見えるが、後述のようにこの時点で中書省の進擬権独占が成立していたかは疑わしく、請対して上言した内容が『長編』本文の内容とは考えにくい。

(40)『長編』巻三六三・元豊八年(一〇八五)十二月戊寅。

(41)『新唐書』巻七九「隠太子建成伝」に、玄武門の変で殺された皇太子李建成・斉王元吉と秦王世民(のちの唐・太宗)について、「初、帝〔＝唐・高祖〕令秦王居西宮承乾殿、元吉居武徳殿、与上台・東宮昼夜往来、皆携弓刀、相遇如家人礼。由是皇太子令・秦斉二王教、与詔勅雑行、内外懼、莫知所従」とあり、皇太子・秦王・斉王それぞれが命令を下し混乱が生じていたとある。

(42)『長編』には「蔡興宗官制旧典」とあるが、『玉海』巻一一九・官制・官名及び陳振孫『直斎書録解題』巻六・職官類によると、蔡惇(元道)『紹興祖宗官制旧典』とするのが正しい。

(43) 平田茂樹「『哲宗実録』編纂始末考」(宋代史研究会編『宋代の規範と習俗』汲古書院、一九九五)。

(44)『長編』巻三二九・元豊五年(一〇八二)九月己卯「上不豫、罷朝三日、詔中書省事応面奏者、以状擬進」。

(45)『群書考索』後集巻四・官制門「元豊罷三司使副」。

(46) 必ずしも元豊官制改革が肯定的に受け入れられなかったことは、短期的には、「元豊三省制」が哲宗朝に旧法党政権によって三省合班奏事・分省治事体制に改められ、新法党政権においても元豊期の体制に戻されなかった(註(5)前掲張復華「宋神宗元豊改制之研究」)こと、新法の廃止・復活に伴い尚書省戸部左右曹の職掌に改変が加えられたこと等、神宗の企図する通りに新職事官体系が運用されなかったことに端的に現れている。また長期的には、『唐六典』のような官制の書の編纂が幾度か試みられたものの、新旧法党の党争の影響を受けてついに成書を見なかった(註(27)前掲島田正郎「北宋元豊の官制改革と元豊官志について――台湾採訪新資料研究その一――」)ことも、元豊官制が後世の規範となりえなかったことを象徴的に表している。

元豊官制改革関連年表

年（西暦）	月日	事項	出典
熙寧10（1077）	9	劉摯等に『唐六典』の校勘を命ず	『玉海』五一
元豊1（1078）	1	劉摯等、校勘した『唐六典』を奉る	『玉海』五一
元豊2（1079）	5	李清臣、官制改革を進言	長二九八
元豊3（1080）	?	『唐六典』を近臣・館閣に頒下	会職一-七四
	?	曾鞏「乞賜唐六典状」	『元豊類藁』三四
	6・15	詳定官制所設置	長三〇五／会職五六-一
	8・14	吏部流内銓を「尚書吏部」に改称	長三〇七／会職五六-一
	8・15	「改官制詔」	長三〇七／会職五六-一
	9・16	「以階易官寄禄新格」制定	長三〇八／会職五六-二
	9・17	加恩に国子祭酒・監察御史を用いることをやめる	長三〇八／会職五六-三
	9・24	寄禄官の読み替え開始	長三〇八／会職五六-四
	10・9	訳経僧官への試卿・試少卿の授与をやめる	長三〇九／会職五六-五
	11・18	曾鞏「乞登対状」	『元豊類藁』三四／『曾南豊先生文粋』九
	12・16	磨勘に関する規定	長三一〇／長三〇八
	12・27	尚書省修建のため熙河路からの材木調達を命ず	長三一〇
元豊4（1081）	1・28	通遠軍に材木調達のための兵士一指揮配置	長三一一
	2・13	審官東院の請う所の重詳定令勅を詳定官制所に帰す	長三一一／会職五六-六
	?	曾鞏「再乞登対状」?	『元豊類藁』三四
	8・8	曾鞏「逐司事務箚子」「架閣版籍箚子」?	長三一五／会職五六-六／『元豊類藁』三一
	9・23	知汝州李承之に尚書省修建用の材木調達を命ず	長三一六

	10・26	李承之転任により買木担当の後任を挙官せしむ	長三一八
	10・27	「行・守・試」の規定の制定	長三一八／会職五六-七
		三省の官印に関する規定	長三一八
	11・5	尚書都省・六曹・寺監の宿直に関する規定	長三一九／会職四-六
		少府監に省台寺監の官印六十三個の鋳造を命ず	長三一九
	11・8	中書に詔：15日に天章閣を開いて官制除目を進呈	長三一九／会職五六-七／『玉海』一一九
	11・9	手詔：編修諸司勅式所の官吏を裁減	長三一九／会職五六-七
	11・15	輔臣と天章閣で官制を行うを議すも、中輟	長三一九／会職五六-七
	11・21	省台寺監の元額は職事の繁簡・資序の高下を以て互除す	
		六曹尚書・侍郎の上殿奏事には郎官一名が随行	
		大理寺左庁の「已画旨」の公案は門下省に批送	
		宣徽使をやめる	長三二〇／会職五六-七
	11・22	官吏の増減は門下・中書省がともに取旨	
		枢密院は知院・同知院のみを置く	長三二〇／会職五六-八
	11・26	中書・枢密院の胥吏は三省に分隷、六曹への擬入を禁ず	長三二〇
	12・11	三省諸案の名称を「某々房」に	長三二一
元豊5(1082)	1・26	文武散階をやめる	長三二二／会職五六-八
	2・1	「三省枢密院六曹条例」頒下(『新紀』)	
		三省・枢密院・六曹・寺監の職事を釐正(『旧紀』)	長三二三
	2・5	宋用臣を都大提挙修尚書省に命ず	長三二三
	2・21	執政官の班次を決定	
		(知枢密院→両省侍郎→同知院→尚書左右丞)	長三二三
	4・22	首相王珪、尚書左僕射兼門下侍郎	
		次相蔡確、尚書右僕射兼中書侍郎	長三二五

4・23	5月1日に官制を施行することを宣言	長三二五／会職五六－八
	門下侍郎以下、新人事決定（～26日）	長三二五
	館職の新規任命停止の決定	長三二五
	三省の宿直に関する規定	長三二五
	告身等の辞令書の規定	長三二五／会職五六－八
4・24	新職事官任命者は官制施行の日に元の職事をやめる決定	長三二五／会職五六－八
4・26	新尚書省を旧三司に仮寓させる決定	長三二五
5・1	新職事官体系運用開始	
	文徳殿視朝、新除職事官で未正謝の者も立班	長三二六／会職五六－八
	左右僕射・丞に合治省事を命ず	長三二六／会職四－六
	執政の上馬に関する規定	長三二六
5・2	新除職事官の職務遵守を命ずる詔	長三二六／会職五六－九
	手詔：官制所の官僚の新職事官への転任を保留	長三二六／会職五六－九
	実封奏は中書省から所属曹省へ送付	長三二六
5・3	詔：尚書省から得旨行下する場合は箚子を使用	長三二六／会職四－六
	手詔：改革後の混乱を憂慮	長三二六／会職五六－九
	御史中丞徐禧を同詳定官制に命ず	長三二六／会職五六－一〇
	詔：所属不明の官司は全てを尚書省に上申 翰林院・殿中省等の現任官に職務遵守を命ずる	長三二六／会職五六－一〇
	詔：訴訟手続きに関する規定 六曹・諸司・寺監は行遣に不当あれば尚書省に詣る	長三二六
5・7	封駮司から御史台・諫院への関報をやめる	長三二六
5・9	給事中舒亶、書草権を求める→神宗、却下	長三二六／会職五六－一〇
	三省、寺監の六曹分隷を求める→神宗、却下	長三二六／会職五六－一〇
5・11	新除官未着任のため、蔡卞等が寺監官を兼任	長三二六

	三省、六部・内外諸司の申稟公事について上言	長三二六／会職五六‐一〇
	秘書・殿中・内侍・入内内侍省の文書・監察の規定	
	尚書六曹は六察に分隷	長三二六／会職五六‐一〇
5・14	尚書左右丞の都堂上馬を認める	長三二六
5・21	給事中舒亶の言により、門下省の胥吏を処罰	長三二六
5・23	六曹・寺監の長弐以下が宰執聚庁に赴き申議するを許す	長三二六
6・3	李清臣、正規の手続きを取らない画黄について上言	長三二七
6・5	詔：中書省取旨・門下省覆奏・尚書省施行を徹底	長三二七／会職一‐二二
6・13	六曹が得旨する際は都省が条例を検具し中書省に上申	
	門下・中書省は得旨の後批箚行下せず尚書省に送付	長三二七／会職一‐二二
	六曹が尚書都省・門下省・中書省へ送る文書に日限	
	尚書省の上行文書の日限に関する規定	長三二七／会職一‐二二
6・19	上殿奏事に関する規定	長三二七
6・25	門下省封駁房を廃止	長三二七
7・3	尚書省が官制施行以来の続降指揮・申明条制の大略を二策に繕集・進呈	長三二八／会職五六‐一一
7・4	三省・枢密院の独班奏事を一日三班に限定	長三二八
7・?	曾鞏「論中書録黄画黄舎人不書検」	『元豊類藁』三二
8・1	尚書省官吏の察挙に関する規定	長三二九／会職五六‐一二
8・6	宰執の上馬に関する規定	長三二九
9・1	神宗不豫、罷朝三日	長三二九
9・14	修明法式は尚書省が議定し中書省に上申	
	枢密院は六曹に属さない事は刑部に送付	
	↓尚書省に還奏して議定	長三二九／会職五六‐一二
9・23	詳定官制所廃止の詔	
	六曹条貫は編勅所に送り、未了の事は十日以内に結絶	長三二九／会職五六‐一二

	10・12	詳定官制所より六名を刪定官として詳定重修編勅所へ	長三三〇／会職五六-一二
	10・17	奏鈔・告身に関する規定	長三三〇／会職五六-一三
	12・2	門下省の覆駁に関する規定	長三三一／会職二-四
	12・11	王震を六曹勅令擬修のため同詳定官制に命ず	長三三一／会職五六-一四
	12・13	詳定官制所の官員に推恩	長三三一／会職五六-一四
	12・15	尚書省、「元豊五年下半年条貫」を上呈	長三三一
元豊6（1083）	1・22	枢密院は得旨すれば直ちに門下省に送って覆駁 →枢密院から尚書省に下して施行	長三三二
	2・27	蔡京、国子監公試での官制に関する策問について弁明	長三三三
	3・17	門下・中書後省の官に六曹条貫を詳定せしむ	長三三四／会職二-七
	7・5	編修勅条について現任官の門下中書外省での参議とその他の官僚の本省への投状を許す	長三三七／会職五六-一四
	7・17	同知枢密院の班を尚書右丞の下に	長三三七
	9・3	中書舎人、六房を分領	長三三九
	9・14	給事中二名で左右曹を分領、奏章等房は通管	長三三九
	9・24	詳定官・検詳官を両曹ごとに分けて尚書省六曹条貫を編修	長三三九
		中書舎人は員数により六房を分領	長三三九
	9・25	三省進呈の人事に批出があれば中書省より奉行	長三三九
	10・8	涿州への銀絹送付の公牒は「準尚書省戸部符」と称す	長三四〇
	10・28	新尚書省竣工	長三四〇／会職四-八
	11・19	新尚書省に行幸	長三四一
	12・24	戸部右曹は侍郎が専領	長三四一
元豊7（1084）	4・20	給事中の駁正は執政官と稟議せずに行う	長三四五
	10・24	枢密承旨司が伝宣を受け得旨し奏稟することがなければ録黄（?）を作成して門下省に送り覆奏	長三四九

元豊8（1085）3・5	神宗死去、哲宗即位	長三五二
7・6	呂公著、三省について上言	長三五八

註：出典欄の、長は『長編』、会職は『宋会要』職官。

第六章　北宋徽宗朝の官制改革について

はじめに

『宋会要』職官一–七四「中書門下省」の元豊三年（一〇八〇）の項には、北宋の官制の沿革と元豊官制改革に至る過程を記す『神宗正史職官志』が引用されている。その中に、かつて蔡京が奉った上奏文の一節が採録されている。

熙寧末、上欲正官名、始命館閣校唐六典。元豊三年、以摹本賜群臣、遂下詔命官置局、以議制作。上自考求故実、間下手詔、或親臨決、以定其論。凡百司庶務、皆以類別、所分之職、所総之務、自位叙名分。憲令版図・文移案牘・訟訴期会・総領循行・挙名鈎考、有革有因、有損有益、有挙諸此而施諸彼、有捨諸彼而受諸此、有当警於官、有当布於衆者。自一事以上、本末次第、各区処而科条之。而察官府之治、有正而治之者、有旁而治之者、有統而治之者。省曹寺監、以長治属、正而治之者也。故其為法詳。御史非其長而以察為官、旁而治之者也。故其為法略。都省無所不総、統而治之者也。故其法当考其成。於是長吏察月、御史察季、都省察歳。五年、三省・六曹・御史台・秘書省・九寺・五監之法成。即宮城之西、以営新省。省成、上親臨幸、召問以執事而訓戒之。省官遷秩有差。自是継有増損、唯倉庫百司及武臣外官、未暇釐正云。(傍線筆者。以下同じ。傍線部が蔡京の上奏の引用)

(熙寧の末、神宗は官名を正そうとして、まず館閣に命じて『唐六典』を校勘させた。元豊三年、摸刻本を群臣に賜り、詔を降して官僚を任命して部局を設置し、官制改革を議論させた。神宗は故実を考究し、屢々手詔を降し、あるいは自ら決定し、議論を定めた。およそ百司の庶務はみな分類し、分割した職務や統合した職務には、自ずから秩序・名分が定まった。憲令版図・文移案牘・訟訴期会・総領循行・挙名鈎考といった諸業務は、改められるものもあれば従来通りのものもあり、削減されるものもあれば増加されるものもあり、こちらからあちらに移すものもあれば、あちらで削除したものをこちらで引き継ぐものもあり、官僚に戒めるべきものもあれば民衆に周知すべきものもある。一つの事柄さえもその本末次第というものがあり、各々区別して処理しこれらを法令に列挙した。しかるに官庁に対する監察には、直接その任に当たるものもあれば、統属関係を超えて任に当たるものもあり、統轄を行うものもある。省曹寺監を例に言うと、長官が属官を治めるのは直接その任に当たるというものである。よってその法令は詳細なのである。御史は長官ではないが監察を担当する官であり、統属関係を超えて任に当たるというものである。よってその法令は簡略なのである。尚書都省は全てを総領し、これは統轄を行うというものなのである。よってその法令は職務の完成を考えたものなのである。そこで長吏は毎月監察を行い、御史は季節ごとに監察を行い、都省は一年に一度監察を行う。元豊五年、三省・六曹・御史台・秘書省・九寺・五監の新制度が完成した。宮城の西に隣接して新尚書省が建設された。完成すると神宗が行幸され、職務について質問して訓戒された。省官の昇進には差等があった。これ以後、続いて官の増設・削減があったが、倉庫の百司と武臣・州県官には改革の手は及んでいなかった云々。)

彼の言葉はあたかも神宗の改革構想を説明する文言であるかのように挿入されている。しかしこの上奏は新官制が施行されて一年足らずの元豊六年(一〇八三)二月、国子監の公試(定期試験)において彼が出題した策問が新官制の問題点を指摘するものであり、それについて見解を問われたことに答えたものである。その策問の内容は、尚書都省の六部に対する監察権、六部の寺監に対する監察権がない現行官制についての意見を述べさせるものであった(『長編』巻三三三・元豊六年二月癸酉)[1]。つまり、『職官志』に採録された文言は、本来は元豊官制の問題点を指摘するものだったのである。

さらに『職官志』の記事の最後には、「倉庫百司及武臣外官、未暇釐正」とある。武階官や地方官の官名は、徽宗朝において改革が着手される分野である。いずれも『神宗正史』編纂の時点では未着手であったが、将来の実施を見越して元豊官制の継承という位置付けを与えておくためにこのような記述がなされたのであろう。

蔡京は周知の通り「紹述」(神宗の遺志の継承)を標榜して徽宗の信任を受け、様々な政策を実施していくわけであるが、それは「紹述」に仮託したものであり、内実は異なるものであったと言われる。にもかかわらず官制に関する従来の研究では、こうした蔡京の意図と官制改革の関連が明らかにされてこなかったばかりか、官制をめぐる全ての動きに蔡京の関与を認める見解すら存在する。しかし徽宗朝の官制改革の内容を見てみると、新制度の創設ばかりでなく、実際に「元豊官制の遵守」を企図した施策も存在する。また、蔡京は星変などを理由に度々失脚しており、こうした政治的動向と官制改革の関係も考慮する必要があろう[2]。

以上の点を踏まえ、本章では徽宗朝の官制改革について、蔡京の政治的動向を踏まえつつ、徽宗及び蔡京やその他の官僚による官制改革への関与、それぞれの施策の意図を明らかにすることを目的とする。主に対象とするのは、官制の沿革・構造・事務手続きの規則などを記した書(本章では「官制書」という名称を用いる)の編修事業と、寺監と総称される九寺・五監の職務内容をめぐる議論である。

第一節　崇寧期——

「神宗所定官制」編修と冗官問題

一　「神宗所定官制」編修

『宋会要』職官五六-二四「官制別録」崇寧元年(一一〇二)六月二十九日には、

詔令国史院以神宗所定官制、依唐六典編修成書。

(詔して国史院に命じて神宗が定めた官制を『唐六典』に倣って編修して書を作成させることとした。)

とある。「神宗所定官制」とは言うまでもなく元豊官制改革によって設けられた新官制を指す。詔が出された崇寧元年は、向太后の意向を受けた新旧法党の中道路線が瓦解し、蔡京が宰相曾布を追い落として政権を獲得した時期にあたる。本節ではこの「官制書」編修の動きと、国史(正史)編纂及び政争との関係について考察したい。

「官制書」編修が企画されたのはこの時が初めてではない。元豊官制改革の最中に改革の内容をまとめた書の作成が行われたことを示唆する史料がある(3)。また、哲宗朝・元祐末にも「官制書」編修が企画された。『宋会要』職官五六-二〇「官制別録」元祐八年(一〇九三)十二月二日には、

尚書左僕射呂大防言、「乞倣唐六典、委官置局、修成官制一書、以為国朝大典。仍乞令修史院官兼領」。従之。

(尚書左僕射呂大防が言った、「『唐六典』に倣って官に委ねて部局を設置し、官制一書を編修作成させ、国朝の大典としていただきたい。修史院官に命令して兼領させていただきたい」と。これに従った。)

とあり、呂大防が「官制一書」の編修を願い出て、修史院の官に兼領させることとなった。続いて十二月十一日

に秘書省に編修局が設置され、范祖禹・王欽臣が編修官に、宋匪躬・晁補之が検討官に任命された[4]。

この時期、国史院(修史院)においては『神宗正史』の編纂が進行中であった。元祐七年(一〇九二)七月に編纂開始の詔が降って范祖禹が実質的な編修責任者となり[5]、翌八年三月には「神宗本紀」の草稿が進呈された[6]。范祖禹は国史に先行して編纂が進められていた『神宗実録』の編修官でもあり[7]、彼らの手になった元祐『神宗実録』は旧法党的色合いが強く、当然それに続く『神宗正史』も同様の方針によるものであった。

しかし、これと並行する形で開始された「官制書」編修については、その開始の時期を見ると必ずしも旧法党的立場によるものであったとは言えない。元祐旧法党の最大の後見役であった宣仁太皇太后はこれに先立つ元祐八年(一〇九三)九月に亡くなっており、哲宗はその後「紹述」へと傾いていく。こうした哲宗の意向を汲み取った上でそれに迎合するために敢えて呂大防は、神宗の手になる元豊官制改革の成果である現行官制の成書を求めたのではないだろうか。

最終的に、呂大防の宰相辞任後に新法党が政権を取り、成書よりも「元祐の変乱」の釐正を優先すべきという左司諫翟思の言により、紹聖元年(一〇九四)閏四月十六日に「官制書」編修は中止されるに至った[8]。

国史編纂と「官制書」編修が並行して行われるというこのような構図は、次の崇寧元年(一一〇二)の「神宗所定官制」編修にも当てはまる。その前段階として、新法党政権期である哲宗朝紹聖・元符年間以降の『神宗正史』編纂の動きについて、国史院をめぐる曾布と蔡京の動向とともに見ていきたい[9]。

呂大防の発案に係る「官制書」編修の中止決定と相前後する形で、元祐期に編纂された『神宗実録』『正史』の重修が開始される[10]。言うまでもなくこれは新法党的立場からの改訂である。紹聖元年(一〇九四)六月には蔡京の弟・卞が国史院修撰兼知院事となり[11]、元符元年(一〇九八)四月には神宗皇帝正史紀二冊が進呈された[12]。

しかし、元符三年(一一〇〇)正月に哲宗が亡くなり徽宗が即位し、向太后による聴政が開始され新旧法党の中道路線が採られると、国史編纂事業にも変化が生じる。同年九月に『神宗正史』編修の詔が降っているが[13]、これは『宋史』巻三五一「劉正夫伝」に、

又言、「元祐・紹聖所修神宗史、互有得失、当折中其説、伝信万世」。遂詔刊定、而以起居舎人為編修官。

（さらにまた言った、「元祐・紹聖に編修した『神宗正史』は互いに得失があるので、両者の折衷を図って後世に伝わるものにすべきである」と。その結果、詔して改定することとし、起居舎人の身で編修官となった。）

とあるように元祐・紹聖の「折中」を図ったものである。

この時期は、紹聖・元符新法党期に権力を握っていた章惇・蔡卞の勢力が曾布等によって中央から排除される時期にあたる。この動きに伴って、元符三年三月に、翰林学士承旨であった蔡京は一旦知太原府を命じられるのであるが、国史編修に蔡京が必要であるという向太后の意向によって中央に留められている[14]。その後、蔡京は国史編纂における自己の影響力を確保する策を講じている。『長編紀事本末』巻一二〇「逐惇卞党人」元符三年八月乙未には、

秘書少監鄧洵武為国史院編修官。従蔡京之薦也。給事中龔原・葉濤駁奏洵武不宜濫厠史筆。乃令中書舎人徐勣書読行下。

（秘書少監鄧洵武を国史院編修官とした。蔡京の推薦に従ったものである。給事中龔原・葉濤が、鄧洵武は史官にすべきではないと駁奏した。そこで中書舎人徐勣に書読させて人事を発令した。）

とあり、彼は鄧洵武を編修官に推薦している。この人事に対しては給事中が封駁を行ったが、最終的に中書舎人の徐勣が「読」を行い人事が発令されたとある。前章で述べたように「読」とは、中書省の起草、皇帝の裁可を経てきた詔勅を門下省において審査する作業の一環で、本来は給事中が行うべきものである[15]。中書舎人であった徐勣については蔡京に親しいことを示す史料が見出せないばかりか後に京を批判した人物である[16]。にもかかわら

ずこのような通常の手続きを大きく逸脱した人事が行われたということは、蔡京の推薦に係る鄧洵武の編修官就任を強く推す力が働いているはずで、それは推薦者である蔡京をおいてほかにいない。国史編纂に対し自己の影響力を及ぼそうと図る蔡京の強い意志が窺える。

その後、同年十一月に蔡京は左遷されるが、崇寧元年(一一〇二)二月甲戌に翰林学士承旨として中央に復帰し、兼修国史を命じられる。この後、先に見たように六月二十九日に「神宗所定官制」編修の詔が降される。中央復帰後というタイミングを考えると、兼修国史である彼の主導により編修が行われたかのように見える。しかしこの時期の国史院をめぐる動向を見ると、事はさほど単純ではない。それは、この時期に曾布と蔡京の対立が史官の人事に影響を与えているからである。事の経緯を示す『長編紀事本末』巻一三〇「久任曾布」崇寧元年六月辛卯を、長文ではあるが引用する。

左司諫王能甫言曾誠、左正言呉材言王防、乞罷史官。能甫言、「誠家富于財、自謂「青銭学士」」。材言、「防在元豊勒停、又以訴理得罪、当罷。兼無出身」。

是日、布言、「呉材縁引呂恵卿・蹇序辰等、議論不勝。王能甫乃呉安持壻。近臣(日)以安持追削職名。皆挟怨、故以此攻曾誠・王防、欲中傷臣爾」。上曰、「他不敢爾。亦非挟怨。他責在蔡京、不干卿事」。布曰、「臣亦知此二人乃京所薦除。陛下宣諭令除史官、臣猶乞候京文字。然外議但以臣門下士、為言路所攻、則謂臣必揺動。小人用意如此、臣実不自安。方元祐之人布満朝廷、人人有屏逐臣之意。方此時臣一身与衆人為敵、如処風濤之中、日不自保。是時助臣者唯此三数人而已。今元祐之党方去、而言者乃欲斥逐此等、是為元祐人報怨耳」。上瞿然曰、「如此乃是快元祐人意、卿但勿恤、待便指揮。(衍字?)与　蓋近日言者惟上所使耳」。布因言、「此等小人皆不快于臣、以至張商英亦章惇門下士、王潙之乃其壻、議論之際、多与惇為地、故商英力称引范致虚及呉材、乃其志趣同耳。若有所陳、願陛下加察」。〈此拠曾布日録増入。誠・防除史官、已附五月末、其罷附六月未(末)。

旧聞説京薦此二人、乃傾布也。而布不悟、但無文字可検。又不記説者姓名。更当訪問之〉（ ）は『長編拾補』による）

（左司諫王能甫が曾誠のことを、左正言呉材は王防のことを、それぞれ史官を罷免すべきであると劾奏した。王能甫は、「曾誠は富豪で、自ら「青銭学士」と称している」と言い、呉材は、「王防は元豊年間に勒停処分を受け、さらに訴理によって罪を得ているので、罷免すべきである。しかも彼は無出身である」と言った。

この日、曾布が言った、「呉材は呂恵卿・蹇序辰等に引き立てられた者であり、議論に堪えない。王能甫は呉安持の娘婿である。最近呉安持が罪を得て官職を追削された。皆が私怨を挟み、これらのことで曾誠・王防を攻撃し、私を中傷しようとしている」と。徽宗は言った、「曾誠・王防両名は決してそのようではない。また私怨を挟んでいるのでもない。両名の史官任命は蔡京に責任がある。卿の事とは関係がない」と。曾布は言った、「私も両名が蔡京の推薦に従って任命されたことを知っている。陛下が宣諭して史官に任命したが、私はそれでも蔡京の文字を待つことを求めた。しかし外議は、ただ両名が私の門下の士であるという理由で私が言路官に攻撃されると動揺するであろうと思っている。小人がこのように陰謀をめぐらすのであれば、私は非常に不安である。はじめ元祐党人が朝廷に満ちていた頃、多くの者が私を排除しようという考えを持っていた。この時私は一人でこれらの者と対峙し、風濤の中にいるかの如く、日々自らを保つことができなかった。この時私を援助してくれる者はただこの三人ばかりであった。いま、元祐党人は朝廷を去り、言者はなんとこれらの者（曾誠・王防）を排斥しようとしているが、これは元祐党人のために私怨の報復を行っているのである」と。徽宗は驚いて言った、「このようにすれば元祐党人を喜ばせることになる。卿は心配せず指揮を待て。最近の言者は、上に立つ者の手先となっているに過ぎない」と。曾布は言った、「これらの小人は私のことを快く思っておらず、張商英もまた章惇の門下の士であり王潙之がその娘婿であるので、議論の際に章惇に協調することが多く、よって張商英が努めて范致虚と呉材を引き立てようとするのは、その意図は同じく私を陥れようとするものだ。もし彼が私に関して何か言ってきたら、陛下は推察していただきたい」と。〈これは曾布の日記により付け加えた。曾誠・王防が史官に任命されたのは五月の末に付してあり、その罷免の事は六月末に付してある。旧聞では、蔡京がこの二人を推薦したのは曾布を陥れようとしてのことであり、曾布はこれを察知せず、ただ証拠とすべき文字がなかったと言っている。これを誰が言ったかは書いていない。さらに調べるべきである〉

曾布の「門下の士」である史官の曾誠・王防両名に対する弾劾がなされたのであるが、曾布はこれを自分に対する中傷であると徽宗に訴えた。これに対し徽宗は両名を史官に推薦した蔡京に責任があると言うが、曾布は任命の際に蔡京の「文字」を求めたと述べている。(17) つまり曾布は曾誠・王防の史官就任及び両名に対する弾劾が蔡京による陰謀であると示唆しているのである。

このように当時の国史院人事は蔡京の曾布に対する政争の具とされ、そのため敢えて曾布とつながりの深い人物を史官に推薦するという状況であった。かかる状況で、国史編修の主導権が完全に蔡京にあったとは見なしがたい。さらに曾布は度重なる言官の弾劾に対して、「臣縁陛下以国史及編勅責臣、此二書皆歳月可了、臣必以此時告陛下請去」(18)と徽宗に語っており、国史編纂が終われば辞任したいと言っているということはこの時点では首席宰相である立場からまだ国史編纂に関与しうる状況であった。とすれば六月二十九日、曾布の宰相在任時に命じられた「神宗所定官制」の編修は、蔡京がこれに独力で主導権を発揮したとは見なしえないのである。

最終的に『神宗正史』は蔡京が曾布を辞任に追い込み権力を確立した後、崇寧三年(一一〇四)八月に完成を見た。しかし「神宗所定官制」の編修は、これがどのように行われたのか、あるいはそもそも継続されたのかさえ判然とせず、次節で見るように大観年間に至って再び「官制書」編修に関する史料が現れることになる。

さて、蔡京が官制に関して元豊の制度の忠実な継承を目指していなかったことは、彼の宰相就任後においてより鮮明に現れる。項を改めて、冗官問題に関する議論を見ていきたい。

二　冗官問題と寺監

崇寧元年(一一〇二)閏六月壬戌に曾布は宰相を辞任し、翌七月戊子に蔡京が尚書左丞から右僕射兼中書侍郎に昇進し、蔡京の第一当国期(～崇寧五年二月)が始まる。この時期の官制をめぐる政策として、冗官問題対策について見ていきたい。

周知の通り、蔡京は王安石が設けた新法審議・施行機関である制置三司条例司を模して講議司なる機関を設けた。これは宗室・冗官・国用・商旅・塩鉄・賦調・尹牧各部局からなり、蔡京が提挙を務めた。設置の詔は七月甲午に降されているが、八月丁巳に蔡京の推挙により詳定官・参詳官・検詳文字といった官員が任命されており[19]、実質的な活動開始はこの時点と見てよかろう。

各部局のうち官制に関わりのある尹牧については、崇寧三年(一一〇四)に首都開封府の長官である権知開封府をやめて牧・尹各一名が置かれているが[20]、これはもとより元豊の制度ではない。また、冗官問題への対処においても元豊官制改革の根幹的要素を否定するかのような方針が採られていた。『宋会要』職官五六-二四・崇寧元年(一一〇二)八月二十九日には、

臣僚上言、「……蓋官有溢員、則吏有冗額。官溢吏冗、而欲事簡而不留者、不可得也。窃観今日尚書六曹之司、与寺監事皆重複、至于有司所涖不一、往反稽滞、徒費案牘、而無益於治。既設尚書六曹於上、百司皆有所統属矣。又置寺監、而百司復分涖焉。凡六曹文符指揮、直下諸司可也。今乃止及於寺監、寺監受之、騰報於諸司而已、亦無可否於其間也。……如太常秩礼・大理決刑・光禄奉祭祀・衛尉充仗衛・鴻臚治喪葬・司農按倉場・太府主度量・少府涖鋳造・将作領軍器・都水董工役、其所涖諸司、大略悉帰於曹、則可使卿・丞・

補吏三人数亦足弁也。六曹文符、直抵于諸司、則重複留滞之弊、暁然可革。其在廩禄亦無虚授者矣」。詔令吏・戸部同共相度聞奏。

（臣僚が上言した、「……思うに現在、官・吏には冗員がある。官・吏が多すぎれば事を簡便に行おうとしてもできない。ひそかに見るに、現在の尚書省六曹は寺監と職務が重複しており、有司においては関わるところが一つにまとめられておらず、やりとりが滞り無駄に案牘を費やすこととなり、政治に不都合である。尚書省六曹を上に設けているのだから、百司はみなその管轄下にある。さらに寺監を設置すれば、百司はこれにも管轄されることになる。およそ六曹の文符指揮は、直接諸司に下せばそれでよいのに、現在は寺監に送り、寺監が受領した後に副本を作成した上で諸司に送付しているが、その間に可否を検討することもない。……太常寺は礼制を決し、大理寺は刑獄を決し、光禄寺は祭祀を奉じ、衛尉寺は仗衛に当たり、鴻臚寺は喪葬を治め、司農寺は倉場を按じ、太府寺は度量をつかさどり、少府監は鋳造に携わり、将作監は軍器を領し、都水監は工役を正すが、その関わるところの諸司を全て六曹に帰属させれば、卿・丞・補吏三人を置けば事足りる。六曹の文符を直接諸司に下せば、重複留滞の弊害ははっきりと改めることができる。閑職の者に対する俸禄も削減できる」と。詔を降して吏部・戸部にともに検討して上奏させることとした。）

とある。

寺監を整理して冗員を削減すべしという意見は、遡って旧法党政権下の元祐年間（一〇八六～九四）にも見える[21]が、意見者の劉安世・蘇轍は単に官員を減らすことのみを求めており、実際取られた措置も尚書省六部への併合には及んでいない[22]。ちなみに彼らは、神宗朝における寺監には果たすべき職務はほとんどなかったにもかかわらず哲宗朝になってみだりに人員を増やした結果冗官問題が生起したと指摘しており、これだけを見ると元豊期の状態に戻すことを求めているように見えるがそうではない。元豊官制の内容に手を加える際に弊害の源が神宗朝にないこと、つまり咎を神宗に帰す意図がないことを殊更に強調する劉安世・蘇轍等の論法は元祐旧法党人がしばしば用いるものであり、これを言葉通りに受け取ることはできない。彼らの真意はやはり元豊の制度の改変にあったのであり、かかる意思を持つ旧法党人ですら寺監の存在を否定しえなかったのである。

一方、先に見た崇寧元年の臣僚の上言はさらに踏み込んで職務の六部への移管、寺監を経由しない文書発給まで求めている。熊本崇氏によれば、元豊官制は、三省・六部・寺監三者の職務権限と統摂関係を明確に規定し、三省―六部―寺監という階層的秩序を明確にした中央官制の上に皇帝が君臨するという神宗の構想に基づき構築されたものであるという(23)。また、元豊官制改革の施行過程において神宗は、例えば中書起草・門下封駁・尚書施行といった唐代において実際にどれほど行われたか疑わしいものまでも、『唐六典』の理念に忠実に再現することに執着していた(24)。つまり寺監は、元豊官制においては階層的秩序の中にあって欠くべからざる要素であり、尚書省六部との職掌の重複や冗員といった問題を差し置いて、官制の中に存在すること自体に大きな意味があった。その存在を否定するかのような発言が、蔡京当国期においてなされているのである。

その後、この臣僚の上言がどのような審議を経たかを示す史料は見出しえないが、寺監に関する議論は、大観・政和期において文書行政の問題に関連して再び現れることになる。これらについては次節以降で見ていきたい。

以上、蔡京第一当国期及びその直前における官制をめぐる動きを見てきた。「神宗所定官制」編修については蔡京の主導性を確認できなかったこと、寺監に対しては冗官問題解決を重視する方針からその存在を否定するような方策が検討されたことを指摘した上で、次節では大観期について見ていきたい。

第二節　大観期――『神宗官制六典』と内降箚子

一　『神宗官制六典』編修と寄禄官名の変更

崇寧元年(一一〇二)七月に蔡京が朝廷での実権を掌握した後の官制に関する動きを見ると、殿中省の設置[25]、選人七階の設定[26]などが行われている。殿中省の設置については神宗の頃に計画されていたものをここにおいて実現したことになっているが、これも「紹述」への仮託と取るべきである[27]。また、選人七階についてはこれまでの判司簿尉と総称される呼称を京官と同様に某々郎と改めたに過ぎない。このほかには第一当国期にあっては官制に関する目立った政策は行われていない。

そして崇寧五年(一一〇六)二月、星変を理由に蔡京は宰相を罷免される。これに先立ち、星変が見られた正月に元祐党籍碑が毀され大赦の詔が出ているが、一方でこの詔においてはこれを機会に熙寧・元豊の政の改変を求める者がいれば厳罰に処す旨が述べられており[28]、徽宗の「紹述」継続の意思が表明されている。官制に関しても、星変が起こった正月戊戌以降、丁未には尚書省に対して崇寧期の新設官の裁減を検討せよとの命が下り[29]、二月壬申には内外の冗官をやめる詔が降るなど[30]、蔡京当国期の新制度を廃止する措置が講じられている。

こうした動きを踏まえて、「官制書」編修に関する史料を見てみよう。『宋会要』職官五六-二八「官制別録」大観二年(一一〇八)五月十七日には次のようにある。

中書舎人兼直学士院葉夢得箚子、「勘会編修神宗官制六典、昨承朝旨、再展一年。至今年五月限満。縁官制係総三省密院省台寺監諸司庫務、不隷省曹寺監諸司庫務、計三百余処、並逐一取索本処条例所立、事務斉足、攢類成杏(否)、方可下筆編修。兼朝廷日近補完官制事、如殿中省・六尚・開封府牧尹・諸曹及礼楽学校之類、並合候法令完備日、取索編載、委于限内、難以了当。今欲乞朝廷詳酌、寛展限期」。詔再展半年。

（中書舎人兼直学士院葉夢得が箚子を奉って言った、「勘会するに、『神宗官制六典』の編修は、先頃再び期限を一年延長するとの朝旨を受けたが、その期限は今年の五月である。官制のことはおおむね三省・枢密院・省台寺監・諸司庫務に関係するが、省曹寺監・諸司庫務に隷属しない三百余りの所から逐一条例を集め、事務が整って成否を分類してはじめて編修に取りかかることができる。さらに、朝廷では最近官制を補完する改革が行われたが、改革の対象である殿中省・六尚・開封府牧尹・諸曹・礼楽学校に関する法令が完備するのを待って、それらを集めて掲載しなければならないのであれば、期限内に完了することは困難である。事情を汲み取って期限を延長していただきたい」と。詔して再び期限を半年延長した。）

『神宗官制六典』なる書の編修作業の期限延長を求める上奏が裁可され、半年の期限延長が認められたとある。葉夢得はこの年の三月に『神宗官制六典』編修の担当を命じられている[31]。

この史料から読み取れる事柄を整理しておくと、まず編修が遅滞している理由について葉夢得は、三省・枢密院をはじめとした主要官庁以外の三百余箇所からの資料集めが終わらねば編修に入れないこと、徽宗朝になって行われた諸改革の内容を盛り込む作業を行えば期限には間に合わないことを挙げている。つまり、名称に「神宗」を冠しておきながら内実は徽宗朝・蔡京第一当国期の改革についても記載する予定だったということになる。

ではこの編修は蔡京の意向によるものなのであろうか。この『神宗官制六典』が前節で見た「神宗所定官制」編修作業の継続によるものか新規の事業であるかは分からないが、この時点では既に蔡京は宰相に復帰（大観元年（一一〇七）正月）しており、上奏そのものが行われた時期は第二当国期にあたる。しかし、「昨承朝旨、再展一年。至今年五月限満」(先頃再び期限を一年延長するとの朝旨を受けたが、その期限は今年の五月である)という文言から、大観元年五月に少なくとも二回目に相当する期限延長が行われていたことが明らかである。とすれば編修自体は蔡京の宰相復帰以前から行われていたと思われる。

さらに、上奏を行った葉夢得について見ると、彼は元祐党籍碑作製に関与した人物であるが、しかし蔡京の宰相復帰に伴う朝政の方針転換について徽宗に対して苦言を呈しており、(32)この時点では蔡京と距離を置く立場にあった。

これらを勘案すると、『神宗官制六典』編修は蔡京が星変により中央政界から遠ざかっていた時期に行われ、「神宗」の名を冠していることから元豊官制の内容を記載することを目指していたが、蔡京の宰相復帰後、彼の手になる崇寧期の改革の内容を盛り込むべく編修方針が変えられ、これが一因となって編修作業は遅滞していた、ということになろう。

自らの手になる崇寧期の制度を重視するこうした方針は、寄禄官の名称変更においても採られていた。元豊官制改革では、中央政府の官制を三省六部を基本とした形に改編するだけでなく、官僚の位階と俸禄を表す寄禄官階にも変更が加えられた。元豊官制改革以前は、形骸化していた唐代の職事官名を位階・俸禄の指標として用いていたが、改革によって散官の名称を用いた新たな寄禄官階が制定されたのである。

しかし元豊の寄禄官階は、それ以前のものに比べて位階の数が少なく昇進が速すぎること、有出身・無出身の区別がつけられないことなどの問題を抱えていた。そこで旧法党政権によって元祐三年(一〇八八)から四年にかけて寄禄官に左右の区別が設けられ、有出身者や館職保有者は左字を冠した寄禄官を与えられることとなった。このうち正議大夫以上と朝議・中散大夫の左右の区別は新法党政権になった紹聖年間(一〇九四〜九八)も存続し、(33)同二年四月三日の詔によると、朝議・中散大夫の左右の区別は有出身・無出身の遷転の差別化に用いられた。その後、徽宗朝においても崇寧から大観にかけてこの問題は議論され、最終的に大観二年（一一〇八）六月二十七日に寄禄官名の改定が行われ、例えば左光禄大夫が宣奉大夫に改められるなど、位階の数はそのままに左右字を用いた名称が変更されることとなった(34)。

『宋会要』職官五六-二六「官制別録」大観二年三月十五日には、この寄禄官名の改定に際して吏部が奉った状が見えるが、そこには寄禄官をめぐる紹聖以後の議論の経緯が記されている。その中の大観二年二月二十一日の項には、

勅中書省、吏部供到状、「検会崇寧四年三月十九日勅条、即不該載帯職及両制已上無出身人超転之文。其元祐法、帯職幷任諫議已上職事官転左字指揮、已焚毀不行事。検会熙寧中書条、「応帯館職及侍講・天章閣侍講・崇政殿説書、並転左曹。其無出身人帯上件職者、依進士帯職人例転」。今看詳修立下条、諸朝議・中散・正議・光禄・銀青光禄大夫応転官者、各以左右為両資転。先右而後左。有出身及無出身而見帯直秘閣已上職、或任諫議大夫已上、応転朝議・中散大夫者、更不転右、止作一官転。即朝請大夫至中散大夫、仍各理七年磨勘。右入中書省吏部考功令、衝改崇寧四年三月十九日勅、全条不行」。従之。

（中書省に降した勅。吏部が送ってきた状によると、「崇寧四年三月十九日の勅条を検会したところ、帯職（館職を帯びる者）及び両制以上で無出身の者の遷転に関する規定は記載されていない。元祐の法の帯職及び諫議大夫以上の職事官に就いている者は左字の付く寄禄官を遷転するとの指揮は既に無効とされている。熙寧の中書条を検会したところ、「およそ館職及び侍講・天章閣侍講・崇政殿説書を帯びる者は左曹（元豊官制改革以前の旧寄禄官のうち尚書省六部の左曹の名称を用いたもの）を遷転する。無出身で上記の職を帯びる者は進士出身で帯職する者の例に倣って遷転する」とある。いま、看詳し次のように定めたい。およそ朝議・中散・正議・光禄・銀青光禄大夫で転官すべき者は、それぞれの寄禄官に左右の別を設けて、右→左の順で遷転させる。有出身及び無出身で直秘閣以上の職を帯びている者、

あるいは諫議大夫以上に就いている者で、朝議・中散大夫に昇進すべき者は、右字の寄禄官には遷転せず、左右を合わせて一官と見なして遷転させる。朝請大夫から中散大夫まではそれぞれ七年の磨勘に理《かぞ》える。以上のことは中書省吏部考功令に入れ、崇寧四年三月十九日勅に抵触するものは全て無効とする」と。これに従った。）

とある。崇寧四年（一一〇五）の勅には館職を帯びる者及び両制以上の無出身者の遷転に関する規定がなかったので、傍線部のように、有出身者、無出身で直秘閣以上の館職を帯びる者、諫議大夫以上の職事官を有する者は左朝議大夫→左中散大夫に遷転し、右字を冠する寄禄官は経ないとの規定が立てられ、これが裁可されたという。また、崇寧四年三月十九日勅に抵触するものは全て用いないとの決定も下されている。

しかし、有出身者や帯職者が左資を直進するというこの規定はそもそも元祐三年（一〇八八）に定められた制度の援用に過ぎず(35)、紹聖二年（一〇九五）四月三日の詔も同様である。つまり、実態は元祐法の継承でありながらあたかも崇寧の新制であるかの如く糊塗した上で成文化するという手法が採られているのである。言うまでもなく崇寧四年（一一〇五）は蔡京の第一当国期にあたる。

このように、「官制書」の編修においても、寄禄官名の変更においても、崇寧の制度を顕彰する動きが大観初期には存在した。その後、『神宗官制六典』の編修作業がどのように進められたか、成書を見たかについては不明である(36)。一方、蔡京が再び失脚した後には一転して元豊官制の遵守を命じる詔が多く見られるようになる。項を改めてそれらを見ていきたい。

二　文書行政と寺監

徽宗朝には、「御筆」「内降」と呼ばれる宮中から直接降される文書が頻用され、蔡京はこれらを恣意的に作成する宦官・女官と結託して権力掌握に利用した。[37]こうした文書は三省の審議・検討を経ないで皇帝に申請された案件を施行するのに用いられ、また文書行下に際して必要な覆奏の手続きが取られないなど、正規の文書発給手続きを取らずに処理されるという点が問題視されていた。これについて、大観三年(一一〇九)六月に蔡京が宰相を罷免された後に、次のような詔が降された。『宋会要』職官五六-三〇「官制別録」大観四年(一一一〇)四月二十七日に、

勅中書省、「内降箚子、近来寺監・六曹・諸司等、多是直申朝廷陳請事件、並不次第行遣。顕見有違元豊官制。可検具格法作申明、遍令行下」。

(中書省に勅を降した、「内降箚子については、近頃寺監・六曹・諸司等が朝廷に直接上申して要請した事柄が多く、正規の手続き通りに処理されていない。明らかに元豊官制に違っている。格法を検具して申明を行って周知徹底すべきである」と。)

とあるのがそれである。寺監・六曹・諸司等の直申による内降箚子が多く、その処理も正規の手続きを踏んで行われておらず、これは元豊官制に違うので、関連法規を調べた上でその遵守を命ずべし、とある。

元豊官制においては、詔勅発給の際には中書省・門下省の各官僚を経由するという規定が存在した。前章でも触れたが、皇帝の裁可を得た案件は中書省において令・侍郎・舎人が宣・奉・行と書した(実際には令は置かれないので侍郎が宣奉と書す)後に門下省に送り、給事中・侍郎・侍中が読・省・審と書して(実際には侍中は置かれないので侍郎が省審と書す)はじめて尚書省に下され施行される。また、三省が内降文書を受けた場合はその記録を取っておくことも定められていた。[38]大観四年四月の勅はこうした手続きの遵守を求めたものである。

この時期には内降箚子の処理以外にも元豊官制遵守を命じる詔が出ている。大観三年(一一〇九)九月一日には六曹郎官の人事において元豊官制の規定遵守が命じられ、[39]同四年七月十四日には人事全般を熙寧・元豊期の方法

に依拠して行うことを命じる詔も出されている[40]。これらのことからも「元豊官制遵守」は蔡京が朝廷を離れているこの時期に通底する方針であると言えよう。

以上のように、大観期においては蔡京の中央不在期に『神宗官制六典』なる書の編修が行われていたが、蔡京の宰相復帰に伴い編修方針が変わり、最終的に成書を見なかった。また、大観三年の蔡京の二度目の失脚以後は文書行政・人事面において「元豊官制遵守」を基本方針とした措置が取られた。崇寧期同様、蔡京による元豊官制顕彰・遵奉の動きは見出しえなかったこと、そうした動きはむしろ蔡京失脚以後に見られることを確認した上で、次節では政和期について見ていきたい。

第三節　政和期――「参照官制格目所」と六部・寺監の文書行政

一　「参照官制格目所」

大観三年(一一〇九)六月に蔡京が宰相を罷免された後、彼の「紹述」に異を唱える張商英が宰相に就任し、熙寧・元豊の制の遵守を標榜し崇寧・大観期の政策の否定を行った。先に見た内降箚子の処理や熙寧・元豊期の人事決定方法の遵守に関する詔が出されたのもこの時期である。しかし徽宗の信頼を失った張商英は政和元年(一一一一)八月に左遷され、同二年二月に杭州に居住していた蔡京に対し京師に邸宅が賜与され、五月には致仕を落とし三日に一度都堂に赴いて治事することとなった。

この蔡京の中央復帰に先立ち、政和二年(一一一二)三月十七日に、各官庁の事務手続きを成文化する作業が開

始された。『宋会要』職官五六－三一「官制別録」政和二年三月十七日には、

奉議郎・左司諫王甫《（黼）》奏、「……臣聞、元豊中、官制既行、乃取三省逮寺監凡所上所行之事、張官置吏、講明蒐挙、倣周天地四時之官、弁其掌治与所統属、為官制格目、頒之有司。其書起三省・枢密院、次以六部、而九寺・五監、随所属部附焉。分列科指、条析庶事、以類相従、下至一時之務、咸有秩叙、大綱大紀、無不備具。元祐姦臣、欲肆紛更、棄而勿用。遵楊丕謨、実在今日。臣比者欽承聖訓、委臣参照違格目事務、条列元祐紊乱事迹年月幷釐正類成事件、甚盛挙也。臣愚謂、当将応該官制格目所載省曹寺監一切事務、依今来聖旨、悉行照参、及条列廃紊事迹年月、取元豊以後継述増立之事、並依例補完釐正、成書奏御、断自淵衷、然後頒之天下、以詔万世。伏望陛下留神、如上当聖心、即乞特降詔旨、仍乞更不置局、止以参詳補完官制格目所為名、以便文移。除臣合遵依聖訓参詳外、乞差宰《（避？）》執一員総領、選差手分五人、及乞三省・察院、各差供検人吏一人、以便報。応行遣、除官給紙扎《（札）》之類幷人吏添給外、臣等乞並不支破諸色請給。応今来修書糜費事件、如聚議之類、亦乞更不陳請。仍限一季結絶。伏望聖慈詳酌施行」。詔、「元豊官制、政事本源、上下維持、講究備具。若非元祐姦臣啓例隳紊紛更至今、則孰敢輒有擬議。近嘗委官参照尚書省格目、悉依官制。甫復有請、応干官制所載、及後来増立事件、委官修完、仍乞差宰《（避？）》執総領。可並依所奏、委鄭居中総領、蔡薿・王甫参詳、不許添官増吏、只就議礼局人吏、限一季書成、不得展限。依已降指揮、疾速行下」。

（奉議郎・左司諫王黼が上奏した、「……聞くところによると、元豊中に新官制が施行され、三省から寺監に至るまで全て上呈する事柄や行う事柄を取り上げて官吏を置き、制度を明らかにして挙げ行い、周の天地四時の官に倣い、その職掌と統属関係を『官制格目』に明記し有司に頒布した。その書は三省・枢密院から尚書省六部、九寺・五監まで、その属する所に従い分類してある。規則・職掌を箇条書きにして分類し、下は臨時的な職務まで秩序が与えられ、綱紀は全て記載されている。しかし元祐の姦臣が官制を紊乱して改変しようとし、これを捨て去って用いなかった。

いまこそ再び遵奉して用いるべきである。私は先頃聖訓を奉じたところ、格目に違う事務を参照し、元祐において紊乱された事迹の年月と修正・分類すべき事柄を条列するよう命ぜられたが、これは非常な盛挙である。私が思うに、『官制格目』に記載すべき省曹寺監の一切の事務を今回の聖旨に依拠して全て参照し、廃止・紊乱の事迹の年月を条列し、元豊以後の改革の継承・増立の事を取り、全て例によって補完・修正し、書を作成して上呈し、陛下の判断を受けてから天下に頒布し後世の規範とすべきである。どうか陛下には考えていただき、意にかなうのであれば特に詔旨を降し、なお殊更に担当部局を置かずにただ参詳補完官制格目所という名称を設け、文書の送付に利用するようにしていただきたい。私を任命して聖訓に従って参詳させるほかは、現任宰執を避けて総領官一名を任命して、手分五人を選任し、また三省・御史台察院に委ねて供検の人吏一人ずつを任命し、文書のやりとりに利用するようにしていただきたい。およそその処遇については、官が支給した紙や人吏の手当以外は諸々の支給をしないでいただきたい。およそ今回の修書にかかる費用は、例えば聚議の類はさらに要求させないようにしていただきたい。一季を期限として終了させる。どうかこれを斟酌して施行していただきたい」と。詔した、「元豊官制は政事の本源であり、上下が互いに維持し合い、その制度は考え尽くされ全て備わっている。もし元祐の姦臣が例を開き紊乱・改変して今日に至ったのでなければ、誰が敢えてみだりに擬議することがあろうか。近頃官に委ねて尚書省格目を参照させ、全て官制に依拠させたところ、王黼が再び次のように要請してきた。『官制〔格目〕』の記載する内容と、後になって増立した事柄を官に委ねて補完・修正させ、宰執を避けて総領官を任命して欲しい、と。王黼の要請通りにして、鄭居中を総領官とし、蔡薿・王黼を参詳官とし、添官・増吏を認めず、議礼局の人吏に業務を行わせ、一季を期限として書を作成させる。期限延長は認めない。既に降した指揮に従いすぐに行下せよ」と。）

とある。これによると、元豊官制改革において『官制格目』なる書が作成されたが、元祐期に棄て用いられなくなったので、王黼に対して『官制格目』通りに行われていない事務手続きの参考対照、元祐期の「紊乱事迹年月」及び「釐正類成事件」の列挙を命じる詔が降り、これを受けた王黼の提言により、『官制格目』の補完釐正の成果を成書することを目的として「参詳補完官制格目所」なる名称のもとに官員が集められ、鄭居中が総領官、蔡嶷・王黼が参詳官に任ぜられた。なお、王黼が宰執一名を任命して総領させることを乞うたとあるが、後掲『宋会要』職官五六―三九「官制別録」政和三年（一一一三）正月十七日の王黼の上奏には「方事之初、嘗乞差総領官、仍乞避宰執、被旨委鄭居中。居中方領祠宮、居家不与朝廷政事」（事の初めには総領官を現任宰執以外から任命して欲しいと要請したところ、鄭居中を充てよとのことであった。鄭居中は当時祠宮（宮観差遣）を領しており、家にいて国政に関与していなかった）とある。二年三月十七日の時点では鄭居中は中太乙宮使であり、宰執ではない。従ってここは「現任宰執を避けて総領官を任命することを乞う」と解すべきであろう。

さて、この計画の中心である王黼は、政和二年（一一一二）の蔡京の復権を後押しした人物であるが、それは前任宰相の張商英が徽宗の信頼を失ったことを察知しての行動であったとされ、また後には蔡京と不仲となった鄭居中に接近を図るなど、叛服常ならざる人物であった(41)。従ってこの計画に対する蔡京の影響力には一定の留保が必要であろう(42)。

こうして参詳補完官制格目所は活動を開始したわけであるが、一月後にその名称が「参照官制格目所」に改められている。『宋会要』職官五六―三二「官制別録」政和二年四月十八日には、

> 参詳補完官制格目所奏、「臣等恭惟、官制格目、是為元豊不刊之典。蓋与周官並伝而無遺。曩縁元祐隳紊、循以積習、寖以違戻。特詔臣等参照釐正、欲以先朝垂裕之成憲、及陛下纘述先志、而見於大政事、俾得依倣格目、附為全書、甚盛挙也。契勘見於（以）参詳補完官制格目所為名、窃慮四方万里、妄議臆度、謂于補完有所去取。臣等再詳、所名恐有未当。欲乞改以参照官制格目所為名」。従之。

（参詳補完官制格目所が上奏した、「私達が考えるに、『官制格目』は元豊に作られた改めることの許されない典籍である。思うに『周礼』とともに後世に伝えて遺棄してはならない。先に元祐において紊乱し、そのまま悪習となり制

度に違った状態が続いていた。特に私達に詔して参照・修正させ、先朝の後世に残して広めるべき制度と陛下の紹述の意志を以て政事に現そうとされ、『官制格目』に依拠して、併せて書を作成することとされたのは非常な盛挙である。推し量るに現在参詳補完官制格目所という名称を用いているが、四方の者がみだりに臆測して「補完」という名目で去取するものがあると思うことが懸念される。再び詳細に検討してみたところ、名称が妥当ではない。参照官制格目所という名称にしていただきたい」と。これに従った。）

とある。この名称変更は、内外において「去取」するものがあるとの臆測が生じることに配慮してのことであるという。「去取」は官庁の業務・職掌の取捨選択すなわち削減を意味すると思われる。つまりこの名称変更は、『官制格目』の補完釐正よりその遵守を図るという方針を鮮明にするために行われたのであろう。実際に、同五六-三三二「官制別録」政和二年五月十七日には、

詔参照官制格目所、参照省曹寺監見行事務、有与元豊官制違戻不同者、一切遵依格目。

（参照官制格目所に詔して、省曹寺監の現在行っている事務に元豊官制と異なるものがあれば、一切を『官制格目』に依拠せよ。）

とある。

こうした元豊官制遵守の方針はおそらく徽宗本人の意向によるものである。それを察してか、『長編紀事本末』巻一三一「蔡京事迹」政和二年五月壬申には、

太師蔡京言、「門下省乃覆駁之地。臣乃兼而冒処、実有妨嫌、委紊官制。望許臣免書門下省文字」。従之。

（太師蔡京が言った、「門下省は封駁の地である。私が兼領して職務を侵すことには妨げがあり、官制を乱すことにもなる。門下省の文書に署名することは免じていただきたい」と。これに従った。）

とあり、蔡京すら「官制を紊す」ことになるとの理由で太師という立場で門下省の文書に署名することを辞退し

ている。

しかし実際には、『官制格目』そのままの施行は困難だったようである。『宋会要』職官五六-三二「官制別録」政和二年六月二十九日には、

参照官制格目所奏、「本所取索参照、拠省曹寺監等処具到格目内、有逐処合行点検弁《（丞）》合旬申・月申・季申及毎年挙行事務、例称自来未経行遣、即今並無文字。顕是蹈襲隳廃。欲望委長弐郎官承属、検照官制格目所載事務、自来隳廃不曾施行者、一切遵依官制格目挙行、如事係諸処合行申請、並随事行下本処照会、遵依格目施行。仍委左右司逐案、検察所降今来指揮。以後依前隳廃、即乞委御史台挙劾具奏聴旨」。

（参照官制格目所が上奏した、「本所が資料を集め参照したところ、省曹寺監等が提出してきた格目の中には、各官庁が点検を行うべき事務、旬ごと、月ごと、季ごとに上申すべき事務、毎年行うべき事務が書かれているが、これらはほとんどがいままで処理されたことがなく、現在関連文書も存在しないという。明らかに習慣を踏襲して制度を廃している。各官庁の長官・次官・属僚に委ねて『官制格目』に記載されている事務を検照し、これまで廃されて施行されていなかったものは一切『官制格目』に依拠して行い、いくつかの官庁が上級官庁に申請を行うべき事務については、事ごとにその上級官庁に行下して照会させ、『官制格目』に依拠して施行させていただきたい。なお尚書省左右司各案に委ねて、今回下した指揮を検察させる。以後、これまでのように官制を廃することがあれば御史台に委ねて弾劾・上奏させ陛下の判断を仰ぐこととする」と。）

とあり、省曹寺監等の各官庁から提出された格目に記載されている事務手続きがこれまで行われてこなかったばかりか、関連文書も存在しない有様であり、『官制格目』に依拠した事務遂行の徹底を各官庁に求め、違反があれば御史台に弾劾させるべしとの要請が参照官制格目所によってなされた。

また、『宋会要』にはこれに続いて、戸部における文書処理規定を格目所が検討した結果が見える。

又奏、「尚書度支事目格有点検駆磨・官員請受券歴・銷簿・架閣等四項。至元豊七年九月二十八日準勅、「将在京券歴倣帳法、本部磨訖送比部駆磨。其在外券歴、並帰転運司施行」。紹聖二年六月已後、戸部申請到朝旨、径申比部。大観二年四月二日修立成条、「在外券歴、申転運司覆磨架閣、在京所給兼請他路銭物者、申尚書刑部」。雖与度支格目不同、又縁比部官制格目、亦掌追給欠負侵請、及有駆磨文歴一項。欲乞遵依比部格目并元豊・紹聖・大観逐次已降勅条、釐正施行」。

（さらに上奏した、「『尚書度支事目格』には点検駆磨・官員請受券歴・銷簿・架閣等の四項目がある。元豊七年九月二十八日には勅によると、「在京の券歴は帳法に倣い本部が点検し終われば比部に送って点検することとせよ。在外の券歴は転運司に点検させよ」とある。紹聖二年六月以後は、戸部の申請に基づき出された朝旨は直ちに比部に送ることとされた。大観二年四月二日に定めた条文には、「在外の券歴は転運司に送り点検して架閣に保管させ、在京の支給と他路に銭物を請求する場合は刑部に送る」とある。以上は『尚書度支事目格』と異なっているが、さらに『比部官制格目』によると欠損・過剰請求の取り立てを行うとあり、また「駆磨文歴」（文書の点検）という一項がある。『比部格目』と元豊・紹聖・大観に降された勅条に依拠して修正して施行していただきたい」と。）

ここで問題とされているのは「券歴」と呼ばれる財物支給のための手形を駆磨（点検）する際の手続きである。格目所の上奏の内容はおおよそ次のようなものである。券歴の点検については『尚書度支事目格』に項目が設けられているが、元豊七年（一〇八四）の勅では、在京の券歴は本部（戸部）が点検した後に尚書省刑部の比部に送って再点検する一方で、在外の券歴については転運司が点検を行うとある。また紹聖二年（一〇九五）六月以後は、戸部の申請に基づき出された朝旨は直ちに比部に送ることとなり、さらに大観二年（一一〇八）四月には、在外券歴は転運司に送って点検・保管、京師での支給ならびに他路に請求する銭物の券歴は刑部に送って点検・保管することとされた。これらの規定は『尚書度支事目格』と異なっているので、「駆磨文歴」の項目がある『比部官制格目』

と元豊・紹聖・大観の規定を勘案して手続きを定めるべきであるというのが格目所の出した結論である。

名称を見る限り、『尚書度支事目格』あるいは『度支格目』と呼ばれる規定と『比部官制格目』と呼ばれる規定はともに『官制格目』の一部と推測できる。『尚書度支事目格』にどのように書かれていたかは不明であるが、格目所は『尚書度支事目格』の規定通りの手続きを再現することができず、後発の勅条を優先する決定を下したのである。そしてあくまで『官制格目』に依拠した措置であることを示すために『尚書度支事目格』とは別の箇所すなわち『比部官制格目』に記載されている規定を持ち出したということになろう。ここにも『官制格目』そのままの適用が困難であったことが現れている。

その後、政和三年（一一一三）に入ると、王黼が参詳官を辞任することとなった。『宋会要』職官五六―三九「官制別録」政和三年正月十七日には、

御史中丞王甫奏、「臣頃奉詔参祥(詳)官制格目、方事之初、嘗乞差総領官、仍乞避宰執、被旨委鄭居中。居中方領祠宮、居家不与朝廷政事。臣是時承乏諫路、不以糾察百官為職。与之参詳、于理無嫌。臣今待罪憲台、居中知枢密院、若与居中共事、寔於公義有所未安。伏望特降睿旨、詳(許)臣罷参詳官職事」。従之。

（御史中丞王黼が上奏した、「私は先頃詔を奉じて『官制格目』を参詳することとなった。事の初めには総領官を現任宰執以外から任命して欲しいと要請したところ、鄭居中を充てよとのことであった。鄭居中は当時祠宮を領しており、家にいて国政に関与していなかった。私はこの時諫官であり、百官の弾劾を職務としていなかったので、彼とともに参詳を行うことに支障はなかった。しかし私は現在御史中丞となり、鄭居中は知枢密院となった。鄭居中とともに職務を行えば、これは公義において宜しくない。特に睿旨を降して私の参詳官辞任を許可していただきたい」と。これに従った。）

とある。自身の御史中丞就任と総領官鄭居中の知枢密院就任が辞任要請の原因であるという。その後、同八月三

日には『官制格目』参照終了を受けて関係者に対する論功が行われ、格目所は役目を終えることとなった。従来の『官制格目』に新たに記載内容を加えた参照の結果は、三度の進書を経ておよそ九百余冊にまとめられたという。(43) 結局、当初の設置目的通りに『官制格目』の「補完釐正」が行われたということになるのであるが、だからこそ参照官制格目所への名称変更、度重なる格目の遵依を命じる詔の存在が際立つ。格目所の活動においては、活動内容とは乖離した形で元豊の制度の遵守という理念が強調され続けたのである。そしてこの元豊の制度遵守という方針は、六部・寺監の文書行政に関して再び内外に顕示されることとなる。

二　六部・寺監の文書行政

先に述べたように、蔡京は政和二年(一一一二)に中央政界に復帰しているが、朝廷には彼に対し面従腹背の姿勢を取る者が多かった。同年九月のいわゆる「公相制」設置による三省総治は、こうした状況に対応するための蔡京の権力強化策であった。しかし、政和六年(一一一六)五月には鄭居中が太宰に任ぜられる。これは蔡京を疎んじる徽宗による人事であるという。(44) これに先立つ同年四月には再三にわたり致仕を乞う蔡京に対し、造朝を三日に一度に減免し、都堂・三省での通常業務が終われば随意に帰第を許すとの待遇が与えられた。この頃の彼は病気がちでもあり、朝廷における影響力は低下していた。(45)

この時期には、再び六部・寺監の文書行政が問題化していた。『宋会要』職官五六‐四五「官制別録」政和七年(一一一七)三月には、

臣僚上言、「……大観中、嘗因六曹寺監事不次第行遣、或径申朝廷、有違元豊官制。今有司申明法禁、台憲挙劾、具有明詔。令行之初、官司遵守甚厳、近訪聞寺監将常事非緊急、而径取朝旨者、稍復有之。若都省批

送逐部勘当、則又次第行遣迂緩。是徒犯法禁而紊体統爾。……臣愚伏望聖慈詔寺監、謹守彝憲、毋或侵紊」。詔、「依。今後有違者、以違御筆論。令御史台覚察弾奏。仍具元豊官制詔書、牓于官府庁事、令遵守」。

（臣僚が上言した、「……大観中に六曹・寺監の事務が正規の手続き通りに処理されておらず、朝廷に直申することもあり、これは元豊官制に違っていた。いま有司に法禁を申明させ、御史が弾劾することとした。これには明らかに詔がある。命令が行われた当初は官司は遵守していたが、近頃聞くところによると寺監が急を要さない日常的な業務について直接朝旨を取ることが、また少しずつ見られるという。都省が各部に勘当（三省が用いる下行文書）を送る場合も正規の手続き通りの処理が守られなくなりつつある。これはむやみに法禁を犯し体統を乱すものである。……寺監に詔して制度を遵守させ乱すことのないようにさせていただきたい」と。詔した、「その通りにせよ。今後違反する者があれば違御筆を以て論ず。御史台に覚察弾奏させよ。なお元豊官制詔書を官庁に掲示して遵守させよ」と。）

とあり、先に見た寺監・六曹等の直申を禁止する大観四年（一一一〇）の詔が守られなくなっているとの臣僚の上言を受け、規定遵守を命じる詔が降った。併せて「元豊官制詔書」を各官庁に掲示することが命じられている。この「元豊官制詔書」とは、神宗が元豊五年（一〇八二）五月二日、新官制施行開始時に出した詔を指す[46]。その内容は新官制によって定められた職掌の遵守を命じるものであって、これ以前にも政和二年（一一一二）十月に六曹・寺監の長官庁に掲示されたようである[47]。これも『官制格目』の遵守同様に、元豊官制の忠実な再現を図る措置と言うことができよう。ただ、先に述べたように御筆に代表される宮中から降される文書の多くは正規の手続きを経ないものであったというのが実態であった。

こうした元豊官制遵守の方針は、蔡京の三度目の失脚後に、さらに明確な形で現れてくる。宣和二年（一一二〇）六月、蔡京が致仕した直後に、元豊の法制に抵触した者は大不恭を以て論ずとの詔が降り、諸司の総轄・提点の類は元豊の法にないものは全てやめることとされた[48]。大観末から政和初めにかけての時期と同様、蔡京の設けた新制度の否定のために元豊の制度の遵守という方針が打ち出されたのである。

以上、政和期における参照官制格目所の活動と六部・寺監の文書行政に関する議論を見てきた。格目所は『官制格目』を基本に事務手続きにおける元豊官制の遵守を目的としていた。また、六部・寺監の文書行政などにおいても、蔡京の影響力が低下した時期に元豊の制度を徹底すべきとの方針が打ち出され、この方針は蔡京失脚後に継続されたのである。

おわりに

徽宗朝においては、「紹述」という言葉のもとに様々な政策が実施された。本章で見てきた官制に関連する諸政策もその一環である。しかし、その内実を見れば、「紹述」という言葉の意味するところは時期によって、あるいは政策の担い手によって異なっていた。換言すれば、「紹述」に仮託した新制度の創設を目指すか、元豊官制を遵守するかの違いと言うことができよう。前者の方針で官制改革に臨んだのが蔡京であった。彼は後者のような元豊官制遵守の理念に基づく政策は採らず、それどころか彼の第一当国期には元豊官制の根幹である寺監の併合すら検討の俎上にのった。

これに対し、元豊官制遵守を提唱したのは、蔡京と異なる立場に立つ官僚達であった。こうした元豊官制遵守の動きは、蔡京の中央不在時、彼の権力の衰退期に多く見られる。ただ、元豊から時を隔てた徽宗朝においてその制度を忠実に記録・再現することは困難であった。それでもなお元豊官制遵守という方針が繰り返し掲げられたのは、蔡京に対する対抗軸を打ち出す必要のあった官僚達が、真の意味での「紹述」を目指す徽宗の意向に沿う施策を行おうとした結果であった。徽宗朝の官制改革は蔡京一人の主導によって行われていたのでは決してなく、他の諸政策において「紹述」をめぐる見解の相違が政争に利用されていたのと同様、元豊の制度の遵守というスローガンが蔡京に対抗する手段として用いられていたのであり、かかる対立が官制に関する諸政策にも影響を与えていたのである。

(1)「三省言、「国子監公試所策問、『諸司之務、寺監有所不究。寺監之職、六曹有所不察。六曹之政、都省有所不悉任其責者、殆未足以尽小大相維上下相制之道焉。豈制而用之者、法未足与守、推而行之者、人未足与明歟。欲度今之宜、循古之旧、而尽由其長、則事之衆多、且将有迂滞之患也。諸生以為如之何則可』。策題乃起居郎蔡京撰」。詔京具所問事理当如何救正、其所取諸生如何者為上等。京言、「……夫官府之治、有正而治之者、有旁而治之者、有統而治之者。省曹寺監以長治属、正而治之者也、則其為法当詳。御史非其長也、而以察為官、旁而治之者也、則其為法当略。都省無所不総、統而治之者也、則為法当攷其成。然則長吏察月、御史察季、都省察歳、庶乎其可也。……」。〈朱本以為無施行削去。新本復存之、今従新本〉。

(2) 張復華「宋徽宗朝官制改革之研究」(原載一九九〇、のち『北宋中期以後之官制改革』文史哲出版社、一九九一所収)。蔡京の政治的動向については林大介「蔡京とその政治集団——宋代の皇帝・宰相関係理解のための一考察——」(『史朋』三五、二〇〇三)参照。

(3) 曾鞏『元豊類藁』巻三一・箚子「請以近更官制如周官六典為書」、同巻三四・奏状「乞登対状」。元豊期の「官制書」編修については本書第五章第二節参照。

(4)『長編紀事本末』巻九三「政迹」元祐八年(一〇九三)十二月甲寅「詔令於秘書省置局。差范祖禹・王欽臣充編修官、内范祖禹兼領回報文字、宋匪躬・晁補之充検討官、仍具画一申尚書省」。

(5)『長編』巻四七五・元祐七年(一〇九二)七月癸巳。

(6)『長編』巻四八二・元祐八年(一〇九三)三月己亥。

(7)『神宗実録』編纂過程及び編修官については黄漢超「宋神宗実録前後改修之分析」(上)(『新亜学報』七-一、一九六六)参照。

(8)『宋会要』職官五六-二〇「官制別録」紹聖元年(一〇九四)閏四月十六日「左司諫翟思言、「先帝修定官制、循名弁寔。元祐以来、寖以変乱、如六曹尚書与侍郎、有去行・守・試而加権者、学士・待制・校理、有兼尚書・侍郎・郎中・員外郎者。請詔有司、各与釐正」。詔、「令編修官制局、考具元合改正事目、申省取旨、改正畢罷局。其元請集成六典、更不修纂」」、同五月一日「詔罷編修官制局」。

(9) 宋代における国史編纂については周藤吉之「宋朝国史の編纂と国史列伝――『宋史』との関聯に於いて――」(原載一九五九、のち『宋代史研究』東洋文庫、一九六九所収)があるが、哲宗朝末期から徽宗朝初期の政争と国史編纂の関係にはあまり注意が払われていない。

(10) 『宋史』巻一八「哲宗本紀」紹聖元年(一〇九四)四月戊辰「同修国史蔡卞請重修神宗実録」、『長編紀事本末』巻一二〇「逐惇卞党人」紹聖元年閏四月乙未「尚書左僕射兼門下侍郎章惇入見、遂就職提挙修神宗実録国史」。なお章惇の正史編纂提挙について『宋史』巻一八「哲宗本紀」はこれを同月丙申に繋けている。

(11) 『長編紀事本末』巻一二〇「逐惇卞党人」紹聖元年(一〇九四)六月戊子「翰林学士兼侍講・同修国史蔡卞、充国史院修撰兼知院事」。

(12) 『長編』巻四九七・元符元年(一〇九八)四月丙戌「修国史提挙官・尚書左僕射兼門下侍郎章惇等進神宗皇帝正史紀二冊」。

(13) 『宋史』巻一九「徽宗本紀」元符三年(一一〇〇)九月丁丑「詔修神宗史」。

(14) 『長編紀事本末』巻一二〇「逐惇卞党人」元符三年(一一〇〇)四月戊戌「端明殿学士兼龍図閣学士・新知太原府蔡京、依前翰林学士承旨。是日、曾布再対、上諭以皇太后疑蔡京不当出、欲且留修史、恐陸佃等以修史得罪不可用。布力陳、「京・卞懐奸害政、羽翼党援、布満中外、善類義不与之並立。若京留、臣等必不可安位。此必有奸人造作語言、熒惑聖徳」。上曰、「無他。皇太后但且欲令了史事、以神宗史経元祐毀壊、今更難於易人爾」」。

(15) 『宋史』巻一六一・職官志一「門下省」。

(16) 『宋史』巻三四八「徐勣伝」「徽宗立、擢宝文閣待制兼侍講、遷中書舎人、修神宗史。……詔与蔡京同校五朝宝訓。勣不肯与京聯職、固辞、奏京之悪、引盧杞為喩」。

(17) このことを裏付ける証拠として、両名はこの後崇寧三年(一一〇四)に黜降処分を受けており、そのうち曾誠は曾布の子・紆への贈賄が理由で勒停とされている。『宋会要』職官六八‐一〇「黜降官」崇寧三年十月及び七月二十九日参照。

(18) 『長編紀事本末』巻一三〇「久任曾布」崇寧元年(一一〇二)六月末。

(19) 『長編紀事本末』巻一三二「講議司」。『宋会要』職官五‐一三「講議司」は八月四日に繋ける。

(20) 『宋史』巻一六六・職官志六「開封府」。

(21) 『長編』巻四〇八・元祐三年(一〇八八)二月末「右正言劉安世……又言、「……伏惟陛下即位之初、常賦之外一切蠲復、所入有限、則国用有不足之慮、是以専置官局、裁節浮費。〈元年四月十八日、詔戸部裁減浮費〉……臣常観先帝時、寺監長弐多不並置、亦有無卿・少而丞・簿行其事者。今太僕・衛尉・鴻臚・光禄・太府各二卿、軍器・将作・少府各二監、丞・簿・官属仍不預焉。省曹所減止十二員、而寺監所増乃倍平昔、前日省官之詔遂為空文、損彼益此、何補於治。……」、同巻四一〇・元祐三年五月丙午「翰林学士兼侍読蘇軾・戸部侍郎蘇轍同転対。……轍言三事。……其二、臣聞漢以九卿治事、唐以六曹為政。漢非無尚書、而唐非無卿寺也、蓋事不在耳。先帝法唐之政、専用六曹、故雖兼置寺監、而職業無幾、量事設官、其間蓋有僅存者矣。頃元祐之初、患尚書省官多事少、始議并省、郎曹所損纔一二耳。而寺監之官、如鴻臚・将作旧不設卿・丞者、紛紛列置、更多於旧。中外之議、以此疑惑、以為朝廷為人設官、非為官択人。此言一出、為損非細。其於治体、非臣所当議也、而至於京師廩給之厚、出於本部、故臣願明詔有司、減去寺監不急之官、以寛不貲之費而已」。

(22) 『長編』巻四一一・元祐三年（一〇八八）五月辛酉「詔太常・太僕・大理・司農・太府寺・国子監置長弐、余寺監長弐並互置、省軍器監丞・太僕寺主簿各一員。〈劉安世・蘇轍先有言〉」。

(23) 熊本崇「宋神宗官制改革試論――その職事官をめぐって――」（『東北大学東洋史論集』一〇、二〇〇五）、同「宋執政攷――元豊以前と以後――」（『東北大学東洋史論集』一一、二〇〇七）。

(24) 本書第五章第三節。

(25) 『宋史』巻一九「徽宗本紀」崇寧二年（一一〇三）二月辛酉。

(26) 『宋会要』職官五六―二五「官制別録」崇寧二年（一一〇三）九月二十五日。

(27) 殿中省設置の経緯と蔡京の意図については藤本猛「宋代の殿中省」（『東方学』一一四、二〇〇七）参照。

(28) 『長編紀事本末』巻一二四「追復元祐党人」崇寧五年（一一〇六）正月丁未「大赦天下。……詔、「已降指揮、除毀元祐姦党石刻、及与係籍人叙復注擬差遣。深慮鄙浅愚人妄意臆度、窺伺間隙、馳騖抵巇、覬欲更張熙豊善政。苟害継述、必寘典刑。宜諭邇遐、咸知朕意」」。

(29) 『皇宋十朝綱要』巻一六・崇寧五年（一一〇六）正月丁未「詔尚書省相度裁省在京及諸路新創置官」。

(30) 『宋史』巻二〇「徽宗本紀」崇寧五年（一一〇六）二月壬申「省内外冗官、罷医官兼宮観者」。

(31) 『宋史全文続資治通鑑』巻一四・大観二年（一一〇八）三月甲子「中書舎人葉夢得兼編修神宗官制六典」。

(32) 『宋史』巻四四五「葉夢得伝」「大観初、京再相、向所立法度已罷者復行、夢得言、「……夫事不過可不可二者而已。以為可而出於陛下、則前日不応廃。以為不可而不出於陛下、則今不可復。今徒以大臣進退為可否、無乃陛下有未了然於中者乎」。

上喜曰、「邇来士多朋比媒進、卿言独無観望」」。

(33)『宋会要』職官五六-二一「官制別録」紹聖二年(一〇九五)四月三日「詔、「職事官罷帯職、非職事官仍旧許帯、易集賢院学士為集賢殿修撰、直集賢院為直秘閣、集賢校理為秘閣校理。見帯人並改正。寄禄官除正議大夫・光禄大夫・銀青光禄大夫分左右、朝議大夫・中散大夫亦仍旧存左右、作両資遷転、以分雑出身無出身人、余並廃罷」」。

(34) 詳細については梅原郁『宋代官僚制度研究』(同朋舎、一九八五)の「第一章　宋代の文階」参照。

(35)『長編』巻四〇八・元祐三年(一〇八八)二月癸未「詔、「自今朝議・中散・正議・光禄・銀青光禄・金紫光禄大夫、並置左右。進士出身及帯職、転至左朝議・中散、為二資。余人転至朝議・中散、分左右字、為四資」」。

(36)『宋史』巻四七〇「王黼伝」には、蔡京が宣和二年(一一二〇)六月に致仕した後のこととして、「蔡京致仕、黼陽順人心、悉反其所為、罷方田、毀辟雍・医・算学、併会要・六典諸局、汰省吏、減遥郡使・横班官奉入之半、茶塩鈔法不復比較、富戸科抑一切蠲除之、四方翕然称賢相」とあり、蔡京の政策否定の一環として「会要・六典諸局」の併合が行われている。あるいはこの時まで『神宗官制六典』編修は継続していたかも知れない。

(37) 徳永洋介「宋代の御筆手詔」(『東洋史研究』五七-三、一九九八)。

(38)『長編』巻三三三・元豊五年(一〇八二)二月癸丑「詔、「中書省面奉宣旨事、別以黄紙書、中書令・侍郎・舎人宣・奉・行訖、録送門下省為画黄。受批降若覆請得旨、及入熟状得画事、別以黄紙亦書、宣・奉・行訖、録送門下省為録黄。枢密院準此、惟以白紙録送、面得旨者為録白、批奏得画者為画旨。門下省被受録黄・画黄・録白・画旨、皆留為底、詳校無舛、繳奏得画、以黄紙書、侍中・侍郎・給事中省(審・省)・審・読訖、録送尚書省施行。三省被受勅旨、及内降実封文書、並注籍」」。

(39)『宋会要』職官五六-二九「官制別録」大観三年(一一〇九)九月一日「臣僚上言、「伏覩神宗肇建文昌、修明官制、尊卑有等、先後有倫、尤謹資格、以正官常法、比成周而万世不可易者。宜大小之臣、遵而勿失、以称陛下継志述事之孝。臣考元豊官制、六曹郎官以知州資序人除郎中、通判已下人除員外郎。凡所除授不敢踰此。如大観元年府司録何述、乃通判資序止除員外郎、於官制為不越。及大観二年韓瑗・陳師文、止係通判知県資序、乃自序(府)司録而除郎中。重違官制。至今士大夫以為非。臣伏見、朝奉大夫・開封府左司録参軍楼异擢長府掾、未及一月、考之資格、尚係通判。今抝援例、以除司封郎中。臣窃惑之。臣謂法者所以尽天下之公、而例乃一時之私。今輒援例而廃法、則人得以私徇、而法将無所用矣。方陛下追復熙豊之政、百度具挙、而官制尤在所先焉。豈不遵官制而用違官制之例。越次除授、以例承例既久、則例為定法、而官制遂至於隳(廃)庶。宜陛下之深察也。臣愚伏望聖慈詳酌、特降睿旨、一依元豊官制施行、則官不紊常矣」。詔、「六曹郎官、在元豊官制、通判已下資任人除員外郎。大観元年韓瑗・陳師文破例輒除郎中。今楼昇遂援引、違紊官制差注。可並行改正。今後並遵官制施行」」。

(40)『宋会要』職官五六-三〇「官制別録」大観四年(一一一〇)八月十一日「中書検会、今年七月十四日奉聖旨、自今並依熙寧元豊除日《(目)》資格差除。……」」。

(41)『宋史』巻四七〇「王黼伝」。

(42)もう一人名前の見える蔡嶷は蔡京の党人だが、『皇朝編年綱目備要』巻二七・大観四年(一一一〇)十一月に「又鄭居中雖以外戚嫌罷枢密、而植党窺伺、商英悪之。居中乃与蔡嶷・劉嗣明之徒、共陥商英」とあり、この段階以前に鄭居中と結託していた。なお、『宋会要』職官五六-三九・政和三年(一一一三)八月三日に『官制格目』参照の終了に伴い功賞を受けた官僚の名が挙がっているが、蔡嶷の名は見えない。一方で同年正月に参詳官を辞任(後述)したはずの王黼が功賞の対象になっていることから、それ以前の段階で辞任したか、あるいはそもそも参詳官に就任しなかった可能性もある。

(43)『宋会要』職官五六-四一「官制別録」政和三年(一一一三)八月三日。

(44)『宋史』巻三五一「鄭居中伝」「政和中、再知枢密院、官累特進。時京総治三省、益変乱法度。居中毎為帝言、帝亦悪京専、尋拝居中少保・太宰、使伺察之」。

(45)『長編紀事本末』巻一三一「蔡京事迹」。

(46)註(23)前掲熊本崇「宋神宗官制改革試論——その職事官をめぐって——」の註(31)参照。

(47)『長編』巻三二六・元豊五年(一〇八二)五月壬午「詔、「……新除省台寺諫監官、詳定官制所已著所掌職事、如被選之人不徇循守法、敢有僭紊、其申諭中外。違是令者、執政官委御史台弾奏、尚書以下聴長官糾劾以聞」。〈……政和二年十月十七日、掲牓六曹寺監長官庁〉」。

(48)『宋史』巻二二「徽宗本紀」宣和二年(一一二〇)六月「戊寅、蔡京致仕、仍朝朔望。辛巳、詔、「自今衝改元豊法制、論以大不恭」。丙戌、……詔、「諸司総轄・提点之類、非元豊法並罷」」。

【補記】徽宗朝の政治状況について、最近、藤本猛「崇寧五年正月の政変——対遼交渉をめぐる徽宗と蔡京の対立——」(『史林』九二-六、二〇〇九)が発表された。本章の国史編纂に関する部分に対する言及があるが、脱稿後に目睹したため本書に反映させることができなかった。指正の労をとられた藤本氏におわびするとともに、読者におかれては併せて参照されたい。

第七章　宋代における禁謁制度の展開

はじめに

宋代には「禁謁」あるいは「謁禁」と称される規定が存在した。これは官僚の賓客との会見を禁止・制限する規定であり、中央・地方様々な官僚に対して設けられた。本章はこの禁謁制度について、その沿革と歴史的意義を考察することを目的とする。

まずは先行研究を整理しておこう。禁謁・謁禁についての先行研究としてまず挙げるべきは、宰執に対する規定を扱った史継剛氏の研究である(1)。氏は北宋・南宋における宰執の賓客接見禁止規定を網羅的に取り上げ、「私謁請託の風」の抑制と行政効率低下の防止という意図があったと述べている。また、台諫制度を扱った虞雲国氏の著書、宋代の司法制度に関する王雲海氏主編の書においても、台諫官や法官(裁判担当の官僚)に対する禁謁規定の存在が指摘されている(2)。しかしこれら以外に対する禁謁規定についてはこれまで扱われることはなかった。上記の研究にしても制度の概要を述べるにとどまり、禁謁・謁禁の目的を請託の防止という点に求めるものの、請託の内容については具体性を欠いている。従って、制度の確立過程、規定の背景にある意図、政治状況との関係、規定の適用実態などについてはなお考察の余地が残されているように思われる。本章では、宋代を通じた禁謁制度の全体像を明らかにしたい。

加えて、禁謁制度を考察することの意義について筆者の考えを述べておきたい。昨今の日本の宋代政治史研究においては、従来から研究が豊富であった官僚制・統治システム等の制度面に加え、官僚・知識人相互の人的結合に関する研究、また個別の政治事件・政策決定に関する詳細な研究が新たな潮流を生みつつある[3]。官僚を制度の歯車ではなく政治における能動的存在として捉えるこうした研究においては、官僚の行動・日常的営為といったものが重要な要素となってくる。官僚の行動に対する規制である禁謁制度を考察することは、この官僚の日常的営為の実態に踏み込む一つの試みになるであろう。

もう一つは法制史的側面から見た意義である。宋朝が微細なことまで法令で規定するという性格を持っていたことは既に指摘されていることであるが[4]、しかしこうした法令の多さ・細かさは主に現代の我々が民事と呼ぶ「戸婚田土の案」については言われてきたものの、官僚に対する規定に関してはあまり意識されてこなかったように思われる。実際に南宋期の法令集である『事類』には禁謁をはじめとして官僚に対する様々な禁止規定が収録されている。これらの規定について、その適用実態も含めて考察することは宋代法の特質を明らかにする上でも意義を持つであろう。

以上のような問題意識から、本章では禁謁制度の沿革を整理するとともに規定の背景にある要因との関係を考察すること、及び禁謁規定の適用実態の解明を目的としたい。

第一節　「禁謁」「謁禁」の語義

禁謁規定の詳細を見る前に、史料上に現れる「禁謁」「謁禁」という語の用法について言及しておきたい。宋代の典礼・政事等に関する用語集である趙升『朝野類要』巻四・雑制「禁謁」には、

百司門首謁禁者、不許接客也。若大理寺官、則又加禁謁、及亦不許出謁也。

（百司の門首に「謁禁」とあるのは賓客の接見を許さないという意味である。大理寺官についてはさらに「禁謁」を加え、出謁も許可しない。）

とあり、「謁禁」は賓客の接見の禁止、「禁謁」は出謁（自ら出向き人と会うこと）の禁止という解説が加えられている。また『宋会要』職官七九-三七「戒飭官吏」嘉定十五年（一二二二）十二月二十四日にも、

人不得而謁己則名之曰謁禁、己不得而謁人則名之曰禁謁。……乞申厳儀制、凡遇給仮之官、必与禁謁・謁禁二者並行、無或違戻。

（他人が自分に面会できないことを「謁禁」と言い、自分が他人に面会できないことを「禁謁」と言う。……儀制を申厳し、休暇中の官僚も必ず禁謁・謁禁を厳守し違反してはならないこととしていただきたい。）

とあり、賓客が訪問してきた際に面会してはならないという規定を「謁禁」、他の官僚に面会を求めてはならないという規定を「禁謁」と称すとある。このほかにも劉弇『龍雲集』巻二九に収められている策問には、その指し示す内容は不明であるが「禁謁・謁禁之科」と両者を併記した表現が見える。

これらを見ると「禁謁」と「謁禁」の意味するところは截然と分かれていたかのように思われる。しかし『事

類』巻四・職制門一「禁謁」の項には兵官・監当官等の受謁・出謁双方の禁止規定が混在しており、また実際の用例を見ると上奏・詔勅・法令等においてすら両者が厳密に使い分けられていないものや意味内容がはっきりしないものが多い。紙幅の都合もあるのでここでは数例を示すにとどめるが、例えば『長編』における「禁謁」の初出である巻三三五・元豊六年(一〇八三)五月戊子には、

前知湖州唐淑問言、「……臣欲乞州郡禁謁並依在京百司例」。詔詳定重修編勅所立法。後編勅所乞知州・通判・県令非假日不得出謁、即謁親属及職事相干、幷泛遣使命、或知州・通判・提挙官・鈐轄以上者聴。

(前知湖州唐淑問が言った、「……州での禁謁を在京百司の例に倣って定めていただきたい」と。詳定重修編勅所に詔して立法させた。その後、編勅所が次のように要請した、「知州・通判・県令は休日でなければ出謁を許可しない。親属・職務上の関係がある者、中央からの使者、知州・通判・提挙官・鈐轄以上の者に面会することは許可していただきたい」と。)

とある。州県官の「禁謁」を在京百司の例に倣って定めることを唐淑問は求めているわけであるが、この「在京百司例」とは熙寧九年(一〇七六)五月に在京官司の休日以外の受謁・出謁を禁止した規定を指すであろうから、(5)唐淑問の言う「禁謁」とは受謁・出謁双方の禁止を意味していると思われる。ちなみに引用『長編』には編勅所の案として「知州・通判・県令非假日不得出謁」とあり、出謁のみが禁じられたかのようであるが、後にこの規定を収録したものと思われる『事類』巻四・職制門一「禁謁」には、

諸知州・通判・県令、非假日輒出謁及賓客受謁者〈臣僚経過、依令不応迎送而迎送、及見之者同〉、各徒一年。

(およそ知州・通判・県令は、休日でないのに出謁したり賓客を接見した者は〈臣僚が域内を通過し、令に迎送すべきではないとあるのに迎送した者、及びこれに面会した者も同じ〉、各々徒一年とする。)

とあり、『長編』は「及賓客受謁者」の字句を欠いているのであろう。ほかにも『長編』巻三三五・元豊六年(一〇八三)六月辛酉を見ると、尚書省左右司に対し枢密都承旨の例に倣って「禁謁」が設けられているが、この枢密都承旨の例も受謁・出謁双方を禁止したものである。(6)出謁禁止のみを指す用例がないわけではないが、上奏・詔勅・法令などの公的文書においてはおおむね「禁謁」は受謁・出謁双方の禁止を含意していると見てよかろう。

一方「謁禁」については、『長編』の用例を見てもその意味するところがはっきりしないものが多いが、受謁禁止と解釈するのが妥当な場合が多い。意味がはっきり示された数少ない例として、『長編』巻四六六・元祐六年(一〇九一)九月癸丑には、

御史中丞鄭雍言、「執政官行謁禁法非便」。詔、「官員有利害陳述勿禁」。

(御史中丞鄭雍が言った、「執政官に謁禁の法を適用することは不便である」と。詔した、「利害を陳述する官員は執政官に面会することを許可する」と。)

とあり、ここでの「謁禁法」とは執政官の受謁禁止を指すことは明らかである。受謁・出謁双方の禁止を指す例は一つしかなく、(7)従って北宋の公的文書においては「謁禁」は受謁禁止のみを指すと言って差し支えなかろう。

次に私撰の筆記史料等についてであるが、「謁禁」とある場合が圧倒的に多く、「禁謁」の用例はごくわずかである。先に「謁禁」から見ると、呉處厚『青箱雑記』巻二には、

皇祐・嘉祐中、未有謁禁、士人多馳鶩請託、而法官尤甚。有一人号望火馬、又一人号日遊神。蓋以其日有奔趨、聞風即至、未嘗暫息故也。

(皇祐・嘉祐中は謁禁はまだなく、士人は多く奔走して請託を行い、その中でも法官が最も甚だしかった。ある者は「望火馬」と呼ばれ、またある者は「日遊神」と呼ばれていた。毎日奔走して噂を聞きつければやってきて休む暇もなかったからである。)

とあり、仁宗朝後期にはまだ「謁禁」がなかったために奔競請託が横行したという。ここでの「謁禁」は、官僚が諸処を訪問することを禁止する規定という意味で用いられているように思われる。また朱彧『萍州可談』巻一には、

近制、中外庫務・刑獄官・監司・守令・学官、仮日許見客及出謁。在京台諫・侍従官以上、仮日許受謁、不許出謁。謂之謁禁。

（近制では、中外の庫務・刑獄官・監司・守令・学官は休日のみ賓客の接見と出謁を許可されていた。在京の台諫・侍従以上は休日の受謁のみ許可され、出謁は許可されていなかった。これを「謁禁」と言う。）

とあり、庫務・刑獄官・監司・守令・学官が休日のみ受謁と出謁を許可され、在京の台諫・侍従以上は休日の出謁を禁止されるという規定を「謁禁」と称している。つまりここでの「謁禁」は出謁禁止も含意していることになる。

ほかにも、尺牘（書簡文）の書き方の手引書である任廣『書叙指南』巻一五「淹滞阻隔」には「謁禁曰禁急不得相聞」（「謁禁」とは機密緊要のことがあって音信不通であった際に用いる）とあり、南宋のものであるが実際に「謁禁」という語が尺牘で用いられている。(8) 私撰史料・尺牘等では法律の条文のような厳密さが不要であったことからも「謁禁」を用いることが多かったと思われる。

これが南宋になると、李心伝『建炎以来繫年要録』（以下『要録』と略記）等官撰史料に由来するものでは「謁禁」が圧倒的に多くなる。いかなる意味で用いられているか不明なものがほとんどであるが、なかには受謁・出謁双方の禁止を意味することが確認できるものもある。(9) これは北宋の私撰史料における用法の影響であろう。

以上の用例から「禁謁」「謁禁」の用法については次のように結論付けておきたい。①法律用語としては「禁謁」は受謁・出謁禁止双方を含意し、「謁禁」は受謁禁止のみを指す。②私撰史料においては両者の厳密な使い

分けはなされておらず、「謁禁」が多く使われる。③そうした私撰史料における使用方法が南宋に至って「禁謁」が「謁禁」に転化する原因となった。よって本章においては、『朝野類要』の定義は混乱を招く恐れがあるので採らず、主に受謁禁止・出謁禁止という表現を用い、両者の総称として「禁謁」という語を用いる。

さて、「禁謁」「謁禁」という語は熙寧・元豊頃の史料から頻繁に現れてくるのであるが、受謁禁止規定はそれ以前から存在した。ではなぜ熙寧・元豊以降の規定を「禁謁」「謁禁」と称するようになったのであろうか。節を改めて、禁謁制度の沿革を整理することでこの問題について考えてみたい。

第二節　禁謁制度の沿革

一　太宗朝〜仁宗朝——対象の拡大と細分化

受謁禁止規定の初出は太宗朝に三司に対して出されたものである。太平興国五年（九八〇）、竹木をめぐり近臣・外戚による不正事件が発生し三司副使范旻をはじめとして多くの処罰者が出たことを機に、文武職官が三司公署にみだりに立ち入ること、書簡により請託を行うことを禁止する詔が出された[10]。

その後、他の官庁にも同様の規定が設けられるが、その理由は必ずしも請託防止に限定されるわけではない。例えば胥吏の例であるが咸平元年（九九八）七月、中書の吏院である制勅院には職務上の理由のない京朝官の立ち入りが禁止されている。詔には併せて機密の漏洩を禁じる旨の文言が見えるから[11]、立ち入り禁止の背景には堂後官等胥吏による漏洩を防止する意図があったのであろう。また同三年に下級武官の人事を担当する部局である三班院の受謁が禁じられた際には「公事不少」（業務が多い）という理由が挙げられている。[12] 景徳元年（一〇〇四）には開封府廨内での受謁を禁止する詔が出ているが、要請者が権知開封府陳省華その人であったことを考えると、これも賓客の訪問が職務の妨げとなっていたことが理由と思われる。[13]

このように請託防止に加えて職務の円滑な遂行が受謁禁止の目的となっていたのは、この時期が中央官僚機構の確立・整備の時期であったことと関係があろう。太祖・太宗の創業期を経て、真宗朝初期は宋朝が対内的にも対外的にも安定期を迎え始める時期であった。対外的には澶淵の盟による契丹との和平が成り、対内的には太宗朝以来幾度も改編を被った三司の機構が固まり、安定的な科挙の実施による科挙官僚の増加など、官僚機構の整備が進められた時期であった。必然的に各官庁の業務は漸増したであろう。かかる事態に対処する一つの方法として、元来は請託防止が目的であった受謁禁止規定が円滑な職務遂行を促す規定として援用されるに至ったのであろう。

以上のように真宗朝には受謁禁止規定が諸官庁へ拡大され、最終的には大中祥符二年（一〇〇九）に在京百司全般に適用された。[14] 当時の宋朝は統一王朝としての体裁を整えつつある時期にあり、受謁禁止規定拡大の背景には請託防止に加えて職務の円滑な遂行を促す意図があったと思われる。

ところで、史料上に「請託」という語で現れる私的な接触から我々が連想するのは、昇進における推薦人を求めること等、人事に関係する行為であろう。[15] しかし、受謁禁止規定から垣間見える私的な接触は、何も人事面に限ったことではない。次に仁宗朝の受謁禁止規定について述べ、この点に関して考えていきたい。

仁宗朝における受謁禁止規定の中で目を引くのが、その初期における規定対象の偏在である。天聖二年（一〇二四）に三司・開封府の受謁禁止命令が出たのを皮切りに、[16] 同五年には開封府の受謁禁止徹底の詔、[17] 景祐二年（一〇三五）には三司・開封府・御史台の受謁禁止及び違反者に対する処分規定、[18] 翌三年には二月にやはり上記三官庁の受謁禁止に関する詔が出され[19]、同四月には接見した者と「監門使臣」（門衛）の処分が規定されている[20]。このように三司・開封府・御史台に対する命令が頻発されているのはなぜであろうか。

確認しておきたいのは、これら三官庁のうち三司と開封府については先に見たように既に太宗・真宗両朝において受謁禁止規定が明文化されているということである。御史台については時期を確定する史料を見つけることができなかったが、『宋会要』刑法二-二一「刑法禁約」景祐二年二月五日には、

上封者言、「近日多有臣僚私入三司及開封府・御史台看謁。……豈容私入請謁。窃慮別有寄嘱、妨廃公務。淳化・景徳明有条詔、並各禁止、許御史台糾奏、久無覚挙、漸失遵稟。乞申明約束、其看謁接見監司、並従違制論」。従之。仍令御史台・街司常切覚察、違犯具名聞奏。

（上封する者が言った、「近日、ひそかに三司・開封府・御史台に入って看謁する官僚が多い。……ひそかに入って請謁することは許されない。思うに、私的な嘱託があれば公務の妨げとなる。淳化・景徳の条詔がはっきり残っており、それぞれ請謁を禁止し、御史台が弾劾することを認めているが、久しく検挙することがなく、徐々に詔が守られなくなっている。規則を申明し、看謁して監司〔官司？〕に面会すれば違制を以て論じることとしていただきたい」と。これに従った。さらに御史台・街司に覚察させ、違反があれば名前を書いて上奏させることとした。）

とあり、「淳化・景徳明有条詔」と言われている。三司に受謁禁止規定が設けられたのは太平興国五年（九八〇）であり「淳化」と符合しないという点は気になるが、御史台についても真宗朝までには受謁禁止規定が設けられたと見てよかろう。

このように既に真宗朝までに受謁禁止規定が設けられていたため、三官庁に関する命令はいずれも既存の規定の再確認、あるいはその遵守を求める内容となっている[21]。とすれば、この時期に敢えて規定の徹底を図らねばならない要因は何だったのだろうか。三官庁が一括りとなって史料に現れることの意味を考えてみると、想起され

るのはこれらがいずれも裁判機能を有しているということである。三司は財政に関する犯罪を担当し、開封府は京師における民事・刑事双方の事件を取り調べ、ともに杖罪以下の判決権を有していた。また御史台は官僚の重大犯罪、他司の法官の収賄、州県・監司・中央官庁が処理できない案件を処理していた。[22] そのほかにも官僚による重大事件があった際にはこれらの官庁が特命を帯びて裁判に当たることがあった。

さらに他の司法機関については、天聖七年(一〇二九)に刑部の受謁を禁止する命令が下され、[23] また時代は下るが宝元二年(一〇三九)にも審刑院・刑部・大理寺の受謁を禁止する詔が降されており、そこでは「請求曲法の事」の告発が奨励されている。[24] こうした司法機関に対する規定の存在も併せ考えると、これら三官庁に対する受謁禁止の再確認には裁判に関わる私謁の横行という事態があったのではないだろうか。

裁判に関わる不正の実態について、三司・開封府・御史台の三官庁が取り調べに関与したある事件の顚末を紹介しよう。趙抃『清献集』巻七・奏議「奏状乞移司勘結三司人吏犯贓〈五月十日〉」は、三司副使李参等による不正事件に関する上奏である。これによると、事件の詳細は不明であるが府司(開封府司録司)で取り調べが行われたものの、それが終わらぬうちに李参が外任に出されてしまった(『長編』巻一八二・嘉祐元年(一〇五六)三月癸丑によると荊湖北路安撫使。よって上奏の標題に付されている「五月十日」は嘉祐元年と思われる)。その他の三司官員にも「干礙」(取り調べに対する妨害行為)があり、事件を終息させようという働きかけが行われているため、別の官司に担当を移して欲しいというのが趙抃の上奏の内容である。その結果、この案件は開封府に移送されたようである。[25] これを受けての措置について同巻八・奏議「奏状乞移勘丘岳・李先受贓等事〈十一月十八日〉」には、開封府軍巡院が賄賂を受け取り罪人を釈放してしまったこと、三司・開封府官吏の「干礙」が加わっていることが述べられ、取り調べ担当の官員を特に選出するか、御史台に移送しての取り調べが求められている。[26] しかしこの案件については、その後の経緯が不明であるばかりか事件そのものについての記述すら『長編』や『宋会要』には見えない。三司・開封府官吏の「干礙」が奏功したようである。

このように三司・開封府はともに裁判機能を有しているだけではなく、官吏が結託して裁判の妨害を行うこともあったのである。これらの官庁が担当する案件には李参の例のように官僚・胥吏が関与する事件が多く、おそらく取り調べに手心を加えることを求める私謁が頻繁に行われていたのであろう。また、この案件では三司・開封府と対立したものの、御史台の官僚・胥吏もこうした工作に手を染めることも皆無ではなかっただろう。さればこそ三官庁は一括して受謁禁止規定の対象となる一方で、この案件の顚末に象徴されるように、その受謁禁止規定は効果を挙げていなかったのである。(27)

仁宗朝におけるもう一つの顕著な変化は、台諫官・両制に対して出入看謁や相互の往還、さらには宰執の私第訪問を禁じる規定が一時的にせよ設けられたことである。ここでは両制に対し設けられた規定について詳述したいが、その前に宰執に対する規定を確認しておこう。宰執の私第受謁禁止は慶暦三年(一〇四三)、いわゆる慶暦新政が開始された時期に出された。范仲淹等慶暦士人達の批判の対象となった呂夷簡が宰相を退任し、さらに「軍国大事」に参与することができなくなった後にあたる。『長編』巻一四三・慶暦三年九月丁丑には、

詔、「執政大臣非假休不許私第接見賓客」。従知諫院蔡襄之言也。而議者以為唐元和用兵時、裴度為相、請私第延見四方賢俊、以広謀慮。今一切禁絶賓客、非諫官所宜言也。

(詔した、「執政の大臣は休日でなければ私第で賓客を接見してはならない」と。知諫院蔡襄の言に従った。しかし議者は、「唐の元和年間に藩鎮征討の軍を起こした時に、宰相であった裴度が願い出て、私第で四方の賢俊を引見して政策についての意見を聞いた。いま賓客の接見を全て禁止することは諫官の言うべき事ではない」と述べた。)

とあり、執政大臣は休暇日以外に私第で賓客を接見することが禁止された。知諫院蔡襄が自らが支持する范仲淹や韓琦(当時はそれぞれ参知政事・枢密副使)の行動に制約を加えることにつながる提言を敢えて行った背景には、

私第という非公式な空間を利用して政治を行っていた呂夷簡の手法を否定する意図があったのであろう。[28]

この規定は至和二年(一〇五五)十月に解除されたが、[29]実はこれは受謁の全面解禁ではなく、この三ヶ月前に両制に対し宰執との面会を禁止する規定が設けられている。すなわち『長編』巻一八〇・至和二年七月癸亥には、

翰林学士欧陽脩請、「自今両制・両省以上、非因公事、不得与執政相見、及不許与台諫官往還」。詔、「如有公事、許就白於中書・枢密」。〈江氏雑志云、「永叔建言、両制不許詣執政第。只言翰林学士・知制誥、執政不暁、応雑学士・待制倶不許」。与史所載不同、当考。治平初、脩作学士院御書跋尾、亦自弁云〉

(翰林学士欧陽脩が次のように要請した、「今後、両制・両省以上は公務でなければ執政と面会することを禁止し、また台諫官と往還することも禁止していただきたい」と。詔した、「もし公務があれば中書・枢密院に赴いて上申することを許可する」と。〈『江氏雑志』には、「永叔(欧陽脩)は両制が執政の私第を訪問することを禁止して欲しいと建言した。ただ翰林学士・知制誥のみについて言ったのだが、当時の執政はその意図が分からず、全ての雑学士・待制にまで適用してしまったのである」と。史書の記載と異なっているので、考察が必要である。治平の初め、欧陽脩は「学士院御書跋尾」を作り自ら見解を述べている〉)

とあり、両制・両省以上は執政との面会が許されず、また台諫官との往還も禁止された。ここで言う「与執政相見」は、直後に出された范鎮の反論において「近日有詔、両制臣僚、不得詣宰相居第」(最近、両制の臣僚は宰相の居第を訪問してはならないとの詔があった)とある(『長編』巻一八〇)ことから、私第における面会を指す。[30]

この規定は自らも両制である欧陽脩の提言によるものである。割註に見える「学士院御書跋尾」とは『欧陽文忠公集』巻七三・雑題跋「跋学士院御詩」のことであり、そこには提言に至る経緯と、彼がなぜかかる提言を行ったかが述べられている。

至和元年秋、余初蒙恩召為学士、嘗因事独対便殿。先帝密諭将幸玉堂、及欲如祖宗時夜召学士、因問唐朝故

事。余奏曰、「唐世学士以献替為職業、至於進退大臣、常参密議。故当時号為内相。又謂之天子私人、其職在禁近。故唐制学士不与外人交通。比来選用非精、致上恩礼亦薄、漸見疎外、無異百司。若聖君有意崇奨、則当漸修故事」。予遂退而建言、不許私謁執政。時人喧然、共以為非。蓋流俗習見近事、不知学士為禁職、旧制不通外人也。

（至和元年秋、私は恩を蒙り召されて翰林学士となって、かつて事によってひとりで便殿にて上奏を行った。先帝〔仁宗〕はひそかに諭して玉堂〔翰林学士院〕に行幸しようとし、さらに祖宗の時のように夜間に学士を召そうとし、そこで唐朝における翰林学士の故事を私に尋ねられた。私は次のように上奏した、「唐代には翰林学士は君主を補佐するという職務を持ち、常に大臣の人事に関する議論に参加していた。よって当時は内相と呼ばれていた。さらに天子の私人とも言われ、近侍することが職務であった。よって、唐制では翰林学士は外部の人間との接触が許されなかったのである。近頃、翰林学士は精選されず、上は恩礼が薄く、徐々に天子の近くから疎外され、百司と同じ扱いになっている。もし陛下が翰林学士を尊重するおつもりならば、徐々に故事を修めるべきである」と。私はこうして退いた後に次のように建言した、「ひそかに執政に面会することを禁止していただきたい」と。時人は大騒ぎして反対した。思うに彼らは俗習に流れ最近の事ばかりを見て、学士が禁職であって以前は他の官僚と接触しなかったことを知らなかったのだ。）

この文言から、欧陽脩の意図は「内相」と呼ばれ大臣の進退にも関与し、また「天子の私人」として外人と交通しなかった唐代の翰林学士の如き権威を復活させることにあったと言えよう。

この時期は、宰相陳執中が台官の度重なる弾劾に遭い中央を退き、代わりに文彦博・富弼が宰相に就任し、政治の刷新が行われつつある時期であった。さらに、この陳執中弾劾の過程において弾劾の急先鋒である殿中侍御史趙抃と、彼の弾劾の手法に異議を唱える知諫院范鎮の対立が起こり、最終的に双方ともに台官・諫官を辞任することとなった。この例に限らず、慶暦新政以来の台諫官による言論の活発化は、ともすれば相手に対する個人的攻撃にまでエスカレートする傾向にあった。

こうした状況に鑑み、欧陽脩は両制に対して詔勅起草のみならず皇帝の顧問としての役割も担った唐代の翰林学士の如き地位を与えることで、政治の安定を図ろうという構想を持っていたのではあるまいか。台諫官との往還が禁止されたことも、過度の接近を防止し両制の独立性を保持するという意図によるものであろう。彼にとっては両制が宰執との面会を制限されることは、そのことによって生じる不都合や批判を差し引いても学士の権威付けに欠くべからざる要素だったのである。

またこの規定はあくまで私第に限定した規定であって、職務上の事由がある場合には中書・枢密院に行って面会を求めることが可能であったことは、欧陽脩の提言を受けて出された詔に「如有公事、許就白於中書・枢密」とある通りである(前引『長編』巻一八〇)。とすれば提言者欧陽脩もそのことは承知済みであった可能性が高く、やはり規定の意図は両制の地位を高めることにあったと思われる。

その後、宰執が両制を自由に接見することを妨げるこの規定は宰執の待遇として相応しくないとの批判が相次ぎ[31]、最終的に嘉祐四年(一〇五九)五月に両制の宰執私第訪問を許可[32]、同六年正月に両制と台官の往還を許可し[33]、おそらくそれ以前に許可されていた諫官との往還を含めて禁止規定は全面的に廃止された[34]。

以上のように、仁宗朝においては三司・開封府・御史台に設けられたような裁判に関する請託に対応するための受謁禁止規定に加え、欧陽脩が「禁職」に相応しい待遇として両制の宰執私第訪問禁止を求め、その結果両制は「宰執を訪問する行為」つまり出謁を禁止された。この待遇としての規定の持つ意味と出謁の禁止が次の神宗朝に援用されることになる。項を改めて見ていこう。

二　神宗朝――「禁謁」の確立

ここまで見てきたように、受謁禁止規定そのものは早くから見られたにもかかわらず、「禁謁」「謁禁」という語が史料に現れるのは神宗朝、熙寧・元豊の頃からである。つまり、神宗朝における変化が「禁謁」「謁禁」という語を生ぜしめたと言ってよかろう。ではその変化とはいかなるものだったのだろうか。

周知の如く、神宗朝前半期すなわち熙寧年間はそのほとんどが王安石執政期であり、いわゆる「新法」が企画・施行された時期である。王安石は新法実施にあたって既存の官僚機構とは別に新たな官庁・ポストを次々と設け新進官僚をこれらに充当していった。その中にあって最も重要な地位を占めたのが中書検正官である。これは中書の属僚として士人を任用し、他官庁の長官を兼任するなどの手段を通じて中書への権力集中を図ったものであり、熙寧三年（一〇七〇）九月に設置された(35)。その検正官の待遇について『長編』巻二一五・熙寧三年九月戊子には、

中書言、「……請置検正中書五房公事一員、毎房各置検正公事二員、並以朝官充。見宰相・参知政事如常朝官礼。……非親属・寺観・職事相干、不許出謁」。従之。

（中書が言った、「……検正中書五房公事一名を置き、各房に検正公事二名を置き、朝官を充て、宰相・参知政事に会う際は常朝官の礼と同じにさせる。……親属・寺観の者・職務上の関係がある者でなければ出謁を許可しないようにしていただきたい」と。これに従った。）

とあるように、親属、寺観の者、職務が関わる者を除いて出謁が禁止された。仁宗朝における両制に対する規定は執政・台諫官等面会対象を限定した上での禁止規定であったのに対し、この規定は面会対象が特定の官員に限

定されていない。この中書検正官に対する規定が後に普遍化される出謁禁止規定の先駆ということになる。一方、受謁が禁じられていたかは明記されていないが、後述のように熙寧九年(一〇七六)になって検正官の受謁を禁じる命令が下されていることから、この時点では制限は加わっていなかったと思われる。

検正官の出謁禁止規定の背景には、新法実施などにより今後多忙を極めるであろう彼らを職務に専念させる意図があっただろう。しかし、ほぼ時を同じくして士人任用が開始された枢密院都承旨に対する規定を見ると、出謁禁止規定は単に職務遂行の円滑化のみを狙って設けられたわけではないと思われる。

枢密院都承旨はそれまで枢密院の吏人が用いられていたが、熙寧三年(一〇七〇)八月、東上閤門使李評が就任し、士人任用が始まった(『長編』巻二一四・熙寧三年八月己卯)。その後、士人都承旨の「接遇体式」の検討が命じられ、九月八日にこれが決定された(『宋会要』職官六-四「枢密院承旨司」熙寧二年(正しくは三年)九月一日・八日)。そして『宋会要』職官六-五「枢密院承旨司」熙寧二年(正しくは三年)九月十二日には、

枢密院都承旨李評言、「欲乞依中書検正五房公事例、除寺観・親属・職事相干外、余不許出入看謁。……」。並従之。

(枢密院都承旨李評が言った、「中書検正五房公事の例に倣って寺観の者・親属・職務上の関係がある者以外は出入看謁を禁止していただきたい。……」と。全てこれに従った。)

とあり、枢密院都承旨にも出謁禁止規定が設けられた。これが都承旨李評本人の提言に係るものであること、中書検正官設置とほぼ同時期である上に「依中書検正五房公事例」と述べられていることから、李評は検正官と同等の待遇を得ようとしてこの出謁禁止規定を求めたと思われる。

同じような動きは翌四年(一〇七一)十月、枢密院検詳官と呼ばれる属僚が枢密院に置かれた際にも生じる。『長編』巻二二七・熙寧四年十月丙辰には、

枢密院編修経武要略、秘書丞・館閣校勘王存、著作佐郎・館閣校勘陳侗、大理寺丞劉奉世、前秀州崇徳県令蘇液、並検詳枢密院諸房文字。……礼遇・添給・日直・人従・出謁之禁、視中書検正官。帯館職及本院編修文字依旧、余差遣並罷。既而存以母老辞、改差秘書丞朱明之。〈新・旧紀並書置枢密院検詳官〉

（枢密院が『経武要略』を編修することとなった。秘書丞・館閣校勘王存、著作佐郎・館閣校勘陳侗、大理寺丞劉奉世、前秀州崇徳県令蘇液を検詳枢密院諸房文字とした。……礼遇・俸給・日直・人従・出謁の禁は中書検正官と同じにした。館職を帯びる者、本院の編修文字の職務は従来通りとし、その他の差遣は全てやめた。その後、王存は母親が高齢であることを理由に辞退し、あらためて秘書丞朱明之を任命した。〈新・旧紀にはどちらも「枢密院検詳官を置く」と書いてある〉）

とある。『経武要略』編修にあたって枢密院諸房に検詳官が置かれることとなった。これは単なる編修官ではなく、『永楽大典』巻三一四五所引の劉攽『彭城集』「故朝奉大夫権知陝州陳君（＝陳侗）墓誌銘」に、

初置二府属官、用人甚重、潞公（＝文彦博）時為枢密使、薦君充選。

（二府の属官を置いた時、その人事を非常に重視した。文彦博は当時枢密使であり、君（陳侗）を推薦して検詳官に充てた。）

とあるように枢密院の属僚としての意味合いが強いものであった。また、陳侗のように枢密使文彦博の推薦により任命された者や、王安石と交遊あるも執政在任中は意見が不一致であったと言われる[36]王存など、王安石寄りとは言えない[37]人事が行われている（王存は母の老を理由に就任せず）。なかには蘇液のように後に曾布との結びつきが指摘される者もいるが、全体として文彦博を中心とした枢密院側が中書に対抗するため属僚を設けたと理解すべきである。とすれば「出謁之禁、視中書検正官」という措置も中書検正官と同等の地位を検詳官に持たせるためのものであろう。

以上のように、中書検正官に倣って設けられた枢密院都承旨・検詳官に対する出謁禁止規定は、単に職務上の問題によるものではなく、他の官僚との接触機会を制限することで宰属としての権威付けを行うという意図があったのである。この規定の意図は前項で見た欧陽脩による両制の規定と同様と言うことができよう。

この出謁禁止規定は、従来の受謁禁止規定と組み合わされて在京諸官庁に適用されていく。まず、『長編』巻二七二・熙寧九年(一〇七六)正月甲申には次のようにある。

詔、「在京官司非廨舎所在者、雖親戚毋得入謁。三司・開封府・司農寺・審官東西院・流内銓・兵部・軍器都水将作監・提挙在京諸司庫務・提点倉場司・市易司・商税院・開封祥符県左右勾当公事・編修勅令式条例官、非仮日毋得出謁及接見賓客。開封府司・軍巡院、仮日亦不許接見賓客、止許出謁。内中書・枢密院検正検詳習学公事、刑部・大理寺・審刑院官、雖仮日亦禁之」。其後、応在京司局、非仮日亦無得出謁、違者并接見之人各徒二年。

(詔した、「在京官司については廨舎(官舎)がある所でなければ親戚も入謁してはならない。三司・開封府・司農寺・審官東西院・流内銓・兵部・軍器監・都水監・将作監・提挙在京諸司庫務・提点倉場司・市易司・商税院・開封県祥符県左右勾当公事・編修勅令式条例官は、休日でなければ出謁と賓客の接見を禁止する。開封府司・軍巡院は休日も賓客を接見してはならず、出謁のみ許可する。在京官司のうち中書検正官・枢密院検詳官及び習学公事、刑部・大理寺・審刑院官は休日も出謁を許可しない」と。その後、全ての在京司局は休日でなければ出謁を禁止し、違反した者は接見した者とともに徒二年とした。)

正月甲申に、三司以下先に見た中書検正官など諸官庁・官僚に受謁・出謁禁止規定が設けられた。さらにその後、在京司局全体に休日以外の出謁が禁止されたとあるが、これについては『宋会要』職官六-七「枢密院承旨司」熙寧九年五月八日には、

枢密副都承旨張誠一言、「伏見中書・枢密院検正・検詳官、非仮日不得看謁・接見賓客。惟枢密院都承旨・副都承旨未見該説。今欲応在京司属、非仮日不得看謁及接見賓客、非廨宇所在者、雖親戚不得入謁。違者并接見之人、各徒二年。職事相干者、勿拘」。従之。

（枢密副都承旨張誠一が言った、「伏して見るに中書検正官・枢密院検詳官は休日でなければ看謁と賓客の接見を許可されていない。ただ枢密院都承旨・副都承旨には該当する条文がない。全ての在京司属は休日でなければ看謁と賓客の接見を禁止し、官舎がある所でなければ親戚も入謁してはならないこととし、違反した者は接見した者とともに徒二年として、職務上の関係がある者は対象外としていただきたい」と。これに従った。）

とあり、この規定が設けられたのは五月八日ということが確認できる。(38)正月に設けられたのは主要官庁に対する受謁・出謁禁止規定であり、そこには官庁の種類により次のような差等が設けられている。

① 勤務日受謁・出謁禁止＝三司・開封府・司農寺等
② 勤務日受謁・出謁及び休日受謁禁止＝開封府司録司・左右軍巡院
③ 受謁・出謁全面禁止＝検正官・検詳官・刑部・大理寺・審刑院

これらのうち、仁宗朝に問題となった司法官庁については、刑部・大理寺・審刑院は中書検正官・枢密院検詳官とともに最も厳しい規定の対象となっているが、一方で三司・開封府本府は勤務日のみの禁止となっている。(39)ただ、開封府における「戸婚の訟」担当の開封府司録司、同じく「京城争門及び推鞫」担当である左右軍巡院は本府と別個に規定の対象となっている上、後に大理寺と同じく受謁・出謁全面禁止となっている。(40)つまり最終的には勤務日のみの面会を禁止された行政官庁と、休日の接触も禁止された宰属・司法官庁という区分になったのである。この区分からは裁判に関する請託に対する警戒が強く感じられる。

元豊期の禁謁の特徴としてもう一つ、規定対象の地方官への拡大を挙げておこう。元豊二年(一〇七九)には在京の管軍臣僚と路レベルの兵官・将副・押隊使臣の受謁・出謁が禁止され[41]、同六年五月には知州・通判・知県の勤務日出謁が禁止され[42]、六月には安撫司の属官に対し「禁謁」が設けられている[43]。

以上見てきた熙寧・元豊期の受謁・出謁規定を整理すると、①面会対象を限定しない出謁禁止規定が現れ、②受謁禁止規定と一括して在京諸官庁に対し適用され、③地方官への対象の拡大が見られた、という特徴を挙げることができよう。つまり、これまで個別の官庁・官職に対して設けられていた規定が普遍化されるとともに、面接対象を限定せずに出謁も禁止し、また裁判機能を有する各官庁に対してはより厳格な規定を設けることで請託を厳しく取り締まるという方針が採られたのである。この時期に一連の規定に「禁謁」「謁禁」という呼称が用いられるようになったことの背景には、こうした規定の普遍化・厳格化があったのである。

この禁謁規定の普遍化は、神宗朝における法令編纂の動向と関係があるのではないだろうか。王安石新法期、その後の神宗親政期と、一貫して神宗朝には多くの法令編纂が行われ、これらは勅令格式という宋代独自の法典形式へとつながっていく。勅令格式という方式を整え、この方式による「海行法」(一般法)・「一司一路一州一県勅」(特定官庁・地域に適用される特別法)を多く設け、施行細則や罰則を明文化した上でそれに則って行政を進めていくという神宗朝における法令編纂の傾向[44]が、禁謁規定の普遍化に現れているように思われる。

三　哲宗朝以降の推移

哲宗朝以降も禁謁規定は継承されるが、細部には改変が施される。第一に、神宗没後間もなく地方の兵官に対する禁謁が緩和されている。元豊八年(一〇八五)七月(哲宗即位未改元)には開封府界・京東・京西路の将兵官の

「謁禁」がやめられ、(45)翌元祐元年（一〇八六）四月には諸路兵官・縁辺都監・武臣知城県等の禁謁が緩和されている。これについて『長編』巻三七四・元祐元年四月辛卯には、

知大名府韓縝言、「路分兵官・将官不得出謁接見賓客、僅同囚禁、恐非待将之体。乞賜删除禁約、以示優恩」。詔、「諸路分兵官・将副・縁辺都監・武臣知城県及堡寨主、非本処見任官、不得往謁及接見。如職事相干並親戚、並聴往還。其往謁及接見賓客違法、幷見之者、各杖一百」。

（知大名府韓縝が言った、「路の兵官・将官は出謁と賓客の接見を禁止されているが、これでは拘禁されている罪人と同じようなもので、将校の待遇に相応しくない。禁止条項を削除し、優恩を示していただきたい」と。詔した、「およそ路の兵官・将副、縁辺の都監、武臣の知城県・保寨主は、本処の現任官でなければ往謁と接見を禁止する。職務上の関係がある者や親戚については往還を許す。往謁し、また賓客を接見して違反した者は、面会した者とともに各々杖一百とする」と。）

とある。これ以前の規定の詳細は不明であるが、韓縝の言は規定の廃止を求めるものであるから、これに応えた詔は以前の規定を緩和する内容のはずである。

この緩和の動きは中央官に対する規定においても見られる。『長編』巻三七六・元祐元年四月辛亥には次のようにある。

監察御史韓川乞、「除官局依旧不許接賓客、外内禁謁、並行廃罷」。監察御史上官均乞、「除開封・大理官局依旧禁謁外、其余一切簡罷。如罷禁後、大小之臣或敢挟私背公、慢職玩令、執法言事之吏、得以糾挙上聞、黜之謫之、誰敢不服。其於治体、実非小補」。尚書省看詳、「禁謁之法、蓋防嘱請、或於職事妨廃。其安撫司管勾機宜文字・勾当公事官、難為均立条禁、今欲删去。及台諫・開封府・大理寺官・在京管軍臣僚、各依旧条外、其内外法禁太重、理合裁損。及在京通用等条件至繁、及有拘礙未尽、宜随事改修。所有申明朝旨内門

客・僧道・伎術許往還一節、已於下条修立。管勾荘産・媒保之類、并得朝仮、不限禁謁。亦自依旧兼不係改修条内所立刑名、宜依今来所定、其旧係徒二年、悉従杖一百、本応軽者、職従本条」。并従之。〈新録於「小補」下刪修云、「尚書省看詳参用旧条、申飭禁謁之制、其旧係徒二年者」云云〉

（監察御史韓川が、「官局で従来通り賓客の接見を許可しないほかは、内外の禁謁を廃罷していただきたい」と要請した。監察御史上官均も次のように要請した、「開封府・大理寺の官局には従来通り禁謁を設け、その他は全て緩めるか廃止するかしていただきたい。もし禁止規定を廃止した後に大小の臣僚が敢えて私情を挟んで公儀に背き、職務怠慢・法令無視があれば、執法言事の官が弾劾することを許し、これを降官・出外させても誰が不服を申し立てるだろうか。治体において実に補うところ大であろう」と。尚書省が次のように看詳した、「禁謁の法は請託を防止するためのものであるが、職務を妨げるという弊害もある。安撫司管勾機宜文字・勾当公事官については条禁を設けることは困難であるので両者については条文を削除したい。また、台諫・開封府・大理寺の官、在京の管軍の臣僚についてはそれぞれ旧条通りとするほかは、内外の法禁は重すぎるので裁損すべきである。また在京通用勅等の条文は煩雑で、議論し尽くしていない問題点があるので各々改変しなければならない。およそ、申明した朝旨の中で「門客・僧侶道士・伎術官（医官等）は往還を許可する」との一節は既に下条で修立した。土地の管理人・媒酌人の類や休暇を得た者は禁謁の対象外とする。また、旧条通りとするものと、改修した条内に立てている刑罰の対象にならないものは、現在定めているところに従い、以前は徒二年とされていたものは全て杖一百とし、軽くすべきものはその職は本条に依拠せよ」と。全てこれに従った。〈『新録』では「小補」の字の後は「尚書省が次のように看詳した。旧条を参用し、禁謁の制に従うようにあらためて戒め、以前は徒二年とされていたものは」云々と書き直されている〉）

これによると監察御史韓川・上官均が開封府・大理寺以外の禁謁を廃止するよう求めたことを受け尚書省が看詳し、安撫司管勾機宜文字・勾当公事官の禁謁は削除、台諫官・開封府・大理寺・在京管軍臣僚は従来通り、内外の禁謁の重すぎるものは裁損するほか、罰則については、従来通りとされたもの及び改修条内で刑名が明記されていないものは今回定めるところに従い、従来徒二年とされていたものは杖一百とする、と答申した。割註によると『新録』(紹興『哲宗実録』)では尚書省が「参用旧条、申飭禁謁之制」したとあったようだが(『宋会要』刑法二-三七も『新録』と同内容)、徒二年を杖一百とした点は『長編』本文の内容(おそらく『旧録』＝大観『哲宗実録』に依拠)と変わらない。この徒二年から杖一百への変更は単に五刑の上で三等を減じた以上に大きな意味を持つのだが、そのことについては次節で論じるとして、ここでは違反者の罪が減じられたことが規定適用に消極的な姿勢への変化を示していること、また『事類』に残されている規定には徒罪とされているものが多いことから元祐期の軽減措置は一時的であったと思われることを確認するにとどめる。

ただ一方で禁謁規定は完全に廃止されたわけではなく、例えば門下・中書後省及び詳定重修勅令所删定官・検詳文字使臣については、『長編』巻三九二・元祐元年(一〇八六)十一月壬午に、

尚書省言、「門下・中書後省幷詳定重修勅令所删定官・検閲点検文字使臣、並依在京職事官禁謁法」。従之。
(尚書省が言った、「門下・中書後省と詳定重修勅令所删定官・検閲点検文字の使臣は全て在京職事官の禁謁法と同様にしたい」と。これに従った。)

とあり、「在京職事官禁謁法」に倣うとされた。また、交通の要衝にあたる州県の官僚に対する禁謁が命じられる等[46]、必要に応じて個別的な命令は下されている。

これが哲宗親政期を経て次の徽宗朝になると、再び内外諸官庁・官僚に対して禁謁を徹底しようとする動きが出てくる。『宋会要』刑法二-六四「禁約」政和五年(一一一五)八月十一日には、

刑部・大理寺奏修立到条法、「諸臣僚枢密院都承旨・左右司郎官〈一省録事・都事、枢密院逐房副承旨、差守闕当官、法司及貼司同〉・大理寺・開封府・国子監・太学・辟廱官〈赤県若左右廂県勾当公事〉、不許出謁及接見賓客。翰林学士承旨・翰林学士・給事中・中書舎人・起居郎・起居舎人・太子侍読侍講・尚書刑部・

殿中省官・司農寺長弐丞、並禁出謁〈仮日即見客〉。尚書省官六曹・秘書省及寺監・御史台検法・主簿、遇仮日聴出謁、仍許見客」。従之。

（刑部・大理寺が修立した条法を上奏してきた。そこには次のようにあった。「およそ臣僚は、枢密院都承旨・尚書省左右司郎官〈一省録事・都事、枢密院逐房副承旨、差守闕当官、法司、貼司も同じ〉・大理寺・開封府・国子監・太学・辟廱官〈赤県もしくは開封府左右廂県勾当公事〔も同じ〕〉は、出謁と賓客の接見を禁止する。翰林学士承旨・翰林学士・給事中・中書舎人・起居郎・起居舎人・太子侍読侍講・尚書省刑部・殿中省官・司農寺長弐丞は全て出謁を禁止し〈休日は賓客の接見を許可する〉、尚書省六部〔除く刑部〕・秘書省・寺監・御史台検法官・主簿は休日には出謁と賓客の接見を許可する」。これに従った。）

とある。熙寧九年（一〇七六）の在京諸官庁に対する規定以来の大規模な制度改定であるが、熙寧の禁謁規定と異なる面もある。まず規定の差等であるが、規定の緩やかな方から並べると、

① 勤務日出謁・受謁禁止＝尚書省六部（除く刑部）・秘書省・寺監・御史台検法官・同主簿
② 勤務日出謁・受謁及び休日出謁禁止＝翰林学士・給舎・起居官・尚書省刑部等
③ 出謁・受謁全面禁止＝枢密院都承旨・尚書省左右司郎官・大理寺・開封府・国子監等

となる。②の対象である官僚のうち、翰林学士については仁宗朝以降の受謁禁止規定の変遷は不明であり、熙寧九年五月の在京百司の禁謁法が適用されていたのかも知れない。また給舎・起居官については前引『長編』巻三九二・元祐元年十一月壬午によると同じく在京百司の禁謁法（勤務日受謁・出謁禁止）が適用されていたはずである。とすれば政和五年の規定はこれらに対して新たに休日出謁も禁止したことになり、全体として規定の厳格化の方向で捉えて差し支えないであろう。

そのほか、政和七年（一一一七）には尚書省六部の禁謁法を業務の繁簡に応じて定める等細かな改変を示す史料(47)

もあるが、両宋交替期の混乱から現存する史料は少ない。ここまで見てきた史料から哲宗朝以降の禁錮について大まかな傾向をまとめておくと、やはり新旧法党の政権交替が影響していると思われる。神宗朝に確立された禁錮が、哲宗朝・元祐旧法党政権期には違反者に対する刑罰が大幅に軽減され、また一部の官については禁錮がやめられるなど緩和の動きに向かったのに対し、徽宗朝・新法党政権期には再び厳格化の方向へ向かっていったのである。

四　南宋期——大理寺官禁錮の強化

最後に南宋期における禁錮規定について述べておきたい。高宗・孝宗両朝には、以前に出されたものと同様の規定が再発布されたり、「申厳」という形で既存の規定の遵守を求めるといったことが行われていることは確認できるものの(48)、史料の制約から南宋の禁錮制度の展開を通時的に追うことは困難である。ただその中にあって、淳熙末に大理寺に対する禁錮規定が強化された時期がある点が注目される。もっとも、大理寺官に対する待遇・管理はこれ以前から問題視されており、ここでは紹興期から話を進めたい。

まずは南宋における大理寺官の地位について述べておこう。例えば沈該に対する弾劾で大理評事の人事が彼との縁故で行われていることが指摘されている(49)。また、袁説友『東塘集』巻九・奏疏「論刑獄当重疏」には、

朝廷設刑法之科、毎一歳而一試、其中選者、不一二年遂得廷評之職、至有不期而来者。夫以廷評之要任為任子躐升之階。又一寺之法、皆廷評先以接究、自此而升之、可以為正・丞、又上而為郎、進而為侍従矣。然則廷評之官、固非軽選、其視館閣之遷、其速相似。

（朝廷は刑法の科を設け、毎年一度試験を行い、合格した者は一二年せずに廷評の職〔大理評事〕を得ることができ、

その結果予想外の人材が就任することになる。つまり廷評の要任が任子の昇進の階梯となっている。さらに大理寺の法では、廷評は最初に取り調べを行う官であり、ここから昇進して大理正・丞となることができる。さらに昇進して尚書省の郎官となり、侍従にまで昇進することもある。従って、廷評の官はもとより軽選ではない。館閣の遷転と比べると、その速さはほぼ同じである。）

とある。このように当時は大理寺官は昇進に有利に働くポストであったが、このことには重大事件の取り調べに関与するという職務上の性格が関係していると思われる。前引『東塘集』には、

寺固有門禁也。而今之胥輩、可以無故而出、外之遊民、可以無故而入。若適於康荘之衢、而挙無禁。遂使胥輩得持獄情以受賕、而遊民得託金銭以変法。而用刑、臣恐如庸医用薬、必有不得其死者、是豈可不為之所哉。今寺之丞・正、亦有作室於寺中、日使士大夫往来於公門、而天子之獄、殆不過為丞・正犒賓之地。此弊大不可也。

（大理寺には門禁というものがある。しかしいまの胥吏どもは理由なく外出し、外部の遊民どもも理由なく進入してくる。街角で会うことについては禁令は全くない。こうして胥吏が裁判の事情を利用して賄賂を受けることを可能にし、遊民が金銭を託して裁判に手心を加えてもらうことを可能にしている。刑罰を用いることについて、私はやぶ医者が薬を〔誤って〕用いるように、まともな死に方ができない者が出るのを恐れる。どうして対処しないでよかろうか。いま、大理寺正・丞は居室を大理寺中に作り、毎日士大夫を公門に往来させ、天子の獄が正・丞が賓客をもてなす場と化している。この弊害は大いに宜しくない。）

とあり、「門禁」があるにもかかわらず大理寺官が出謁・受謁を繰り返していると指摘されている。このように職務上の特権を利用して請託を図る法官が既に北宋から存在していたことは先に引用した『青箱雑記』にも見えるが、南宋期にはこうした活動がより活発になり、大理寺官の側が職務上の特権を利用して高位高官に便宜を図

り、一方権力者の側もこうしたポストに自らの縁故者などを就けるという構図が顕著になったのであろう。

こうした大理寺官の活動には、秦檜が政敵追放に用いた詔獄が関係していると思われる。詔獄とは皇帝の詔旨を受けて設けられる獄で、本来は制勘院・推勘院といった臨時の部局が同文館等に置かれた臨時法廷で審理したが、秦檜専権時代には制度化が進み、大理寺の獄で行われることが一般的となった(50)。このことが権力者と大理寺官との癒着を促進したと思われる。

こうした事態に対処すべく、大理寺あるいは大理寺官に対しては禁謁が強化されるとともにその居住形態にまで制限が加えられるようになった。『宋会要』職官二四–二二「大理寺」紹興二十年（一一五〇）九月一日には、

詔、「起造大理寺、可一就於所移地段内、量行蓋造吏院、自治獄・都轄至推司家属、並令就院内居住、厳其出入之禁」。従寺丞石邦哲請也。

（詔した、「大理寺を建設し、移転先に吏院を建て、治獄・都轄から推司に至るまでの家族を院内に居住させ、出入の禁を厳しくせよ」と。大理寺丞石邦哲の要請に従った。）

とあり、いまだ秦檜は存命中であるが、大理寺丞石邦哲の請により治獄・都轄から推司までは家族を伴って大理寺内に居住し、出入の禁を厳しくすることが定められた。これは大理寺の末端に対する措置であるが、孝宗朝に入ると上位の官僚に対する規定も厳格になっていく。『宋会要』方域四–二〇「官廨」淳熙七年（一一八〇）五月十一日には、

詔臨安府修蓋大理寺評事廨宇。以刑部尚書謝廓然言、「獄情貴乎厳密、評事散居於外、乞以本寺空地創廨宇」、故有是詔。

（臨安府に詔して大理評事の官舎を建てさせた。刑部尚書謝廓然が、「裁判の事情は機密にしておかなければならないが、大理評事は大理寺外に散居しているので、寺内の空き地に官舎を建てて欲しい」と言ったためである。）

とあり、大理評事を寺内の官舎に居住させた。またこの後に治獄・正丞、さらに断刑官の「廨舎」を修蓋しているが[51]、これも寺内に居住させることを想定してのものであろう[52]。

こうした措置の後、淳熙十六年（一一八九）に大理寺に対する禁謁規定が強化された。まず『宋会要』職官二四-三八「大理寺」淳熙十六年三月四日には、

詔、「廷尉天下之平、日来官吏出入無時、賓客日有請嘱。泄漏之弊、無以隔絶。日後不得接見賓客、雖仮日亦不得出謁、如有堂白公事、止申朝廷。司直・寺簿亦令就寺居止」。

（詔した、「廷尉〔大理寺〕は天下の〔法律を用いて善悪を定めるための〕秤であるが、日々官吏がひっきりなしに出入りし、賓客も毎日請託を行っている。このままでは情報漏洩の弊害をなくすことはできない。今後、賓客を接見することを禁止し、休日も出謁を禁止する。もし都堂に報告すべき公事があれば、朝廷に上奏せよ。大理司直・主簿も寺内に居住させせよ」と。）

とあり、大理寺官の受謁・出謁禁止が申厳された。それとともに大理司直・主簿の寺内居住も命じられており、他の官僚も含めて再度「門禁」を徹底させる意図があったのであろう。この規定は、同十月五日に休日出謁は許可された[53]ものの相当徹底されたようで、同職官一五-二六「刑部」淳熙十六年十一月十八日には、

刑部侍郎呉博古言、「本部一司崇寧専法、奏獄及縁法今（令?）事応議者、召大理寺丞以下議。近有専降指揮、大理寺官不得出謁、以致未敢照用旧法。乞今後本部遇有合議刑名、許従旧法請大理寺官赴部商議」。従之。

（刑部侍郎呉博古が言った、「本部〔刑部〕の一司崇寧専法では、「奏獄と法令に依って議論すべき事は大理寺丞以下を召して協議せよ」とある。近頃専降の指揮があり、それによると大理寺官の出謁を禁止するとのことであった。その結果、旧法を照用できない事態になっている。今後は本部が議論すべき案件があれば、旧法通りに大理寺官が刑部に赴いて協議することを刑部が要請できるようにしていただきたい」と。これに従った。）

とあり、刑部との合議の際には大理寺官の外出を許可して欲しいとの刑部侍郎呉博古の言が見える。こうした本来果たすべき職務に支障が生じるほど厳格に禁謁規定が適用されていたのである。しかし程なくして請謁は再び横行するようになったようで、紹熙二年（一一九一）には大理寺長弐に対して出謁禁止が申厳されている[54]。

以上のように、南宋においては大理寺の官僚が権力と結びついて不正を行うことが甚だしくなり、これに対処するために禁謁規定の申厳が行われた。この措置とともに官僚の居住地に対する制限も加えられ、請託を防止しようとする強い意志が看取できるものの効果が挙がったかは疑問である。

ここまで、北宋から南宋中期にかけて設けられた禁謁規定についてその意図・背景を考察してきた。禁謁規定は諸々の請託の増加を契機として設けられた規定であり、主に業務停滞の解消、職務の円滑な遂行を目的としていた。当初は受謁を禁止する規定が主であったが、時には規定対象となるポストの権威付けなどの意図を含有しながら次第に出謁も禁止する方向に拡大され、様々な官庁に対して設けられたのである。

しかしこの規定によって請託・不正行為が防止できたわけでは決してないことは史料を見れば明らかである。節を改めて、禁謁規定の適用実態と処罰例を見ていこう。

第三節　禁謁の適用実態と処罰例

禁謁規定について、本節では次の二つの点に検討を加えてみようと思う。第一は、規定違反に対する監視が十分に行われ、官僚の側も規定の存在を意識して行動していたか否かという点である。第二に、規定違反者が出た場合に法律に準拠した処罰が行われていたか、処罰はいかなるケースにおいて行われていたかという点である。以下、規定の適用実態と処罰の具体例について見ていこう。

一　適用実態

前節において、「禁謁」と称される規定は熙寧・元豊期に確立したことを述べた。それは受謁禁止と出謁禁止が組み合わされるに至ったことが理由であったが、規定に基づく取り締まりの強化という点から見てもこの熙寧・元豊期を画期とすることができる。

先に見たように受謁禁止規定自体はすでに真宗朝において様々な官庁に対して設けられていたが、これによって請託の風潮が抑制できたとは考えにくい。宋代には科挙に及第した後も選人から品官になる(改官)際や、それ以降の昇進にあたっても一定数の推薦人が必要とされ、高位高官の知遇を得ることが重要な意味を持つようになった。かくして「奔競の風」が助長されるに至り、先述のように職務の妨げとなるほど官庁への訪問が行われたのである。これは政府の中枢である中書においても同様で、景徳四年(一〇〇七)に二府における賓客接見は「聚庁見客」を基本とするという規定が設けられた[55]ことが影響して、中書の賓客接見があまりにも少なすぎるという批判が起こった。『長編』巻八四・大中祥符八年(一〇一五)四月甲子には、

上謂王旦曰、「上封者言中書不言事、罕接賓客、政令頗稽滞」。旦等曰、「……罕接賓客、誠亦有之。如転運使副・提点刑獄・辺要藩郡守臣及非次将命群臣、陛辞之後、未嘗不見。或齎到箚子者、観其所述、可以詳悉、泊復詢問、即渉徼求。……」。皆再拝、上慰諭之。

(真宗は宰相王旦に言った、「上封する者は、中書が事を言わず、賓客を接見することも稀で、政令が滞っていると

言ってきている」と。王旦等は言った、「……賓客を接見することが稀であるというのは確かに事実である。しかし、転運使副・提点刑獄・辺要の地の知州や特命を帯びた官僚などは、朝辞の後に必ず接見している。時には、箚子を提出してくる者がいて、詳細を聞いてみようと思い本人を呼び出して問い質してみたところ、結局その者は請託を行うだけということもある。……」と。全員が再拝し、真宗はこれを慰諭した。）

とあり、「罕接賓客」という上封者の批判に対し宰相王旦等は、転運使など会うべき者には会っているし、箚子を送ってくる者を実際に呼び出して意見を聞いてみれば私的な要求をするに過ぎない、と現状を説明している(56)。

請託の横行は仁宗朝になっても変わらず、これに対して司法官庁には受謁禁止規定の申明が繰り返されたのは前節で見た通りであるが、規定を積極的に適用して取り締まりを強化しようという意図は希薄であった。再三言及しているが、『青箱雑記』巻二には「皇祐・嘉祐中には謁禁はなく法官を中心として請託が甚だしかった」とあるほか、王得臣『麈史』巻上「忠讜」には、

鄭毅夫為三司塩鉄判官、時文禁頗寛略、余嘗入省見之。張伯玉公達与鄭同部、余幸数聴二公持論。

（鄭毅夫(獬)が三司塩鉄判官であった時、法令は頗る寛略であったので、私はかつて三司に入って彼に会うことができた。張伯玉(字公達)は鄭獬と同僚であり、私は幸いにして何度も彼らの持論を聞かせてもらった。）

とある。史料に見える人物からこれは仁宗朝末期のことと見てよいであろう(57)。この時期には「文禁(法令)頗寛略」であったため王得臣は三司を訪れて彼らと面会し話を聞くことができたという。裏を返せば北宋末（『麈史』は政和五年（一一一五）成書）には規定が厳しかったということになる。

一方で、煕寧・元豊すなわち禁謁規定確立以降は、規定による不便を述べる官僚が現れ、また法令における刑罰の記載が具体的になることから、規定を積極的に適用しようという意図が強かったと思われる。例えば『宋会要』職官一七-二四「御史中丞」煕寧九年（一〇七六）十一月七日には、

権御史中丞鄧潤甫言、「諸路置局編修制勅官、非仮日不許看謁及接見賓客。今御史中丞、以言事為職、若須仮日接見賓客、即無由聞知外事。乞免謁禁」。詔、「台諫官兼局不許接見賓客処、許見客」。

（権御史中丞鄧潤甫が言った、「およそ局を置いた編修制勅官（「路」は衍字か）は、休日でなければ看謁と賓客の接見を禁止されている。いま、御史中丞は言事を職務としており、もし休日になるのを待ってようやく賓客を接見できるのであれば、外事を知る術がない。謁禁を免除していただきたい」と。詔した、「台諫官で賓客の接見を禁止されている部局を兼任している者は、接見を許可する」と。）

とあり、規定の対象外であった台諫官が受謁禁止対象の部局を兼任する際には、本職である台諫官としての職務を遂行することを優先して受謁を許可するとされた。つまりそれ以前は他局を兼任する台諫官にも禁謁が適用されていたことになる。また『宋史』巻三四一「王存伝」には前後の内容から元豊年間のものと思われる王存の「官司謁禁、本防請託、而弔死問疾、一切杜絶、皆非便」との言が見え、弔問や病気の見舞いなど日常的行為にも規制が加わったことに対する反対を行ったという。規定の適用が厳格であったことが窺える。

また、仁宗朝以前の受謁禁止規定には刑罰の具体的な記載が少なく、あっても「違制」（一般的な詔勅違反）に充てるといった記載にとどまる（『宋会要』刑法二-一二）。一方で禁謁確立期の法令には「徒二年」と明確に記されているものが見え（『宋会要』職官六-七）、規定適用・処罰執行に対する積極的な姿勢が現れている。

しかし南宋期に入ると、再三官僚による禁謁遵守を求める上奏が行われていることから、規定は徐々に空文化し、それを取り繕うための申厳が行われるということの繰り返しだったと思われる。この背景にはいわゆる専権宰相と称される、強大な権力を持つ宰相の登場が挙げられる。秦檜を筆頭とする専権宰相は、例えば私第で政務を執るなど、官僚システムから逸脱した行動を取るケースが目立った。(58) こうした政治形態においては官僚同士の接触に対し制限を加えることなど望むべくもなかったであろうし、そもそも権力の側もかかる規定を積極的に適用したとは思えない。

南宋期についてもう一つ注意すべきは、地方における適用実態である。先に引用したが、知州・通判・知県については、元豊期に定められたこのような禁謁規定が南宋にも残存していた。

諸知州・通判・県令、非仮日輒出謁及賓客受謁者〈臣僚経過、依令不応迎送而迎送、及見之者同〉、各徒一年。（『事類』巻四・職制門一「禁謁」の職制勅）

（およそ知州・通判・県令は、休日でないのに出謁したり賓客を接見した者は〈臣僚が域内を通過し、令に迎送すべきではないとあるのに迎送した者、及びこれに面会した者も同じ〉、各々徒一年とする。）

ここでは知州等に「休日でないのに出謁・受謁した者は徒一年」という規定が設けられているのであるが、これと相反することを朱熹が言っているのである。『朱子語類』巻一〇六・外任「潭州」には、

而今官員不論大小、尽不見客。敢立定某日見客、某日不見客。甚至月十日不出。不知甚麼条貫如此。此礼乎、法乎。可怪。不知出来与人相応接少頃、有甚辛苦処。使人之欲見者等候不能得見、或有急幹欲去、有甚心情等待。欲呑不可、欲吐不得、其苦不可言。此等人、所謂不仁之人、心都頑然無知、抓著不痒、掐著不痛矣。小官嘗被上位如此而非之矣、至他栄顕、又不自知矣。因言夏漕毎日先見過往人客了、然後請職事官相見。蓋恐幕職官稟事多時、過客不能久候故也。潭州初一十五例不見客、諸司皆然、某遂破例令皆相見。〈先生在潭州毎間日一詣学、士人於見斎中、官員則於府署。僴〉

（現在の官員は大小なくみな賓客に会おうとしない。某日は賓客に会い、某日は賓客に会わないと殊更に決めている。甚だしいものは月に十日も出てこない。一体何の条貫があってこうするのか。これが礼と言えるか、法と言えるか、不思議なことである。出てきてわずかばかりの時間を使って人に応対することに何の苦労があるのか。面会を求める人を待たしておいて会わない。急な用件があって暇を告げに来た者もいるというのに、彼らはどのような心情で待っ

ているだろうか。飲み込もうとしても吐こうとしてもできないようなこの苦しみは筆舌に尽くしがたい。こういう人々はいわゆる不仁の人なのだ。心は頑固で知ることもできない。引っ掻いても痒くなく、つねっても痛くない。属僚は上司がこのようにしているのを見て批判していたのに、いざ自分が昇進すれば同じ事をしているのに気がつかない。そこで先生〔朱熹〕は夏転運使の話をした。夏転運使は毎日最初にその土地を通過する賓客と面会し、その後に職事官を呼んで会った。思うにこれは、幕職官が報告してくることが多い時には通過する賓客は長い間待っていることができないことを慮ってのことだろう。潭州では月の一日・十五日には賓客と面会しないのが通例であり、諸司はみなそうであったが、私はこの通例を破ってどちらの日も面会できるようにした。〈先生は潭州にいた時に、隔日で州学を訪れ、また士人とは郡斎で面会し、官員とは官庁で面会した。〔沈〕僩〉

とある。朱熹は、賓客との面会に制限を設け、なかには月に十日も姿を見せない者がいることを「一体何の条貫があってこうするのか」と批判している。また自身も月の一日・十五日に賓客と会わないとする潭州の慣例を破ったと言っている。朱熹の口振りはあたかも禁謁規定など存在しないかの如くである。

このほかにも管軍官が禁謁を忠実に守っていたところ周囲から怨嗟の声が上がったことを記す史料もあり(59)、南宋期には請託防止という本来の目的に忠実な形での規定適用は甚だ困難であったと思われる。また地方官の側にもこうした規定に対する意識が希薄な者が多かったのではないだろうか。

二　処罰の具体例

次に処罰の具体例を見ていこう。禁謁規定違反による処罰の例は非常に少ないが、ここに挙げる二例はいずれも熙寧・元豊期のものであり、ここまで述べてきた当該時期の画期性を示すものである。『長編』巻二八五・熙

寧十年（一〇七七）十一月己酉には、

詔、「右千牛衛将軍（趙）世奨等五人免追官・勒停、聴罰金」。坐私接賓客、罪至徒二年、上特寛之。

（詔した、「右千牛衛将軍趙世奨等五人の追官・勒停を免じ、罰金とすることを許せ」と。ひそかに賓客を接見し、本来は徒二年とするところを、神宗が特に減刑した。）

とあり、宗室趙世奨等五名が「私接賓客」の罪を犯して罰金処分を受けている。宗室に対する受謁禁止規定の詳細は不明であるが、本来徒二年に充てられるべきところを罰金で済まされている。熙寧・元豊期に禁謁規定に基づく監視・取り締まりが厳格に行われていたことを示す一例と言えよう。

また元豊二年（一〇七九）には、「太学獄」に関連して学官に対し禁謁違反による処罰が行われた。前年十二月に建州の進士虞蕃が太学の講官の不公・怠慢を訴え、開封府で取り調べが行われたが、権知開封府許将が関係者を擁護する動きに出たため事件は御史台に移送され、当時御史であった舒亶・蔡確により許将をはじめとする関係者が弾劾・処分された。その中で学官に対する処分について、『長編』巻二九九・元豊二年七月癸巳には、

詔、「殿中丞・国子監直講龔原追一官勒停、展三期叙。国子監直講・和州防禦推官・審官西院主簿沈銖、国子監直講・潤州金壇県令葉濤、各罰銅十斤、銖勒停、濤衝替」。……濤坐受（生員張）育茶紙、幷非仮日受生員謁。

（詔した、「殿中丞・国子監直講龔原は追一官・勒停、三期の叙を展す。国子監直講・和州防禦推官・審官西院主簿沈銖と国子監直講・潤州金壇県令葉濤は各々罰銅十斤、沈銖は勒停、葉濤は衝替とする」と。……葉濤は生員の張育から茶紙の贈り物を受け、また休日でないのに生員の訪問を受けたことで処罰された。）

とあり、葉濤の処分（罰銅十斤・衝替）は生員から茶紙を賄賂として受け取ったこと及び休日でないのに生員と面会したことによるという。

この葉濤に対する処分は高官をも巻き込んだ大きな事件の一端であるが故に史料に記され残ったわけであるが、ほかにも違反者がいて処分を受けていた可能性も否定できない。しかし、禁謁違反に対する罪はせいぜい徒二年止まりであり[60]、ほとんどが罰銅などの懲戒処分で済まされていたために記録に残っていないのではないかと思われる。

また、前節で哲宗朝においてそれまで徒二年であった罰則を杖一百に軽減したことを指摘したが、これは単に罪三等を減じた以上の意味を持つ。仁宗朝において三司・開封府・御史台の受謁禁止規定違反が「違制」とされている(『宋会要』刑法二―二二)ことから、規定違反は私罪扱いを受けていたと思われる。一方、官僚・選人の犯罪歴は磨勘や改官の際に問題とされ、私罪徒以上の罪は杖以下に比べて著しく不利に働いた[61]。つまり徒罪から杖罪への変更により処罰者の履歴上の不利益は極端に軽減されることとなり、従って規定の持つ抑止力も弱まったであろう。前節において杖一百への変更が規定緩和措置として大きな意味を持っていたと述べた理由はここにある。

南宋においては禁謁を理由に処罰を受けているという事例は史料には出てこない。『宋会要』職官「黜降官」の項は官僚に対する降格処分事例を集めたものであり、南宋期の地方官についてはかなり網羅的に処分事例が収録されていることが青木敦氏によって明らかにされているが[62]、「黜降官」全体を見てみると、禁謁違反を理由に処分を受けたと明記されている事例はない。一方で贈収賄や官僚同士の「交結」による処分事例はそれこそ枚挙に暇がないほど残されている。これらの処分が決定する過程において禁謁違反が問題となったことは想定できるが、しかしおそらくはより罪の重い贈収賄などが適用されて処分されているのであろう。つまり、先に述べた適用実態と併せ考えると、ことを地方官に限って言えば禁謁違反のみによる処罰はほとんど行われず、行われたとしてもやはり罰銅などの懲戒処分で済んだのであろう。

以上見てきたように、受謁・出謁禁止規定違反に対する監視・取り締まりは、禁謁制度が確立した熙寧・元豊期には厳格に適用されていたと思われるものの その他の時期についてはさほど厳格に行われたとは考えにくく、摘発されて処罰が行われたとしてもそれは五刑上は重くて徒二年がほとんどであり、従って実際には罰銅程度の処分にとどまったと思われる。

おわりに

禁謁は熙寧・元豊期に確立した制度で、それまでに段階的に設けられてきた受謁禁止規定に新たに出謁禁止規定を加えて完成したものであった。従前の受謁禁止規定との相違はこのほかに、在京官庁に対し職務・地位の差異を踏まえつつ包括的に適用された点、地方官への対象の拡大が見られた点、監視・取り締まりが厳格に行われた点が挙げられる。しかし、それ以前の受謁禁止規定も目的としていた請託の防止に効果があったとは言えない。哲宗朝に規定緩和の動きが見られるが、おそらくこれとともに規定適用についても消極的な姿勢への変化があったのではないだろうか。また罰則も軽微なものであり、罰銅程度で済ますことのできるものであったことも規定の効力の低さに影響を与えていたと思われる。禁謁のように軽微な罰則しか設けられていない禁止規定はほかにもあるが、それらの適用実態もおそらく大同小異であったろう。つまり、官僚に対する諸々の細かな禁止規定も禁謁同様に「戒飭」としての意味合いに過ぎないものであっただろう。この点、現実に生じた問題から生まれ実際に紛争解決の手段として判牘においても引用される「戸婚田土の案」に対する法とはやや異なると思われる。

ただ、両者に共通しているのはやはり微細なことまで法律として明文化する姿勢である。本章第一節で引用した『朝野類要』の「禁謁」の項について、清の兪樾は『茶香室叢鈔』鈔六「禁謁」の中で、

按此条似謁禁・禁謁有別。謁禁者、人来謁見則有禁、禁謁者、禁其謁人也。今京官官都察院輒署門曰「文武官員私宅免見」、似即謁禁之遺制。

（この条を案ずるに、謁禁と禁謁は区別されていたようである。謁禁とは人がやってきて接見することについて禁令があるということで、禁謁とは人を訪問することについて禁令があるということである。現在、京官官(?)都察院が署門に「文武官員は私宅では面会謝絶」と書いてあるのは、謁禁の遺制のようなものであろう。）

と言っている。兪樾の言うような「禁謁」「謁禁」の定義が厳密さを欠いていることは第一節で述べた通りだが、彼が「謁禁の遺制」と言っているからには、清代にはこのような規定は法令としては存在しなかったのであろう。清代においては署門に一言掲げておくのみで事足りた事柄を、宋朝は事細かに法律として明文化していたのである。こうした官僚に対する禁止規定の宋代的特質については今後さらに考察を進めていきたい。

一方で、諸官庁に包括的に適用されたものの対象官庁ごとに規定の内容には偏りがあり、特に司法官庁に対する禁謁は度々史料に登場してくる。こうした偏差は請託による弊害の程度の現れと取ることができよう。つまり司法官庁においては官僚などの犯罪の隠蔽や処罰の軽減を求める請託が殺到したと思われ、これに伴う不正行為の防止、裁判事務の円滑な遂行を目的として、特に南宋の大理寺に対しては官員の居住地を制限する規定まで設けられるようになったのである。さらに、先ほど述べた官僚に対する禁止規定の多さそのものがこうした裁判事務の増加や請託の横行を促進したのではないだろうか。また、宋代には言事官の活動が活発であったと言われるが、その言論、とりわけ官僚に対する弾劾の内実を見ると、個人攻撃であったり法令違反をあげつらって辞任に追い込むというケースが多い。言事の活発化という宋代政治の特徴は、批判・弾劾の材料である法律の多様さに裏打ちされたものであるとも言えよう。

従来官僚同士の人的結合については同郷・同僚関係や昇進における挙主・被挙者関係等、結合の契機についての研究が中心であったが、禁謁規定を見てみると、そうした人的結合は必ずしも人事等の正の側面のみならず、犯罪に関わる負の側面においても日常的に作用していたと思われる。このような人的結合の日常的な作用のさらなる解明については今後の課題としたい。

（1）史継剛「宋代宰執的謁禁制度」(『西南師範大学学報』〈哲学社会科学版〉一九九〇-三、一九九〇)。

（2）台諫については虞雲国『宋代台諫制度研究』(上海社会科学院出版社、二〇〇一)、法官については王雲海主編『宋代司法制度』(河南大学出版社、一九九二)。また、朱瑞熙「宋代官員回避制度」(『中華文史論叢』四八、一九九一)にも謁禁に関する言及がある。

（3）例えば官僚・知識人の人的結合については平田茂樹「宋代の朋党形成の契機について」(宋代史研究会編『宋代社会のネットワーク』汲古書院、一九九八)、山口智哉「宋代「同年小録」考――「書かれたもの」による共同意識の形成――」(『中国――社会と文化』一七、二〇〇二)、同「宋代郷飲酒礼考――儀礼空間としてみた人的結合の〈場〉――」(『史学研究』〈広島史学研究会〉二四一、二〇〇三)、冨田孔明「北宋における奔競の風に関する一考察――薦挙制の問題と関連させて――」(『史学研究』〈広島史学研究会〉二四六、二〇〇四)など。また政治事件・政策決定については熊本崇「宋元祐三省攷――「調停」と聚議をめぐって――」(『東北大学東洋史論集』九、二〇〇三)、平田茂樹「周必大『思陵録』・『奉詔録』から見た南宋初期の政治構造」(『人文研究』〈大阪市立大学大学院文学研究科紀要〉五五-二、二〇〇四)など。

（4）滋賀秀三『清代中国の法と裁判』(創文社、一九八四)二九五頁。

（5）『長編』巻二七二・熙寧九年(一〇七六)正月甲申「詔、「在京官司非廨舎所在者、雖親戚毋得入謁。……」。其後、応在京司局、非仮日亦無得出謁、違者幷接見之人各徒二年」。なお、この詔を『宋会要』職官六-七は同年五月八日に張誠一の提言に基づき出されたとする。詳細は註(6)及び(38)参照。

（6）註(5)で見た在京百司の規定は、『宋会要』職官六-七「枢密院承旨司」熙寧九年(一〇七六)五月八日に「枢密副都承旨張誠一言、「伏見中書・枢密院検正・検詳官、非仮日不得看謁・接見賓客。惟枢密院都承旨・副都承旨未見該説。今欲応在京司属、非仮日不得看謁及接見賓客、非廨宇所在者、雖親戚不得入謁。違者幷接見之人、各徒二年。職事相干者、勿拘」。従之」

とあることから、枢密副都承旨張誠一の提言に係るものであることが分かる。上奏の内容から当然枢密院承旨司にも適用されたはずで、従って「枢密都承旨の例」とは在京百司同様に受謁・出謁双方を禁止したものであろう。これを本文引用『長編』が「在京百司の例」ではなく「枢密都承旨の例」と言っている理由は判然としないが、本文で後述するように当時の禁謁規定には官庁の地位・待遇を表す指標としての意味があり、元豊官制改革によって中書検正官を継承した尚書省左右司(『宋史』巻一六一・職官志一の「検正官」の項)の地位を枢密院承旨司と同等にするという意図を持ってこの規定が設けられたためとも考えられる。

(7)『長編』巻三五八・元豊八年(一〇八五)七月庚申には「詔、「罷提挙開封府界・京東・京西路将兵官謁禁」」とあり、この「謁禁」は同巻三〇一・元豊二年(一〇七九)十二月壬戌に「詔、「在京管軍臣僚、外任路分兵官・将副・押隊使臣、禁出謁及見賓客、著為令」」とある規定を指していると思われる。

(8)王炎『双渓類藁』巻一七・啓「賀許国正」と「謝范舎人」。

(9)『宋会要』刑法二-一一五「禁約」紹興二十七年(一一五七)十二月二十一日には、「左正言何溥言、乞推行外官謁禁之令、大要監司視台諫、典獄視大理、自余官概同在京百司、而職事相干者勿坐」とある。台諫については、『宋会要』刑法二-一一四「禁約」紹興二十七年四月十八日に「詔、「除台諫・両省依令雖非仮日亦許見客外、余官非旬仮日、並不許出謁・受謁、如違御史台弾奏」」とあり、「見客」(=受謁)を許可されていたとあるから、台諫の「謁禁」とは出謁禁止を指すと思われる。また大理寺官の「謁禁」は、『宋会要』刑法二-一一三「禁約」紹興三年(一一三三)十二月三日に「詔、「大理寺官、自卿・少至司直・評事、雖仮日亦不得出謁及接見賓客、令本寺長弐、常切覚察、仍令尚書省出榜於本寺門暁示」」とあるように受謁・出謁双方の禁止を、在京百司の「謁禁」は前出『宋会要』刑法二-一一四「禁約」紹興二十七年四月十八日の「余官非旬仮日、並不許出謁・受謁」を指すと思われる。これらから、何溥言の求めた「謁禁の令」は受謁・出謁双方の禁止に関わるものと言えよう。

(10)『長編』巻二一・太平興国五年(九八〇)八月己丑に「……因詔、「自今文武職官不得輒入三司公署、及不得以書札往来請託公事。門吏謹察之、違者以告」」とある。『宋大詔令集』巻一九八・政事五一・禁約上「禁約文武官不得輒入三司公署詔」にはこの詔は同年十月甲申のものとある。

(11)『宋会要』職官三-二三「五房五院」咸平元年(九九八)七月「詔、「制勅院諸房公事、自今不得輒有漏洩、及令御史台暁示、京朝官不因公事勾喚、不得輒入制勅院、仍常切覚察、違者具名以聞」」。

(12)『宋会要』選挙二五-一「三班院」咸平三年(一〇〇〇)十一月「詔、「三班院公事不少、不許接見賓客」」。
(13)『宋会要』職官三七-五「開封尹」景徳元年(一〇〇四)七月「詔、「開封府知府等不得於府廨内接見賓客」。従権知府陳省華之請也」。
(14)『宋会要』刑法二-九「刑法禁約」大中祥符二年(一〇〇九)六月二十一日「詔、「文武官自今非公事不得入京百司。諸公局如監臨官挈家止廨宇者、許親故来往、無得妨其公事」」。
(15) 宋代には上級官僚が下級官僚を推薦する際に保証人となる制度があり、これを「保任」「保挙」と称し、未入流の選人身分から京官への昇進(改官)など官僚はことあるごとに推薦人を集める必要があった。これに伴う「奔競の風」については註(3)前掲冨田孔明「北宋における奔競の風に関する一考察――薦挙制の問題と関連させて――」、梁建国「北宋東京的士人拝謁――兼論門生関係的生成」(『中国史研究』二〇〇八-三、二〇〇八)参照。
(16)『長編』巻一〇二・天聖二年(一〇二四)七月戊戌「刑部郎中・侍御史知雑事姜遵言、「三司・開封府日接賓客、頗見廃事。……此皆旧有著令。請行禁止」。従之」。
(17)『宋会要』刑法二-一六「刑法禁約」天聖五年(一〇二七)九月二日「御史台言、「開封府近日多有臣僚取便出入看謁。雖有先降勅命、未聞遵守施行」。詔令御史台・街司常切覚察聞奏」。
(18)『宋会要』刑法二-二一「刑法禁約」景祐二年(一〇三五)二月五日。
(19)『長編』巻一一八・景祐三年(一〇三六)二月乙卯「詔、「三司・御史台・開封府旧制不得接見賓客、其申明之」」。
(20)『宋会要』刑法二-二二「刑法禁約」景祐三年(一〇三六)四月二十五日「臣僚上言、「近日多有臣僚私入三司・御史台・開封府看謁。乞今後更有臣僚妄託公事、私入看謁、其接見者及監門使臣、一等科罪」。慮有合入省商量事者、詔、「如実有公事、許赴省府商量」」。
(21) 註(16)所引『長編』巻一〇二・天聖二年七月戊戌、註(17)所引『宋会要』刑法二-一六「刑法禁約」天聖五年九月二日、註(19)所引『長編』巻一一八・景祐三年二月乙卯。
(22) 註(2)前掲王雲海主編『宋代司法制度』参照。
(23)『宋会要』職官一五-四「刑部」天聖七年(一〇二九)十一月「詔、「自今刑部不得接見賓客及縦入閑雑人」」。
(24)『長編』巻一二五・宝元二年(一〇三九)十二月庚申「詔、「審刑院・大理寺・刑部、自今毋得通賓客、犯者以違制論。若請求曲法之事、則聴人陳告之」」。

(25)「臣窃聞三司副使李参発摘手分等、滅落条貫、枉法取受、容人財物、支出官銭不少。見係府司勘鞫。伏縁方今財用匱乏、日益不易。三司掌天下利柄、人吏公然作過、上下蒙昧、隠盗官物、其因事発覚者、百無一二、若不尽情窮究、何由革去欺弊。今来獄事未畢、李参又係差出、其余三司官員、多有干礙、務欲小了、則勘司誰肯執守。臣愚伏望陛下特賜指揮、将上件公事移司、別行根勘、或乞専委開封府一面依公推鞫結絶。所貴姦贓得情、法不屈撓。〈移送開封府重勘〉」。

(26)「臣昨将弾奏三司人吏枉法受贓、支官銭与客人公事、蒙三司・府司移送開封府断。今来軍巡院復即公行賄賂、縦放罪人、蒙昧朝廷、喧騰道路。丘岳・李先等、事已彰敗、窃聞又下本府推勘、未為允当、縁三司幷開封府官吏、倶渉干礙。今若准旧行遣、終有不尽情弊。伏乞聖旨指揮、特賜選差清強官員、或下御史台尽公勘鞫、免使姦贓舞文、出入人罪」。丘岳・李先がいかなる人物かは不明であるが、「三司・府司より開封府に移送して断ぜしむるを蒙る」と李参と同様の措置が講じられていることから李参の不正事件に関係していると見て間違いなかろう。

(27)一方で法官自身が請託を求めることも頻繁に行われたようである。既に真宗朝の大中祥符八年(一〇一五)には刑部・大理寺官・御史台主簿・三司検法官が便服で市街に出ることや市中で下馬することを禁じる詔が出ている(『宋会要』職官一五―三六「審刑院」大中祥符八年閏六月)。彼らがそれと分からぬ姿で、また雑踏に紛れて何者かと接触することを警戒しての規定と思われる。また、本章第一節でも見た呉処厚『青箱雑記』巻二には皇祐・嘉祐年間には法官による請託が盛んであったとある。さらに、時期は不明であるが包拯『孝粛包公奏議』巻五・明禁「請開封府司録左右軍巡官属不得請謁幷追贓事」には「臣昨於八月十七日、上殿進呈箚子、内一道以開封府司録左右軍巡院、刑禁最繁、其官属等、但務請謁、本局之事、罕所究心。欲乞今後応司録司本職官員、及左右軍巡判官、如勘大辟罪人、非公事不得出入請謁。所貴閲実獄情、不至冤濫」とあり、開封府司録司・左右軍巡院の官属が請謁に務めるばかりで職務を怠っていることが指摘されている。

(28)『長編』巻一四〇・慶暦三年(一〇四三)四月甲子には「呂夷簡雖罷相、猶以司徒豫議軍国大事、上寵遇之不衰。於是諫官蔡襄疏言、「夷簡被病以来、両府大臣、累至夷簡家諮事。又聞夷簡病時、陛於禁中為之祈禳、錫与致多、眷注無比。臣窃謂両府大臣、輔陛下以治天下者。今乃並笏受事於夷簡之門、里巷之人、指点窃笑。……今以疾帰、尚貪権勢、不能力辞。或聞乞只令政府一両人至家商議大事、足験夷簡退而不止之心也。伏乞特罷商量軍国大事、庶使両府大臣専当責任、無所推避」。甲子、夷簡請罷豫軍国大事、従之」とあり、宰相を退任した呂夷簡の私第へ二府の大臣が諸事に赴いていたことが、やはり蔡襄によって批判されている。

(29)『長編』巻一八一・至和二年(一〇五五)十月癸卯に「侍御史梁蒨言、「近制両府大臣遇仮休日方許一見賓客。非所以広朝廷

聡明也。乞開禁使接士如故」。従之」とある。なお、本条の割註には「此雖云従僑所請、然賈黯明年自知制誥出知許州、猶以客禁為言、則僑所請初年、亦未従也。当考」とあるが、賈黯が解除を求めた「客禁」とは、後述の至和二年七月に設けられた両制・両省官のみに対する宰執訪問禁止規定であり、李燾は慶暦三年(一〇四三)の規定と混同している。

(30)『長編』には欧陽脩の肩書きは「翰林学士」となっているが、「廬陵欧陽文忠公年譜」(四部叢刊本『欧陽文忠公集』巻首)に見える当該時期の彼の制詞には「翰林学士」に加え「知制誥」とあり、彼が両制であったことが分かる。

(31)『長編』巻一八〇・至和二年(一〇五五)七月甲子の范鎮、『宋朝諸臣奏議』巻四六・百官門・宰執上「上仁宗論両省両制官不得与両府大臣相見」の馬遵、『長編』巻一八二・嘉祐元年(一〇五六)四月己卯の賈黯等の言を参照。

(32)『長編』巻一八九・嘉祐四年(一〇五九)五月戊戌「詔曰、「君臣同徳、以成天下之務、而過設禁防、疑以私慝、非朕意也。旧制、両制臣僚不許詣執政私第、執政嘗所薦挙、不得為御史、其悉除之」」。

(33)『長編』巻一九三・嘉祐六年(一〇六一)正月乙未「権御史中丞王疇言、「比歳両制臣僚不得与執政相見及台諫官往還。議出一時、初無典故、当時論者即以為非。今執政与諫官已弛其禁、而台官尚設科防。臣愚以為台官主於議論、以補天子之聞見、豈一二人能周知天下事乎。両制侍従之臣、皆国之選。今偶或相見、交自為疑、非所以示朝廷之大体也。請自今両制亦許与台官相見」。従之」。

(34)註(33)所引『長編』巻一九三・嘉祐六年正月乙未によると「今執政与諫官已弛其禁」とあり、「諫官の禁」はこの時点で既に解かれていたと言う。

(35)中書検正官の詳細については熊本崇「中書検正官――王安石政権のにないてたち――」(『東洋史研究』四七-一、一九八八)参照。

(36)『宋史』巻三四一「王存伝」。

(37)『長編』巻二二六・熙寧四年(一〇七一)八月己卯所引『林希野史』政府客篇には、「蘇頌子嘉在太学、顔復嘗策問王莽後周改法事、嘉極論為非、在優等。蘇液密写以示(曾)布曰、「此輩唱和、非毀時政」」とあり、顔復・蘇嘉が新法批判ととれる問題・答案を作成したことを曾布に密告している。

(38)なお、この『長編』と『宋会要』の記事には不一致が見られる。『長編』では正月甲申の詔に「在京官司非廨舎所在者、雖親戚毋得入謁」という規定が含まれているが、『宋会要』では張誠一の提言により五月八日に設けられたとされている。また、『長編』には「中書・枢密院検正検詳習学公事、刑部・大理寺・審刑院官、雖仮日亦禁之」とある一方で、『宋会要』には

「中書・枢密院検正・検詳官、非仮日不得看謁・接見賓客」とある。とりあえず規定が設けられた日月は『宋会要』に依拠し、文言の相違については、『長編』で検正官とともに列挙されている刑部・大理寺・審刑院等の裁判担当官庁に対しては本文で後述するように禁謁規定が厳格に定められる傾向にあったことから、ここでもより厳格な規定である『長編』の方を採っておきたい。

(39)『宋史』巻一六六・職官志六「開封府」。

(40)『長編』巻三〇九・元豊三年(一〇八〇)十月甲申「侍御史知雑事何正臣言、「大理寺法、本寺官不許看謁、仍不得接見賓客。府司・軍巡両院推勘公事、不減大理、而休務日乃得看謁。亦或非時造詣稟白、不惟妨廃職事、亦恐未免観望請託之弊。欲乞並依大理寺条施行」。従之」。

(41)註(7)所引『長編』巻三〇一・元豊二年十二月壬戌。

(42)本章第一節(二四八頁)所引『長編』巻三三五・元豊六年五月戊子。

(43)『長編』巻三三五・元豊六年(一〇八三)六月乙丑「詔、「諸路管勾機宜文字及勾当公事、並禁謁」」。

(44)滋賀秀三『中国法制史論集　法典と刑罰』(創文社、二〇〇三)概説篇「第一章　法典編纂の歴史」の第六節。

(45)註(7)所引『長編』巻三五八・元豊八年七月庚申。

(46)『長編』巻四二一・元祐四年(一〇八九)正月甲午「詔、「州県当水陸之衝者、監司・守令非仮日並禁謁、著為法」」、同巻四五三・元祐五年(一〇九〇)十二月乙卯「刑部言、「応天下郡県水陸駅路所経、并行禁謁、知州・通判・県令、剣門関都監非仮日不得出謁、即謁本州見任官及職事相干、若親属、并泛遣使命或知州・鈐轄以上者聴。発運・監司在本州県者準此」。従之」。

(47)『宋会要』刑法二-六七「禁約」政和七年(一一一七)六月九日「臣僚言、「近詔吏部有禁謁之文。諸部中亦有職任煩重於天官者、而謁制未行。恐難独異」。詔、「戸・礼部、兵・工部、並依吏・刑部法禁謁」」。

(48)『宋会要』刑法二-一一三「禁約」紹興七年(一一三七)七月十五日には「三省言、「謁禁之制、皆有専条、比縁多事、因循廃弛。昨因臣僚論列、已降指揮申厳。訪聞近来依前不遵法禁、非唯以杜絶請求、亦恐妨廃職事」。詔、「令刑部再検坐条法申厳、委御史台、常切覚察、仍出榜暁諭、如有違犯之人、具名聞奏」」とある。また同二-一一四「禁約」には「(紹興)十八年七月十三日、御史台主簿陳夔、二十二年四月二十七日、国子監主簿史才、二十二年七月十三日、祠部員外郎李岩老、並乞申厳内外謁禁之制」とあり、『要録』の該当箇所を見るとこれらが裁可されていることが分かる。

(49)『要録』巻一八二・紹興二十九年(一一五九)六月戊申。

(50) 平田茂樹「宋代の朋党と詔獄」(『人文研究』〈大阪市立大学文学部〉四七-八、一九九五)。
(51) 『宋会要』方域四-二〇「官廨」淳熙八年(一一八一)八月二十八日には「詔臨安府於大理寺修蓋治獄正丞廨舎。従臣僚請也」とあり、また同九年二月二日には「詔大理寺於本寺内修蓋断刑官廨舎。以大理卿潘景珪言、「乞将本寺空地、自行蓋造」、故有是命」とある。
(52) これ以前の大理寺官の居住形態については判然としないが、禁謁規定確立期にあたる元豊年間については『宋会要』職官二四-八「大理寺」元豊二年(一〇七九)三月八日に「詔、「大理寺長弐丞簿、家属既不在治所、如遇休暇、宜止各輪一員在寺、余帰休沐。庶可休久、人無憚倦。著為令」」とあり、大理寺卿・少卿・丞・主簿は寺内に居住していたものの家族は寺外居住が認められていたと思われる。
(53) 『宋会要』職官二四-三八「大理寺」淳熙十六年(一一八九)十月五日。
(54) 『宋会要』職官二四-四〇「大理寺」紹熙二年(一一九一)十月十六日。
(55) 『長編』巻六五・景徳四年(一〇〇七)六月丙申。
(56) 賓客の接見に慎重な二府の姿勢は、請託を極度に嫌う真宗の意向を反映してのものと思われる。王曾『王文正公筆録』には、宰相王旦の推薦によって転運使就任が確実視されていた人物が王旦の私第を訪ね、王旦は面会しなかったもののこのことが真宗に知れて人事が沙汰止みになってしまったというエピソードが見える。これ自体は二府における接見を禁止している規定に抵触するものではないが、こうした請託を嫌う真宗の姿勢が二府や在京百司に対する受謁禁止規定の増加の背景にあったのではないだろうか。
(57) 『宋歴科状元録』巻三及び『名臣碑伝琬琰集』下集巻一五「鄭翰林獬伝〈実録〉」によると鄭毅夫(獬)は皇祐五年(一〇五三)の進士で熙寧五年(一〇七二)没。そこでは塩鉄判官ではなく度支判官とある。また張伯玉も嘉祐三年(一〇五八)の時点で御史であることが確認できる(『宋会要』職官六五-一八「黜降官」嘉祐三年五月十三日)。
(58) こうした傾向は北宋末・徽宗朝に蔡京等有力宰相が私第を賜与されそこで政務を執るようになったことに端を発する。平田茂樹「宋代の政治空間を如何に読むか?」(『大阪市立大学東洋史論叢 別冊特集号 文献資料学の新たな可能性3』、二〇〇七)によると、神宗朝・元豊年間に宰執の居第として東西府が設置され、その後徽宗朝に賜第が行われるようになり、さらに南宋に至って宮殿と離れた私第で政務を執る宰相が出現するという一連の流れは、宰執集議の空間の変化に伴い皇帝が宰相と直接面対し政治に関与する空間が減少するという結果をもたらし、これが文書を介した皇帝・宰相の間接的交流を中心とする明代以降の政治構造へと継承されていくとする。

(59)『皇宋中興両朝聖政』巻五五・淳熙四年(一一七七)十一月丙午に「枢密院進呈、「李川申近旨不許管軍官接見賓客。川自準聖訓、不敢妄見一人、遂斂衆怨、動生謗議」。趙雄奏、「欲乞申厳指揮行下」。上曰、「李川能如此遵守、誠不易得、可与再行約束」。仍奨諭李川、「将帥能如此執守、甚副朕意。宜益堅此意勿卹。衆怨謗議、雖起不足慮也」。丁未、乃詔江上幷四川諸軍、遵依已降指揮、如有違戻、重作施行、干求・乞貸若借舟船・人馬之類、並以贓論」とある。

(60) 例えば『宋会要』職官六‐七「枢密院承旨司」熙寧九年(一〇七六)五月八日、また『事類』巻四・職制門一「禁謁」の項を参照。なお、例外的に南宋最初期に内侍に対して統兵官と面会した場合は「停官・送遠悪州編管」という処罰が定められている(『要録』巻一〇・建炎元年(一一二七)十月癸未)ほか、『事類』巻四・職制門一「禁謁」には「諸内侍官、輒与外朝官非親戚往還、或出謁・接見賓客者〈職事相干者、有服親男女・正婚姻之父祖・兄弟非〉、並流二千里、量軽重取旨編置。其転帰吏部内侍〈尋医・侍養・随侍・随行指教・丁憂・服闋之類同〉、輒往辺守、及有上文違犯者、除名勒停。以上若見之者、以違制論」とある。

(61) 梅原郁「公罪・私罪の一考察――宋代の事例を中心として――」(原載二〇〇三、のち『宋代司法制度研究』創文社、二〇〇六所収)。

(62) 青木敦「『宋会要』職官六四‐七五「黜降官」について――宋代官僚制研究のための予備的考察――」(『史学雑誌』一〇二‐七、一九九三)。

結　語

最後に各章で述べてきたことを再びまとめ、併せて考察の結果を受けて筆者が考える宋代官僚制度の特質について述べておきたい。

第一章では、戦後日本の宋代官僚制度研究の動向と今後の課題を北宋を中心に整理し、併せて筆者の抱える問題意識について述べた。唐宋変革論、時代区分をめぐる論争において、宋代は確かに戦後日本の中国史研究における一つの重要な論争の的であったが、こと政治史・政治制度史研究に関しては必ずしも活発な論争が交わされたとは言えない状況であった。その理由は、論争が社会経済史的分野を中心に展開されたことにあり、また「君主独裁制」説が比較論的手法に基づくものであったため宋代における政治制度の展開を動態的に跡付ける視点が欠如していたことも影響していた。

こうした状況を受けた最近の宋代政治史研究においては、二つの流れが見られる。一つは個別の政治現象の解明を通じて国家体制を明らかにすることを提唱する動き、もう一つは「君主独裁制」概念そのものへの疑義を呈するものである。両者の共通点は、「君主独裁制」説のようにあらかじめ設定されたモデルを当てはめる演繹法的論理構成に懐疑的な立場を取る点にある。ただ、個別の政治現象の分析を宋代政治史のマクロ的構造解明につなげるにはまだ実証的研究の蓄積が不十分であるし、個別の事象の分析が却って論点の分散化を招かないかという懸念もある。また、「君主独裁制」説の再検討については、従来の説に対する反論に性急になりすぎた嫌いがあり、反証材料を断片的に収集した段階にとどまっており、いまだに成熟した論となっていない。両者の視点を発展させるためには、個別事象の相違を矛盾と捉えるのではなく、時間の経過に伴う変遷として位置付けるという姿勢に立ち返る必要がある。この点に関して本書では主に真宗・仁宗両朝における諸事象の変化の意味を探ることを一つの目的とした。

また、制度の研究に求められる視点として、当該期の政治状況・士大夫の理念との関係を重視する必要性も第一章で指摘した。中国に限らず諸文明において、伝説や先行する王朝等に仮託して、制度・国家的事業等に秩序の具現化・正統性顕示といった意義を付与することは普遍的に見られる。また中国においては、史書の編纂に象徴的に表されるように、前代の王朝を批判的に継承することが王朝の正統性確認のために必要であり、前代に代わる新たな秩序を具現化することが正統性顕示の手段とされた。官制は、統治のための具体的装置であるとともに、こうした正統性顕示の手段として位置付けられるのであり、従って官制をめぐる議論には当時の政治状況や、士大夫官僚の国家理念というものが現れている。制度史研究の意義として、こうした象徴性に対する視点も見直されるべきである。

さらに、法制史研究においては、法令の豊富さ、あるいは繁雑さという宋朝の特質が従来から指摘されている。それは、財産・婚姻といった民事的案件に対する法令や、法典編纂における方針に関連して言われてきたもので、官僚の職務規定についてはいまなお考察の余地が残されている。

第二章以降は、第一章で提示した視点に基づき、個別の問題について論じたものである。第二章では、北宋の財政機関である三司・尚書省戸部の長官人事の傾向を考察した。元豊官制改革以前の三司については、国内政治・対外関係に一応の安定を見た真宗朝には財務に通じた官僚が任ぜられることが多かったが、仁宗朝には資序による昇進過程が確立した結果、財政差遣を歴任せずに三司使に就任する者も現れるようになった。従来はこの時期に三司使から宰執に昇進する者が増えることを三司の地位向上の現れとする見解があったが、これは資序に基づく人事の形式化の結果であり、却って三司の機能低下を招いたと考えられる。また、神宗朝以降の三司使・戸部尚書については資序による昇進も徐々に行われなくなっていたようである。

第三章では、太祖朝から仁宗朝における中書と三司の統摂関係について考察を試みた。律令官制と異なり制度上の統属関係が明確でない北宋前期官制にあって、中書と三司の関係は時とともに変化を見せる。国初は従来言われてきた「君主独裁制」的構造のもと、中書と三司はそれぞれ別個に皇帝と結びついており、最終的な決裁は皇帝が行っていた。しかし、真宗朝以降は百官の長たる中書が財政に関する政策決定において責任ある立場に置かれることが多くなる。このことの原因としては、辺境問題に起因する危機意識の高まり、専売法と辺境の軍事物資調達が制度上リンクしていたこと、仁宗朝初期における垂簾聴政の影響、中書(宰執)に対して百官の長としての責務を果たすことを求める輿論の高まりがあった。第二章で見た仁宗朝における三司使人事の変化による三司の機能低下も原因の一つに数えてよかろう。

第四章では、太宗朝から仁宗朝にかけて見られる官制改革論を取り上げ、その言説の変化と背景にある諸事情の関係について考察した。太宗朝・真宗朝初期における尚書省の復活をめぐる議論は、先行する統一王朝である唐朝の制度を取り入れることで正統性を顕示する意図を持っていた。しかし真宗朝にはかかる言説の有効性が減退し、代わって宋朝に対する自負心と言うべき思考が現れるに至り、尚書省復活をめぐる議論は沈静化していった。しかし仁宗朝に入ると、「正名」を求める意見が高まり再び尚書省復活等が提議されたが、それらはもはや唐朝の模倣としての改革ではなく、宋朝の制度を古の理念と合致させることで統一王朝に相応しい制度を構築することを求めたものであった。また、これと並行する形で官制の運用実態を問題にした改革論も見られた。これらは、全ての権限が皇帝に集中する一方で官僚の無責任主義を招いた北宋初期的構造に修正を施し、官僚機構における階層性を明確にするとともに、百官の長・皇帝の顧問という伝統的宰執像を具現化するという意図を持っていた。第三章で述べた中書と三司の関係の変化、第四章で触れた中書と枢密院の関係をめぐる議論はかかる認識に基づく。これらの改革論は、上下秩序を明確化し、皇帝を頂点に戴く階梯的秩序理念を官制の運用実態にも反映させることを図ったものであったのである。

第五章では、元豊官制改革の施行過程を扱った。改革は皇帝神宗の主導によるものであったが、施行過程の考察を通じて明らかになったのは、改革に対する神宗と官僚の意志疎通の不十分さであった。このことには、国初と異なりもはや唐制を絶対視しない士大夫官僚と、唐制の原理主義的適用を志向する神宗の認識の相違が影響していた。所信表明において神宗はそうした官僚の輿論に配慮し直接的に唐制に言及することは避けていた。しかし改革が進行するにつれて、実施準備の不十分さに対する懸念を押し切って改革を断行しようとする神宗と官僚の見解の相違が徐々に顕在化し、ついに新職事官体系の根幹である三省制導入において、官僚の反対を斥けて神宗が自己の理念を貫き通すに至る。この三省制導入の過程、及び元豊官制改革に対するその後の評価には、宋人にとって唐朝が絶対的価値を持ちえなくなったことが象徴的に現れている。

第六章では、徽宗朝における官制改革の動きについて考察した。徽宗朝は、神宗の政治の「紹述」が諸政策実施のスローガンとして掲げられた時期である。その中にあって神宗の主導で構築された元豊官制も「紹述」の対象となった。その内実を見ると、蔡京が「紹述」に仮託して新制度導入を画策し、時には元豊官制の根幹的要素である寺監の存在を否定するかのような動きも見られ、一方で対抗軸を打ち出そうとする他の官僚が元豊官制の遵守を提唱するという構図が見られることが明らかとなった。

第七章では、官僚に対し賓客との面会や他所の訪問を禁止・制限した禁謁規定について考察した。禁謁は個別の官庁に設けられた受謁禁止規定が諸官庁に拡大適用され、さらに出謁禁止規定が加えられて確立した。このような確立過程は、個別分散的に官庁を新設していった北宋初期中央官制の成立過程に通じるものがある。また、禁謁に関わる法令はかなり多く残っているにもかかわらず、それらが現実にどれほど適用されたかは疑問であることから、官僚に対する法令は戒飭としての意味合いが強いものであったと思われる。そのことを認めた上でなお、微細な内容を逐一明文化するという宋朝の立法精神は民事法と同様のものであったと言うことができよう。

最後に、以上の検討から読み取れる、宋代官僚制度の特質を挙げておきたい。「正名」を求める改革論が存在したとはいえ、官と差遣の問題には結局元豊官制改革まで有効な解決策が講じられなかった。官(唐制)と差遣(宋制)の問題、禁謁制度の成立過程には、建前と現実を併存・混在させることを受け入れ、現実に対応するために、原則を改変するのではなく次々と規則・制度を追加していくことを厭わないという宋朝の姿勢が象徴的に現れている。こうした現実主義的思考が、北宋初期官制の不統一性、制度の運用実態の変化、「伝統」(唐制)に基づく元豊官制改革に対する官僚の現実(宋制)重視の立場からの懸念の表明等、本書で見た諸現象の背景に存在する。禁謁の制度化も、官僚の不正行為等の問題が顕在化する度に個別の法令の発布を繰り返すという過程を経ている。「宋律」を編纂することをせずに、『唐律』を基礎として個別に生じた問題にはその都度「勅」で対応するという法典編纂における宋代的特色とも通底するこうした宋朝の姿勢は、我々から見ると場当たり的な印象を受ける。かかる特質がいかなる要因に基づくものか、その背景に存在するであろう宋人の精神構造がいかなるものであるか、唐宋変革の意味を問い直す上でも重要なテーマとなろう。以上の点を今後の展望・課題として結びに代えたい。

参考文献一覧

以下に列記したものは本書において引用した参考文献の名称である。配列順は、日本語については著者名の五十音順に、外国語については中国語のものを著者名の拼音順に、次に英文のものを挙げた。

日本語

青木敦　「『宋会要』職官六四-七五「黜降官」について——宋代官僚制研究のための予備的考察——」(『史学雑誌』一〇二-七、一九九三)
青木敦　「監司と台諫——宋の地方官監察制度に見られる二つの型——」(『東方学』一一四、二〇〇七)
足立啓二　「中国前近代史研究と封建制」(中国史研究会編『中国史像の再構成——国家と農民』文理閣、一九八三)
吾妻重二　「王安石『周官新義』の考察」(小南一郎編『中国古代礼制研究』京都大学人文科学研究所、一九九五)
板橋眞一　「北宋前期の資格論と財政官僚」(『東洋史研究』五〇-二、一九九一)
内田昌功　「隋煬帝期官制改革の目的と性格」(『東洋学報』八五-四、二〇〇四)
梅原郁　「宋代茶法の一考察」(『史林』五五-一、一九七二)
梅原郁　『宋代官僚制度研究』(同朋舎、一九八五)
梅原郁　「中国法制史雑感——元豊の官制改革をめぐって」(比較法史学会編『歴史と社会のなかの法』比較法制研究所、一九九三)
梅原郁　「公罪・私罪の一考察——宋代の事例を中心として——」(『就実大学史学論集』一八、二〇〇三)
梅原郁　『宋代司法制度研究』(創文社、二〇〇六)
王瑞来　『宋代の皇帝権力と士大夫政治』(汲古書院、二〇〇一)

川村康「宋代折杖法初考」（『早稲田法学』六五-四、一九九〇）
衣川強「宋代宰相考——北宋前期の場合——」（『東洋史研究』二四-四、一九六六）
衣川強『宋代官僚社会史研究』（汲古書院、二〇〇六）
熊本崇「薛向略伝——北宋財務官僚の軌跡——」（『集刊東洋学』五一、一九八四）
熊本崇「中書検正官——王安石政権のにないてたち——」（『東洋史研究』四七-一、一九八八）
熊本崇「元豊の御史——宋神宗親政考——」（『集刊東洋学』六三、一九九〇）
熊本崇「宋天禧元年二月詔」（『石巻専修大学研究紀要』二、一九九一）
熊本崇「慶暦から熙寧へ——諫官欧陽修をめぐって——」（『東北大学東洋史論集』七、一九九八）
熊本崇「宋元祐三省攷——「調停」と聚議をめぐって——」（『東北大学東洋史論集』九、二〇〇三）
熊本崇「宋神宗官制改革試論——その職事官をめぐって——」（『東北大学東洋史論集』一〇、二〇〇五）
熊本崇「宋執政攷——元豊以前と以後——」（『東北大学東洋史論集』一一、二〇〇七）
見城光威「北宋の戸部について——神宗・哲宗朝を中心に——」（『集刊東洋学』八二、一九九九）
見城光威「宋初の三司について——宋初政権の一側面——」（『集刊東洋学』八六、二〇〇一）
小島毅『宋学の形成と展開』（創文社、一九九九）
小林義廣「『五代史記』の士人観」（『東洋史研究』三八-二、一九七九）
小林義廣「欧陽脩における歴史叙述と慶暦の改革」（『史林』六六-四、一九八三）
小林義廣「『濮議』小考」（『東海大学紀要文学部』五四、一九九一）
小林義廣「欧陽脩における諫諍と輿論」（『名古屋大学東洋史研究報告』一六、一九九二）
小林義廣『欧陽脩　その生涯と宗族』（創文社、二〇〇〇）
佐伯富「宋初における茶の専売制度」（『京都大学文学部研究紀要』四（『京都大学文学部五十周年記念論集』）、一九五六）
佐伯富「宋代林特の茶法改革について」（『東方学』一七、一九五八）
佐伯富「宋代仁宗朝における茶法について」（『岡山史学』一〇、一九六一）
佐伯富『中国史研究』第一（同朋舎、一九六九）
佐伯富『中国史研究』第二（同朋舎、一九七一）

滋賀秀三　『清代中国の法と裁判』（創文社、一九八四）
滋賀秀三　『中国法制史論集　法典と刑罰』（創文社、二〇〇三）
島田正郎　「北宋元豊の官制改革と元豊官志について――台湾採訪新資料研究その一――」（『法律論叢』三四-二、一九六〇）
須江隆　「唐宋期における社会構造の変質過程――祠廟制の推移を中心として――」（『東北大学東洋史論集』九、二〇〇三）
周藤吉之　「宋朝国史の編纂と国史列伝――『宋史』との関聯に於いて――」（『駿台史学』九、一九五九）
周藤吉之　「北宋の三司の性格――節度使体制と関聯させて――」（『法制史学』一八、一九六六）
周藤吉之　「北宋における三司の興廃」（『駒沢史学』一三、一九六六）
周藤吉之　「北宋中期における戸部の復立――左右曹を中心として――」（『東洋大学紀要文学部篇』二二、一九六八）
周藤吉之　『宋代史研究』（東洋文庫、一九六九）
周藤吉之　『宋・高麗制度史研究』（汲古書院、一九九二）
谷川道雄　「総論」（谷川道雄編『戦後日本の中国史論争』河合文化教育研究所、一九九三）
寺地遵　「南宋政権確立過程研究覚書――宋金和議・兵権回収・経界法の政治史的考察――」（『広島大学文学部紀要』四二、一九八二）
寺地遵　「宋代政治史研究方法試論――治乱興亡史論克服のために――」（宋元時代史の基本問題編集委員会編『宋元時代史の基本問題』汲古書院、一九九六）
寺地遵　「書評　王瑞来著『宋代の皇帝権力と士大夫政治』を読む」（『広島東洋史学報』六、二〇〇一）
鄧小南　「多面的な政治業績調査と宋代の情報処理システム」（平田茂樹・遠藤隆俊・岡元司編『宋代社会の空間とコミュニケーション』汲古書院、二〇〇六）
徳永洋介　「宋代の御筆手詔」（『東洋史研究』五七-二、一九九八）
礪波護　「三司使の成立について――唐宋の変革と使職――」（『史林』四四-四、一九六一）
礪波護　「唐の官制と官職」（小川環樹編『唐代の詩人――その伝記』大修館書店、一九七五）
礪波護　『唐代政治社会史研究』（同朋舎、一九八六）
冨田孔明　「宋二府の沿革に関する考察――その起点と転換点を明確にして――」（『東洋史苑』三七、一九九一）
冨田孔明　「宋代の皇権と相権の関係に関する考察――王瑞来「論宋代相権」への批判をもとに――」（『龍谷史壇』九九・一〇〇、

一九九二）
冨田孔明　「宋二府の沿革に関する考察（続）――五代宋における二種の相質について――」（『東洋史苑』四〇・四一、一九九三）
冨田孔明　「宋代史における君主独裁制説に対する再検討」（『小田義久博士還暦記念東洋史論集』龍谷大学東洋史学研究会、一九九五）
冨田孔明　「宋代史における君主独裁制説に対する再検討（続）――張邦煒氏の論を参考にして――」（『東洋史苑』四八・四九、一九九七）
冨田孔明　「北宋における奔競の風に関する一考察――薦挙制の問題と関連させて――」（『史学研究』〈広島史学研究会〉二四六、二〇〇四）
内藤湖南　『支那近世史』（弘文堂、一九四七）
内藤湖南　『内藤湖南全集』一〇（筑摩書房、一九六九）
中嶋敏　「宋代」（和田清編『支那官制発達史』（上）、中央大学出版部、一九四二）
林大介　「蔡京とその政治集団――宋代の皇帝・宰相関係理解のための一考察――」（『史朋』三五、二〇〇三）
東一夫　『王安石新法の研究』（風間書房、一九七〇）
平田茂樹　「宋代の言路官について」（『史学雑誌』一〇一-六、一九九二）
平田茂樹　「宋代政治構造試論――対と議を手掛かりにして――」（『東洋史研究』五二-四、一九九四）
平田茂樹　「『哲宗実録』編纂始末考」（宋代史研究会編『宋代の規範と習俗』汲古書院、一九九五）
平田茂樹　「宋代の朋党と詔獄」（『人文研究』〈大阪市立大学文学部〉四七-八、一九九五）
平田茂樹　「宋代の朋党形成の契機について」（宋代史研究会編『宋代社会のネットワーク』汲古書院、一九九八）
平田茂樹　「政治の舞台裏を読む――宋代政治史研究序説――」（伊原弘・小島毅編『知識人の諸相――中国宋代を基点として』勉誠出版、二〇〇一）
平田茂樹　「宋代政治史料解析法――「時政記」と「日記」を手掛かりとして――」（『東洋史研究』五九-四、二〇〇一）
平田茂樹　「書評　王瑞来著『宋代の皇帝権力と士大夫政治』」（『史学雑誌』一一二-六、二〇〇三）
平田茂樹　「周必大『思陵録』・『奉詔録』から見た南宋初期の政治構造」（『人文研究』〈大阪市立大学大学院文学研究科紀要〉五五-二、二〇〇四）

平田茂樹「宋代の政治空間を如何に読むか？」（『大阪市立大学東洋史論叢　別冊特集号　文献資料学の新たな可能性3』、二〇〇七）
藤本猛「宋代の殿中省」（『東方学』一一四、二〇〇七）
藤本猛「崇寧五年正月の政変――対遼交渉をめぐる徽宗と蔡京の対立――」（『史林』九二-六、二〇〇九）
前田直典「東アジアに於ける古代の終末」（『歴史』一-四、一九四八）
前田直典『元朝史の研究』（東京大学出版会、一九七三）
松本保宣「唐代後半期における延英殿の機能について」（『立命館文学』五一六、一九九〇）
松本保宣『唐王朝の宮城と御前会議――唐代聴政制度の展開――』（晃洋書房、二〇〇六）
丸橋充拓「「唐宋変革」史の近況から」（『中国史学』一一、二〇〇一）
宮崎市定「北宋史概説」（『世界文化史大系一二　宋元時代』誠文堂新光社、一九三五）
宮崎市定『東洋的近世』（教育タイムス社、一九五〇）
宮崎市定「宋代官制序説――宋史職官志を如何に読むべきか」（佐伯富編『宋史職官志索引』同朋舎、一九六三）
宮崎市定『宮崎市定全集』二（岩波書店、一九九二）
宮崎市定『宮崎市定全集』一〇（岩波書店、一九九二）
宮崎聖明「北宋の三司使・戸部尚書の人事と経歴」（『北大史学』三八、一九九八）
宮崎聖明「北宋の中書と三司の統摂関係について」（『史朋』三四、二〇〇二）
宮崎聖明「北宋前期における官制改革論と集議官論争――元豊官制改革前史――」（『東洋学報』八六-三、二〇〇四）
宮崎聖明「元豊官制改革の施行過程について」（『史朋』三七、二〇〇四）
宮崎聖明「北宋徽宗朝の官制改革について」（『史朋』四一、二〇〇八）
宮崎聖明「宋代における禁謁制度の展開」（宋代史研究会編『『宋代中国』の相対化』汲古書院、二〇〇九）
宮澤知之「宋代農村社会史研究の展開」（谷川道雄編『戦後日本の中国史論争』河合文化教育研究所、一九九三）
宮澤知之『宋代中国の国家と経済』（創文社、一九九八）
山口智哉「宋代「同年小録」考――「書かれたもの」による共同意識の形成――」（『中国――社会と文化』一七、二〇〇二）
山口智哉「宋代郷飲酒礼考――儀礼空間としてみた人的結合の〈場〉――」（『史学研究』〈広島史学研究会〉二四一、二〇〇三）
山田勝芳『中国のユートピアと「均の理念」』（汲古書院、二〇〇一）

山根直生「唐宋政治史研究に関する試論――政治過程論、国家統合の地理的様態から」(『中国史学』一四、二〇〇四)

外国語

包偉民主編『宋代制度史研究百年(1900-2000)』(商務印書館、二〇〇四)
遅景徳「宋元豊改制前之宰相機関与三司」(『宋史研究集』七、一九七四)
鄧小南「趙宋〝祖宗之法〟的提出与詮釈――以北宋時期為中心」(『中国の歴史世界――統合のシステムと多元的発展――』東京都立大学出版会、二〇〇二)
鄧小南『祖宗之法――北宋前期政治述略』(生活・読書・新知三聯書店、二〇〇六)
方震華「一九八〇年以来宋代政治史中文論著回顧」(『中国史学』九、一九九九)
龔延明「北宋元豊官制改革論」(『中国史研究』一九九〇-一、一九九〇)
黄漢超「宋神宗実録前後改修之分析」(上)(『新亜学報』七-一、一九六六)
梁建国「北宋東京的士人拝謁――兼論門生関係的生成」(『中国史研究』二〇〇八-三、二〇〇八)
銭穆「論宋代相権」(『中国文化研究匯刊』二、一九四二)
史継剛「宋代宰執的謁禁制度」(『西南師範大学学報〈哲学社会科学版〉』一九九〇-三、一九九〇)
汪聖鐸「宋朝理財体制由三司到戸部的変遷」(『宋遼金史論叢』二、一九九一)
汪聖鐸『両宋財政史』(中華書局、一九九五)
王瑞来「論宋代相権」(『歴史研究』一九八五-一、一九八五)
王瑞来「論宋代皇権」(『歴史研究』一九八九-二、一九八九)
王雲海主編『宋代司法制度』(河南大学出版社、一九九二)
虞雲国『宋代台諫制度研究』(上海社会科学院出版社、二〇〇一)
張復華「宋神宗元豊改制之研究」(『中央研究院三民主義研究所専題選刊』八四、一九八八)
張復華「宋徽宗朝官制改革之研究」(『人文及社会科学集刊』三-一、一九九〇)
張復華『北宋中期以後之官制改革』(文史哲出版社、一九九一)
張其凡「三司・台諫・中書事権――宋初中書事権再探――」(『暨南学報』一九八七-三、一九八七)

張其凡　『宋初政治探研』(暨南大学出版社、一九九五)
朱瑞熙　「宋代官員回避制度」(『中華文史論叢』四八、一九九一)
朱瑞熙　「宋代」(白鋼編『中国政治制度通史』六、人民出版社、一九九六)
諸葛憶兵　『宋代宰輔制度研究』(中国社会科学出版社、二〇〇〇)
R. Hartwell　"Financial Expertise, Examinations, and the Formulation of Economic Policy in Northern Sung China", *The Journal of Asian Studies*, Vol. 30, No. 2, 1971

あとがき

本書は、二〇〇五年に北海道大学に提出した学位請求論文「北宋政治制度史研究」（主査：津田芳郎教授、副査：三木聰・河内祥輔教授）に、処女論文及びその後に発表した論文を加えたものである。本書に収載するにあたって各論文の体裁を統一するとともに、一部内容の修正、誤字・脱字の訂正を行った。特に第三・四章には大幅な加筆を行っている。学位論文の審査に当たられた三先生には深甚の謝意を表すとともに、口頭試問において頂戴した御意見を満足に取り入れることができないままに刊行に至ってしまったことについておわび申し上げなければならない。

本書出版に際しては、北海道大学大学院文学研究科目的積立金による図書出版助成を受けた。学部生時代以来の母校であり、現在も専門研究員として筆者を受け入れてくださっている北海道大学、本書刊行を承認してくださった文学研究科図書委員会委員の諸先生、並びに御多忙のなか本書原稿の査読を引き受けてくださった無名氏に厚く御礼申し上げます。また、北海道大学出版会の今中智佳子氏と円子幸男氏には編集の細部にわたって御助力をいただいた。記して感謝申し上げます。

本書執筆を通じて、研究開始から現在に至る自身の関心の変化というものを振り返ることができた。第二章から第七章は、旧稿となる論文の発表順に配列してある。しかし、各論の着想を得た順序は必ずしもこの通りではない。第二章は筆者の卒業論文をもとにしたものであるが、卒論の構想を練り始めた当初は先学の「君主独裁制」説への関心から北宋中央政府の構造に興味を持ち、それが大きく変化を見せた元豊官制改革を扱いたいと考えていた。しかししばらく経って官制の運用実態に関心が移り、中書と三司の関係について調べ始め、さらに三司についての研究を整理するうちに、財務官僚の人事についてその変化を追い三司・尚書省戸部といった財政機関の中央政府における位置付けを考えてみたい、という具合に、卒論のテーマは変わっていった。ろくに相談もせず言うことをころころと変えるわけであるから、指導する側としては迷惑千万だったことだろう。

やがて、どうにか卒論を書き上げ、修士課程、そして博士後期課程へと進学し研究を続けるうちに、扱うテーマは中書―三司の統摂関係や官制改革へと移っていった。その過程で、宋朝という国家、宋代という時代の特質を考えるためには官制一辺倒では難しいと考え、党派の問題や、後代における政策の受容のされ方、法制に見える王朝の理念といったものを考えていこうというのが目下の状況である。従って、大学院時代に執筆した論文が基になっている第三章から第五章は学部生時代にやろうと思っていたことに立ち戻ってそれらを形にしたもの、そこを折り返し点として第六・七章は今後扱っていこうとする課題に関係するもの、ということになる。法制に関する第七章を、官制を中心とした本書全体の構成からやや浮いているのを承知の上で収載したのは、今後の研究の方向を（自分自身に対しても）示すためでもある。

学部生時代から現在に至るまで、筆者は北大東洋史学研究室において実に多くの方々に御世話になった。既に北大を退休された髙畠稔・小山皓一郎・菊池俊彦各先生（いずれも北海道大学名誉教授）には、講義の場において様々な学問的刺激を与えていただいた。かつて北大で教鞭を執られた川合安（現東北大学）・城山智子（現一橋大学）・森本一夫（現東京大学）各先生、助手として面倒を見てくださった四宮宏貴（現函館高専）先生には、近況報告旁々、本書刊行を以て賜った御恩に対する御礼としたい。

大学院修了後、定職を持たない筆者が研究を継続していられるのは、ひとえに専門研究員として北大文学研究科及び東洋史学研究室に受け入れていただいているためである。三木聰教授・吉開将人准教授・守川知子准教授・松下憲一助教はじめ、院生・学部生の皆さんには心から感謝申し上げます。とりわけ学部生時代からの先輩にあたる松下さんには、助手と院生、助教と専門研究員と、互いの肩書きは変わりながらも長きにわたって御世話になり、励ましていただいた。また、かつて東洋史の学部生・院生として御指導を仰ぎまたともに研鑽を積んだ先輩・同輩・後輩の方々のうち、現在も研究の世界で活躍しておられる津田資久(現国士舘大学)・内田昌功(現秋田大学)・押川信久(現九州大学)三氏の御名前は是非とも挙げておかねばならない。北大における御三方との学問的交流(学問的ではない交流も)は何物にも代えがたい貴重な財産となっている。その他、関わった全ての方々に感謝申し上げたい。

最後に、この方について、このような形で触れなければならなくなったこと、残念でならない。

私が学部生時代から博士号取得まで御指導を仰いだ津田(高橋)芳郎先生は、二〇〇九年三月二二日、出張先の北京にて急逝された。

先生はつねづね、学生は先生に手取り足取り教えてもらうことを期待してはいけないし、先生の言うことだからといって何でもハイハイと聞くようではダメだ、という意味のことを言っておられた。近年は「自力更生」という言葉で表現なさることの多かったこの方針の裏返しとして当然、先生も私に対してああしろこうしろということはほとんど仰らなかったように思う。しかし、唯一強い口調で厳命されたのが本書刊行であった。既発表論文もわずかな身でありながら単著を刊行することに尻込みする私に対し、この好機を逃してどうするのか、絶対に出しなさい、という内容のことを何度も仰った。学生時代の私には、先生は厳しくて近寄りがたい存在のように感じられたが、久しぶりにその頃の先生が戻ってこられたかのようであった。本書刊行決定の御報告すらできないうちに逝かれてしまったことが、ただただ悲しくてならない。

厳しくも温かい御励ましのおかげでようやくここまでたどり着いた。出来上がったものはあまりにも拙く、御指導に応えられていないこと、慚愧に堪えないが、これまでの御学恩に感謝し、本書を先生に捧げます。

二〇一〇年二月一〇日

索　引

研究者名は，本文中に言及のあるもののみにとどめ，註記のみのものは挙げていない。
巻末「参考文献一覧」を参照されたい。

さ　行

わ　行

宮崎聖明（みやざき としあき）

1973年　兵庫県西宮市に生まれる
2005年　北海道大学大学院文学研究科博士後期課程東洋史学専攻修了
博士（文学）北海道大学
現　在　北海道大学大学院文学研究科専門研究員
藤女子大学非常勤講師
北星学園大学非常勤講師
主論文　「北宋前期における官制改革論と集議官論争——元豊官制改革前史——」（『東洋学報』86-3，2004），「元豊官制改革の施行過程について」（『史朋』37，2004），「宋代における禁謁制度の展開」（『『宋代中国』の相対化』汲古書院，2009）

北海道大学大学院文学研究科　研究叢書16

宋代官僚制度の研究

2010年3月22日　第1刷発行

著　者　宮崎聖明
発行者　吉田克己

発行所　北海道大学出版会
札幌市北区北9条西8丁目　北海道大学構内（〒060-0809）
Tel. 011(747)2308・Fax. 011(736)8605・http://www.hup.gr.jp/

アイワード/石田製本

ISBN978-4-8329-6731-1